edition monacensia
Herausgeber: Monacensia
Literaturarchiv und Bibliothek
Dr. Elisabeth Tworek

Allitera Verlag

Paul Heyse
Radierung von Wilhelm Rohr nach Franz von Lenbach

Paul Heyse

Der Isar wilde Wasser brausen keck

Ein bayerisches Lesebuch

Herausgegeben von Walter Hettche
mit Maximilian Koob und Katharina Weinhold

Münchner Stadtbibliothek
Monacensia
Literaturarchiv und Bibliothek

Allitera Verlag

Weitere Informationen über den Verlag und sein Programm unter:
www.allitera.de

April 2014
Allitera Verlag
Ein Verlag der Buch&media GmbH, München
© 2014 für diese Ausgabe: Landeshauptstadt München/Kulturreferat
Münchner Stadtbibliothek
Monacensia Literaturarchiv und Bibliothek
Leitung: Dr. Elisabeth Tworek
und Buch&media GmbH, München
Printed in Germany · ISBN 978-3-86906-632-5

Inhalt

I Jugenderinnerungen und Bekenntnisse 11
König Max und das alte München 11
Das alte und das neue literarische München 20
Meine Münchener Anfänge 29
Das Krokodil 38
Berchtesgaden 51

II Ins Isartal 61
Die Hochzeitsreise an den Walchensee 67

III Trinken und Träumen 105
Der letzte Centaur 109

IV Liebe, Jagd und Eisenbahn 137
Vroni 139

V Bleiben und Gehen 189
Ruinenkultus in München 189

Anhang
Zu dieser Ausgabe 203
Textgrundlagen 204
Abbildungsverzeichnis 205
Namenverzeichnis 206

I

ANKOMMEN

Im Mai 1854, bald nach seiner Rückkehr von einem einjährigen Studienaufenthalt in Rom, ist der 24jährige, noch weitgehend unbekannte Schriftsteller Paul Heyse einem Ruf des bayerischen Königs Maximilian II. gefolgt und von seiner Heimatstadt Berlin nach München übersiedelt. In einem Gelegenheitsgedicht »Zum Frühlingsfest der ›Zwanglosen‹ im Jahre 1867« gibt er zu, ein Sohn jener Stadt zu sein, »die insgemein / Hier so verrufen ist, daß nur ein kühner / Fremdling gestehn mag: Ich bin ein B e r l i n e r!«, und er fährt fort:

Und bin's auch gern und lasse mir nicht schelten
Die gute Stadt, wo meine Wiege stand.
Seh' ich sie wieder – leider ist's nur selten –
So wat' ich gern durch den berühmten Sand.
Kein Wunder auch! Denn dort läßt man mich gelten,
Ich bin nicht der Prophet im Vaterland.
Man kauft sogar die Bücher, die ich schreibe,
Und fragt, warum ich nur in München bleibe.

Warum? Ja, wenn ich wieder Tag' und Wochen
Unter den Linden auf und ab spaziert,
Mit alten Freunden neu mich ausgesprochen,
Im Schauspielhaus ein neues Stück probirt –
Auf einmal fühl' ich's hier im Herzen pochen,
Als wär' ich um die Brust zu fest geschnürt,
Und trotz dem rabbiatsten Bismarckmüden
Fort mit dem Schnellzug treibt es mich nach Süden.

Ist es das Bier, das Heimweh mir erregt?
Man trinkt's auch in Berlin aus vollen Krügen,

Und wenn dem Bock mein Herz entgegenschlägt,
Er stirbt im Mai schon, kurz ist das Vergnügen.
Die Luft ist rauh, die Straßen schlecht gefegt,
Und auch »am Land« bleibt Manches wohl zu rügen,
Denn – Kobell selbst wird's, denk' ich, nicht bestreiten –
Altbayern auch hat seine Schattenseiten.

Doch was mit Macht an diese traute Stätte
Mich ewig fesselt, heißt: *Zwanglosigkeit.*
Hier, wie ich's kaum so schön geträumt mir hätte,
Leb' ich dem Dienst der Muse nur geweiht.
Den freien Flug hemmt keines Amtes Kette,
Und was ich schaffen mag, harrt still der Zeit,
Herangereift hervor ans Licht zu treten,
Denn Freiheit ist die Amme des Poeten.

Doch braucht er auch den Kampf, der in der Fläche
Des Lebens wühlt, wie Sturm im Meere tobt.
Er hilft, daß gleich entfernt von weicher Schwäche
Und Uebermuth die Kräfte man erprobt.
Auch ich – verzeiht, wenn ich persönlich spreche –
Ward viel befehdet, selten nur gelobt;
Allein der Tag des Friedens, jetzt erschien er,
Und man verzeiht mir, daß ich ein Berliner.

Ja, ich erfuhr's, *wie* ich in Gnaden stehe:
Ein Kind aus einem alten Münchner Haus
Giebt der Papa mir willig in die Ehe,
Und meine Herkunft macht ihm keinen Graus.
Zwar neu beweist mein Fall, der Norden gehe
Im Süden auf Eroberungen aus.
Doch wenn sie alle so »moralisch« wären,
Das Bündniß mit dem Norden käm' zu Ehren.

Und worauf trink' ich nun? Auf guten Frieden
Zu Schutz und Trutz, auf ehrlich treuen Bund,
Freizügigkeit vom Norden bis zum Süden,
Zusammenstehn in gut' und böser Stund',

Daß, die bisher argwöhnisch sich gemieden,
Sich achten lernen recht von Herzensgrund.
So heb' ich denn mein Glas und bring' in Treuen
Ein Hoch der alten Heimath und der neuen!

Obwohl er 60 Jahre seines Lebens bis zu seinem Tod am 2. April 1914 ein Bürger Münchens geblieben ist, spielt die Stadt mit ihrem oberbayerischen Umland in Heyses Werk nur eine bescheidene Nebenrolle. Theodor Fontane hat seine Wahlheimat Berlin so eindrucksvoll in einen literarischen Ort verwandelt, dass der Kritiker Ernst Heilborn die Reichshauptstadt »Fontanopolis« nannte, aber Heyse hat kein Buch hinterlassen, das man mit dem gleichen Recht als »Münchner Roman« bezeichnen könnte, mit dem man ganz selbstverständlich von Theodor Fontanes »Berliner Romanen« spricht. Der Wandel Münchens von einer eher beschaulichen, noch beinahe dörflich anmutenden Stadt mit etwa 100000 Einwohnern – nicht »wenig über 150000«, wie Heyse schreibt – im Jahre 1854 zu einer Großstadt mit 700000 Bürgern in Heyses Todesjahr spiegelt sich in keinem seiner Werke, und während Fontane die märkische Landschaft mit seinen »Wanderungen durch die Mark Brandenburg« für die Literatur entdeckt hat, gibt es von Heyse keine vergleichbaren »Wanderungen durch den Chiemgau« (und kein »Bayerisches Lesebuch«). Gleichwohl sind die Handlungen einiger seiner Erzählwerke in Bayern angesiedelt, darunter ein dreibändiger Roman mit dem Titel »Im Paradiese« (1875), der aber wohl deshalb nicht als »Münchner Roman« rezipiert worden ist, weil München darin eher als Kulisse für die in der Handlung entfalteten Fragen des Künstlertums und der freien Liebe dient, aber nicht als Großstadt mit allen Facetten gesellschaftlichen Lebens im Zentrum des Interesses steht. Heyse will, wie es in seiner Versnovelle »Die Hochzeitsreise an den Walchensee« heißt, keine »Culturromane dichten«, und er weiß gar nicht, was er »von der Stadt berichten« sollte, die doch nur von »Staub umhüllt« und von »Politik entzweit« werde.

Auch in seiner 1900 erschienenen Autobiographie »Jugenderinnerungen und Bekenntnisse« steht das literarisch-künstlerische Leben Münchens im Mittelpunkt. Zwar schildert Heyse in den Kapiteln, die sich mit den ersten Jahren seines Münchner Lebens befassen, auch einige Eigentümlichkeiten der örtlichen Lebensweise, die sich deutlich von der aus dem heimatlichen Berlin gewohnten unterscheidet, aber sehr bald erzählt er von seinen Beziehungen zum Münchner Hof, zu den von König Maximilian dorthin berufenen Künstlern, Gelehrten und Dichtern und zu den Münchner Literaten. Die in München beheimateten Schriftsteller fremdelten gegenüber den »Nordlichtern«, wie der damalige Intendant des Münchner Hoftheaters Franz Dingelstedt in seinem »Münchener Bilderbogen« (Berlin 1879) schildert: »In München kam zu angeborenen Abneigungen und Stimmungsverschiedenheiten noch ein wichtiges Moment: das confessionelle. Der Ultramontanismus hat seiner Zeit in Bayern schärfer und strenger regiert als der Clericalismus in Oesterreich. [...] Da nun die Mehrzahl der Maximilian-Colonie zum Protestantismus sich bekannte, – nicht Einer freilich zum streitbaren Muckerthum, – und außerdem von jenseits der Mainlinie ihre Abstammung herleitete, so wurden wir insgesammt, von vornherein als Preußen und als Ketzer angesehen, mithin zur Minorität gezählt, als Opposition gehaßt. Daraus flossen Conflicte, die wir keineswegs herausforderten, denen wir aber auch nicht ausweichen durften, die wir ausfechten mußten, wollten wir nicht uns selbst und unserer Aufgabe untreu werden.« Heyse unternahm große Anstrengungen, um die Kluft zwischen Einheimischen und Fremden zu überbrücken, zum Beispiel, indem er nach dem Vorbild des Berliner Literatenvereins »Tunnel über der Spree« einen Münchner Dichterbund mitbegründen half: die »Krokodile«.

JUGENDERINNERUNGEN UND BEKENNTNISSE

(Auszüge)

Königs Max und das alte München

(1854–1864)

Während dieses ganzen Jahrs, das ich jenseits der Alpen verlebt hatte, war ein eifriger Briefwechsel mit den Meinigen unterhalten worden. Da aber zwei Väter, zwei Mütter, eine zärtliche Tante und vor Allem meine Braut Anspruch auf directe Mittheilungen hatten, war ich kaum einmal dazu gekommen, meinem lieben Geibel einen schriftlichen Gruß zu senden.

Auch bei meiner Rückkehr im Herbst 1853 traf ich ihn in Berlin nicht an. Er war im Frühjahr des Jahres vorher von König Max II. nach München berufen worden und mit seiner jungen Frau dorthin übergesiedelt. Daß er in den neuen Verhältnissen des alten jungen Freundes nicht vergessen hatte, davon sollte ich bald den erfreulichsten Beweis erhalten.

Nach der Rückkehr aus meinem gelobten Lande hatte ich wohl oder übel mich dazu bequemen müssen, mit der romanischen Philologie Ernst zu machen. Denn was ich an novellistischen, lyrischen und dramatischen Reisefrüchten neben meinen romanischen Fundstücken nach Hause mitbrachte, war nicht der Art, mich der Sorge um das tägliche Brod zu überheben: kein Roman, der viele Auflagen, kein Drama, das reiche Tantièmen versprach.

Zudem, auch wenn ich für mich allein verwegen genug gewesen wäre, mich auf gut Glück als »Schriftsteller« zu etabliren, ich hatte eine

Braut, der ich es so wenig wie ihren Eltern zumuthen konnte, sich auf ein so leichtsinniges Abenteuer einzulassen. Es galt also, der geliebten Muse zunächst wieder zu entsagen und zu dem Brodstudium zurückzukehren, das freilich, auch wenn ich bald zur Habilitation gelangte, erst in vier, fünf Jahren es mir möglich machen konnte, meine Liebste heimzuführen.

So ging ich denn seufzend daran, meine handschriftliche Ausbeute zu verwerthen, zunächst anknüpfend an ein längeres unedirtes Gedicht Apologia mulierum, das ich in Rom in der Barberiniana gefunden hatte, und das mir nun die Anregung zu einer Abhandlung über die moralisirende Poesie der Altfranzosen gab. Mitten in den Vorarbeiten kam mir im März 1854 ein Brief aus München zu, in dem mich *Dönniges* im Auftrag des Königs *Max* einlud, nach München überzusiedeln und dort mit einem Jahrgehalt von tausend Gulden zu leben, ohne weitere Verpflichtung, als an den geselligen Abenden des Königs, den sogenannten Symposien, theilzunehmen.

Daß ich durch diese märchenhafte Glückswendung, um so wundersamer bei meiner Jugend und den geringen Anfängen meiner dichterischen Laufbahn, auf *einen* Schlag allen Zukunftssorgen und -Zweifeln enthoben wurde, hatte ich einzig und allein Geibel's unermüdlicher Freundschaft zu danken.

Er hatte in seinem guten Glauben an meinen Stern meine Berufung beim Könige durchgesetzt, obwohl von dem Wenigen, was ich bisher veröffentlicht hatte, kaum ein oder das andere Stück dem erlauchten Freunde der Dichtkunst, wie ich ihn später kennen lernte, so recht nach dem Sinne sein konnte. Der König aber, der Geibel als Dichter unbedingt verehrte, hatte auch zu seinem Urtheil und der Lauterkeit seines Charakters das festeste Vertrauen, und so wurde auf Geibel's ehrliches Gesicht hin das Berufungsdecret unterzeichnet, durch das mir in der bayerischen Hauptstadt eine zweite Heimath bereitet wurde.

*   *
*

Ich habe es stets als eine besondere Gunst meines Geschicks betrachtet, daß mein Leben in jungen Jahren aus dem heimathlichen Berlin nach München verpflanzt wurde.

Nicht allein wegen der frühen Sicherung meiner äußeren Lage und der Verpflichtung, die mir damit auferlegt wurde, meine volle Kraft an meine dichterische Lebensaufgabe zu setzen. Wichtiger noch war, daß ich nun auf mich selbst gestellt wurde und an innerer Reife zunahm durch die Trennung von den literarischen Kreisen Berlins, in denen mir bis dahin wohl, nur allzu wohl geworden war. Was sie dem Anfänger gegeben, bewahrte ich in dankbarem Gedächtniß, wie ich auch im Süden nie verleugnete, daß ich ein Berliner Kind war und ein Heimweh in mir fortlebte nach Allem, was ich an den Menschen im Norden lieben gelernt: feste Freundestreue, Klarheit und Klugheit und redlicher Wille, dem Strebenden die Wege zu weisen, und bei größter geistiger Regsamkeit der zähe, beharrliche Fleiß, auch in künstlerischen Dingen seinem Gewissen genugzuthun.

Ich war aber auf einem Punkt angelangt, wo ich Gefahr lief, über den Horizont der dortigen Gesellschaft nicht hinauszublicken, ihrem Richterspruch mich zwar nicht blindlings zu unterwerfen, ihn aber doch für wichtiger zu halten, als er im Grunde war. Vor Allem wäre mir, wie so viel anderen poetischen Talenten, die dünne, austrocknende kritische Luft der großen Stadt auf die Länge verhängnißvoll geworden, das Ueberwiegen des scharfen, zersetzenden Verstandes über die sinnliche Dumpfheit, aus der jede künstlerische Schöpfung ihre beste Kraft, ihr eigentliches Lebensblut saugt. Wer schaffen will, soll nicht zu klug aus sich selber werden. Er hüte sich, so sehr er der Selbstkritik bedarf, sich dem Naturboden zu entfremden und durch voreiliges Dreinreden der »alten Schwiegermutter Weisheit das zarte Seelchen Phantasie zu beleidigen«.

Nun fand ich in München gerade das, was mir bisher gefehlt hatte: eine sehr unliterarische Gesellschaft, die sich um mein Thun und Treiben wenig oder gar nicht bekümmerte, am wenigsten mich durch Urtheilen verwirren konnte. Man sprach damals selbst in den gebildeteren Münchener Kreisen niemals von Literatur, höchstens vom Theater. Dafür empfing mich eine unfreundlich, wo nicht feindselig gesinnte Schaar einheimischer Collegen, deren Verhalten gegen den Fremdling seinen Charakter stählte und ihn dazu trieb, stets sein Bestes zu geben. Wichtiger noch war, daß der Großstädter, der bisher nur in den Häusern guter Freunde heimisch gewesen war, sich hier zum ersten Mal auf einen breiten, derben Volksboden gestellt fand, auf dem sich ein eigenwüchsiger, nicht immer löblicher, aber kraftvoller und vielfach poetischer Menschenschlag bewegte, nicht von fern mit dem zu vergleichen, den man in Berlin »Pöbel« nannte. Von diesem sich fernzuhalten, war wohlgethan gewesen, zumal man von der Literaturfähigkeit des Berliner Jargons, die heutzutage so eifrig angestrebt wird, damals noch keine Ahnung hatte. Eine Berührung aber mit dem altbayerischen Stamm, der seine eigenen Volkslieder und volksthümlichen Poeten besaß, konnte dem Norddeutschen nur heilsam sein und seine dichterischen Nerven erfrischen. Zudem galt es hier für mich, da gesellschaftliche Lorbeern nicht zu erringen waren, über die nächsten Grenzen hinaus vor dem deutschen *Volke* zu beweisen, daß ich nicht von Königsgnaden allein zu den »Berufenen« zählte.

München war im Jahr 1854 eine Stadt von wenig über 150 000 Einwohnern. Schon im Sommer 1842 auf der Reise mit meinem Vater und dem Petersburger Onkel über Dresden, Prag, Wien, Graz und Ischl war ich auch nach München gekommen, wo wir König Ludwig's große künstlerische Unternehmungen zum Theil noch im Werden fanden.

Noch hatten wir nur erst das Modell der Bavaria in der hohen Bretterhütte auf der Theresienwiese bestaunt, waren in der Basilica auf den Gerüsten herumgeklettert, auf denen Heß und Schraudolph ihre Fresken malten, und in der Ludwigskirche legte Meister Cornelius die letzte Hand an sein großes jüngstes Gericht. Jetzt, zwölf Jahre später, fand ich die schöne Kunststadt an der Isar in vollem Glanz, freilich noch räumlich weit beschränkter als heutzutage. Das Siegesthor und die noch unvollendeten Propyläen begrenzten damals im Norden und Westen, das Hoftheater im Süden die Stadt, die erst durch König Max bis an den schönen, starken Strom fortgeführt wurde, während nach Osten hin die Straßen sich ohne Abschluß bald ins freie Feld verliefen, und die Vorstädte Au, Giesing, Haidhausen und Schwabing sich's noch nicht träumen ließen, daß sie dermaleinst in den Ring der Stadt einbezogen werden sollten. Es lag damals auch noch eine Menge großer Gärten zwischen den Häusermassen verstreut, wenn auch der jetzt so lustig grünende Dultplatz noch eine dürre Wüste war, da man zu gewissen Zeiten dort die Budenstadt hinpflanzte. Den Berliner aber, der diese in fröhlichem Aufschwung begriffene lachende Stadt betrat, heimelte sie im Vergleich zu den endlosen Straßenzügen und schwerfälligen Palästen seiner Vaterstadt fast mit ländlichem Reize an, während doch wieder die vielen neuen und alten Kirchen und die drei großen Museeen dem Ganzen ein vornehmes Gepräge gaben und die malerischen, alterthümlichen Stadttheile daran erinnerten, eine wie lange, merkwürdige Geschichte dies Isar-Athen zu erzählen hatte. Nicht minder fand sich der Norddeutsche, zumal wenn ihm das muntere Blut des »fahrenden Schülers« noch in den Adern floß, durch die ungebundenen Sitten und den farbigen volksthümlichen Zuschnitt des Lebens angezogen, wenn er auch manches Liebgewohnte vermißte.

So gab es zum Beispiel keine eigentliche Geselligkeit, kein uneingeladenes Eintreten bei Freunden, sehr selten eine Hausfreundschaft, wie ich sie von meinem Elternhause, der Kugler'schen und anderen Berliner Familien her gewöhnt war.

Die Männer gingen allabendlich in ihr gewohntes Bierhaus, die Frauen saßen in sehr zwangloser Toilette zu Hause und empfingen höchstens eine Freundin – gelegentlich wohl auch einen »Freund«, den das Négligé nicht abschreckte. Wenn ein Gast von fern zugereis't kam, bestellte ihn sein Münchener Gastfreund auf den Abend ins Wirthshaus, oder, wenn er ihn zu seinem Tische einlud, kam die Magd herein, zu fragen, was der Herr zu Nacht zu speisen wünsche. Das wurde dann nebst dem trefflichen Abendtrunk aus dem nächsten Wirthshaus »über die Gasse« geholt. Ich erinnere mich sogar, daß Kobell uns einmal ausnahmsweise zum Abend einlud, ein Drama mit anzuhören, das ein ihm empfohlener junger Poet der Familie vorlesen wolle. Als wir alle versammelt waren, trat der Hausherr herein, begrüßte uns freundlich und sagte: »Nun, unterhalten Sie sich gut! Ich muß in meine Gesellschaft.«

Wir konnten, als die Lectüre begann, freilich begreifen, daß er es vorgezogen hatte, in sein »Alt-England« zu gehen. Aber von den ortsüblichen Bräuchen der Gastlichkeit hatten wir doch einen seltsamen Begriff bekommen.

Desto liebenswürdiger erschien uns hier im Süden gegenüber der strengen Sonderung der Stände, die in der Heimath herrschte, der freiere Verkehr der verschiedenen Gesellschaftsklassen unter einander an öffentlichen Orten, der schon an Italien erinnerte. Zwar konnte es in München nicht vorkommen, wie ich es in Rom erlebt hatte, daß ein Bettler im Café von Tisch zu Tische ging und, nachdem er so viel gesammelt, um seinen Kaffee zu bezahlen, sich ohne Verlegenheit unter die Gäste setzte, um vom Kellner wie jeder Andere bedient zu werden. Aber die demokratisirende Macht des Bieres hatte doch eine Annäherung bewirkt. Der geringste Arbeiter war sich bewußt, daß der hochgeborene Fürst und Graf keinen besseren Trunk sich verschaffen konnte als er; die Gleichheit vor dem Nationalgetränk milderte den Druck der socialen Gegensätze. Und wenn im Frühling noch der Bock dazu kam, konnte man in manchem Wirthsgarten eine so gemischte Gesellschaft zwanglos beisammen finden, wie sie in Berlin nirgends anzutreffen war.

Sei mir gegrüßt, du Held im Schaumgelock,
Streitbarer Männer Sieger, edler Bock!

Nicht graues Zwielicht dampfdurchwölkter Schenken,
Den Mittag liebst du und der Gärten Frische.
Hier finden sich auf brüderlichen Bänken
Hoch und Gering in traulichem Gemische:
Den Knechten nah, die seine Pferde lenken,
Der Staatenlenker vom Ministertische;
Pedell, Professor, Famulus, Student –
Du spülst hinweg die Schranke, die sie trennt.

Es wird von jenem Trevi-Quell berichtet,
Daraus man ew'ges Heimweh trinkt nach Rom,
Sehnsucht, die unermüdlich denkt und dichtet,
Nur einmal noch zu schau'n Sanct Peter's Dom.
So hat auf München nie ein Herz verzichtet,
Das je hinabgetaucht in *deinen* Strom.
So rasche Wurzeln hier geschlagen hätt' ich
Nie ohne dich und deinen Freund, den Rettig.

Ein wenig Uebertreibung muß man diesem dithyrambischen Erguß zu Gute halten. Pflegen sich doch alle »Neubekehrten« eines gewissen Fanatismus schuldig zu machen. Zwar war ich nie ein sonderlicher Trinker gewesen und wurde es auch nicht in meiner neuen Heimath, wie denn auch wohl an meiner Begeisterung für den Rettig der Reim den größeren Antheil hatte. Das aber gewann mich sofort für meine neuen Landsleute, daß sie, so sehr sie Rang und Stand zu schätzen wußten, sich durch die Nähe eines Höherstehenden nicht einschüchtern oder im behaglichen Lebensgenuß stören ließen. Freilich hatte das alte München auch noch keine breite Arbeiterbevölkerung. Noch herrschte unter einem strengen Zunftzwang die Handwerksarbeit im Kleinen vor; es fehlte fast gänzlich an Fabriken und jeder Art von Großindustrie, wie denn auch hier vor fünfzig Jahren Diejenigen gezählt werden konnten, die nach heutigen Begriffen für reich gegolten hätten. Dafür gab es auch durchaus keine Massenarmuth, die in großen Städten dem Menschenfreunde das Herz beklemmt. Bettler waren genug vorhanden, an den Kirchenpforten wie in den Häusern. Aber sie waren sämmtlich mit ihrem Loose zufrieden, da in wohlthätigen Vereinen und durch das obligate Almosenspenden frommer Seelen dafür gesorgt wurde, daß sie sich in ihrem Stande wie in einer auskömmlichen Sinecure wohl fühlen konnten. Der gewerbtreibende Bürgerstand vollends genoß eines so reichlichen Lebens- und Nahrungszuschnitts, wie in dem sparsamen und nüchternen Norden unerhört war. Zweimal, auch wohl dreimal am Tage Fleisch zu essen, erschien nur als etwas, das der gute Bürger als sein Recht in Anspruch nehmen konnte. Dafür arbeitete er nicht mehr als nöthig war, um das nahrhafte, vergnügliche Leben fortzusetzen, und wurde durch strenge Zunftgesetze gegen betriebsamere Concurrenten geschützt. Aufs Genaueste – für den Uneingeweihten oft unverständlich – war vorgeschrieben, was jeder Handwerker oder Händler anfertigen oder verkaufen durfte. War dann ein ehrsamer Meister, der selbst nicht höher hinausgewollt hatte, zu einigem Wohlstande gediehen, so ließ er den Sohn, wenn er ihn nicht der Kirche widmete, wohl auch studieren, obwohl er, wie ein bekannter Großbrauer, der Meinung war: »Studieren hält auf«. Es war eben noch die gute alte patriarchalische Zeit, deren Sitten und Unsitten im Gegensatz gegen die stark sich aufschwingende norddeutsche Industrie einen »gemüthlich« anheimelnden Character trug, ohne daß darum das eigentliche Gemüthsleben wärmer und nachhaltiger gewesen wäre, als in dem für kaltherzig verschrieenen Berlin.

Als wir einmal die Sommermonate in Starnberg zugebracht hatten, wo unsere vier Kinder auf weiten Spaziergängen viel Schuhwerk verschlissen, schickte ich am Vorabend der Abreise unsre älteste Tochter zum Schuhmacher, unsre Rechnung zu bezahlen. Morgen würden wir in die Stadt zurückkehren, erzählte sie dem Meister. »Da bin ich aber froh, Fräulein, daß Sie endlich fortgehen,« versetzte der Biedermann ganz ernsthaft. »Denn so viel wie für Ihnen hab' ich noch für keine Herrschaft zu arbeiten gehabt.«

Man mag vom volkswirthschaftlichen Standpunkt aus von dieser Antwort weniger günstig denken. Doch wird man nicht bestreiten können, daß in dem Grundsatz, sich ja nicht zu überarbeiten, bloß um Geld zu erwerben, um dann im späteren Alter die Früchte seines Fleißes vielleicht nicht mehr genießen zu können, ein freierer und vornehmerer Sinn sich offenbart, als in dem athemlosen Jagen nach Erwerb, wobei über der Hast, immer reichere Mittel zum Lebensgenuß zu gewinnen, der Zweck oft nicht mehr erreicht wird.

Bestärkt wurde das Volk in dieser leichtherzigen Lebenskunst überdies durch die vielen Feiertage, zu denen im Carneval noch andere Gelegenheiten, sich gute Tage und Nächte zu machen, hinzukamen. Das Alles aber sah sich bunt und lustig an und hing mit so manchen phantasievollen Ueberlieferungen zusammen, daß es auch auf den protestantisch gewöhnten Sohn der Mark einen anziehenden Eindruck machen mußte.

Freilich konnte er sich nicht verhehlen, daß die warmblütigere, sinnlichere Natur dieser Bevölkerung in sittlicher Hinsicht manches Bedenkliche hatte. Nicht nur im Gebirge galt das Sprüchlein: »Auf der Alm da giebt's ka Sünd.« Auch in Stadt und Land herrschte eine Sittenfreiheit, die uns Anfangs höchlich befremdete. Als wir für unsern Erstgeborenen ein Kindsmädchen mietheten, das noch sehr jugendlich erschien, fragte sie meine Frau, ob sie auch mit einem so kleinen Kinde umzugehen wisse. »No natürlich,« sagte das Mädchen, »ich hab' ja selbst schon ein Kind gehabt.« Und durch die etwas betroffene Miene ihrer Herrin sichtbar gekränkt, fügte sie rasch hinzu: »Was meinen S' denn, gnä' Frau? So wüst bin ich doch nicht, daß mich Keiner möcht'!«

Diese naive Offenheit entwaffnete uns. Wir sagten uns, daß die sittlichen Zustände in unserer Heimath schwerlich löblicher seien als hier und nur weniger unbefangen zu Tage träten. Und wenn auch Heuchelei ein Compliment ist, das das Laster der Tugend macht, im Grunde war die Sache damit nicht gebessert und das freimüthige Bekenntnis, der Erbsünde verfallen zu sein, immer noch einem engherzigen Tugenddünkel vorzuziehen, der oft nur die Maske feiger Sündhaftigkeit ist.

Dazu kam als ein weiterer mildernder Umstand die Erleichterung, die hier im katholischen Lande durch die Absolution der Kirche gewährt wird, während ein protestantisches Gewissen in schweren Kämpfen mit sich selbst zu ringen hat. Nicht minder auch mußte man die erhöhte Versuchung durch das gesammte sinnenfrohe Leben in Betracht ziehen und die stärkere Anlage des oberbayerischen Stammes zu allem Künstlerischen, in der sich auch der Sinn für leibliche Schönheit leidenschaftlicher entwickelt.

Die großen Schöpfungen König Ludwig's hatten alte und junge Künstler jeder Art nach München gezogen. Hier fanden sie außer großen, weitreichenden Aufgaben auch alle Mittel zu ihrer Durchführung, vor Allem unter den Mädchen aus den niederen Klassen, die sich durch eine kräftige, racemäßige Schönheit und frische Anmuth auszeichneten, Modelle genug, während es in Berlin einem ehrbaren Dienstmädchen als eine Beleidigung erschienen wäre, einem Maler diesen Dienst erweisen zu sollen. Daß dies Vorwiegen der Künstlerschaft dazu beitrug, die Unbefangenheit im Verkehr der Geschlechter überhaupt zu steigern, liegt auf der Hand. König Ludwig selbst hatte sich ein »gemaltes Serail« angelegt, nicht bloß als ein platonischer Verehrer der Schönheit. Und so ging ein Hauch von fröhlicher, warmer Sinnlichkeit durch alle Schichten der Gesellschaft, ein wenig phäakenhaft, doch nicht in unfruchtbares »süßes Nichtsthun« ausartend, da eben auf dem Boden, wo Leben und Lebenlassen der Wahlspruch der gesammten Bevölkerung war, jene großen künstlerischen Thaten geschahen, denen das heutige München seinen Rang als erste deutsche Kunststadt verdanken sollte.

Damals freilich ging noch ein ganz anderer Geist durch die Münchener Künstlerschaft. Wie Alle sich hatten bescheiden müssen, bei den Aufträgen des Königs mehr auf die Ehre als auf reichen Lohn zu sehen, so war auch von einem Kunstmarkt, wie heutzutage, noch keine Rede. Freilich auch nicht von einer so übermäßigen Concurrenz, an der seit einigen Jahrzehnten auch noch die immer wachsende Zahl der »Malweibchen« in beängstigender Weise Theil nimmt. Die Künstler waren keiner fieberhaften Bilderproduction beflissen, sondern Manche, die mehr Verstand als Glück hatten, ergaben sich sogar zeitweise einem behaglichen Müßiggang, weil es ihnen »so billiger kam«. Wo es aber galt, öffentliche Feste zu verherrlichen, war Jeder bereit, seine Dienste anzubieten, ohne sich für den Zeitverlust entschädigen zu lassen. Die Frühlingsfeste an den reizenden waldigen Isarufern bei Pullach, Grünwald, Schwaneck, die Alles, was an Schönheit, Jugend und Humor in den gebildeteren Kreisen der Stadt vorhanden war, in buntem Gemisch hinauslockten, erschienen von dem fröhlichen Treiben so vieler malerischer Gestalten belebt dem norddeutschen Gast wie ein lebendig gewordenes Bild aus einem Märchen, und die Raketen, die den spät in der Nacht Heimkehrenden einen Gruß auf den Weg mitgaben, wie das letzte Aufleuchten der romantischen »mondbeglänzten Zaubernacht«.

Diese Jugendzeit der Münchener Kunst ist längst dahin. Eine Periode ernster, ruhiger Arbeit ist ihr gefolgt, deren Führer und Meister nur noch bei seltenen Gelegenheiten sich um eine öffentliche Lustbarkeit der Stadt mithelfend verdient machen. Zeit ist Geld geworden, und auch die bildenden Künste haben sich dem Industrialismus anbequemen müssen, der seit dem französischen Kriege alle Lebensgebiete beherrscht. Viel Schönes ist trotzdem zur Erscheinung gekommen. Wem aber die damaligen Anfänge in der Erinnerung fortleben, dem klingen wohl die Verse im Ohr:

Schöner war die trübe Schwüle
Als die helle Kühle jetzt.
Jene frühen Vollgefühle
Kennst du was, das sie ersetzt?

(*Lingg.*)

Das alte und das neue literarische München

Bei der ganzen Anlage seines geistigen und sittlichen Naturells war nun nichts natürlicher, als daß der König gerade für *Geibel* vor allen anderen zeitgenössischen Dichtern die wärmste Sympathie fühlte. Der melodische Fluß und die glänzende Vollendung seiner Verse bezauberten ihn; der tiefe Brustton idealer Gefühle und Gesinnungen kam einer verwandten Stimmung in der Seele des Königs entgegen.

Schon im Frühjahr 1852 berief er den ihm so theuren Dichter in seine Nähe und war glücklich, daß er im persönlichen Verkehr Geibel's Character ebenso schätzen lernte, wie er seine Dichtungen bewundert hatte. Geibel war nach München übergesiedelt und hatte dort seinen jungen Hausstand gegründet. Eine Professur der Literaturgeschichte und Poetik war ihm übertragen worden, die er in den ersten Jahren ziemlich ernst nahm; eine Schaar angehender junger Poeten sammelte sich um ihn und suchte in den Vorlesungen, die er in seinem Hause hielt, Belehrung über poetische Technik. Ob es dabei zu eigentlich wissenschaftlicher Arbeit, zumal im Gebiete der Literaturgeschichte, gekommen, weiß ich nicht zu sagen. Jedenfalls war das Verhältniß zum Könige der Hauptzweck seiner Gegenwart in München.

Er war freilich bei aller angeborenen Loyalität nicht fähig, die Rolle eines geschmeidigen Höflings zu spielen. Gleich zu Anfang, als der König ihm durch seinen bisherigen Amanuensis, den Ministerialrath Daxenberger, eine Auswahl seiner eigenen Gedichte zur Prüfung geschickt hatte mit der Frage, ob er sie zur Veröffentlichung geeignet halte, hatte Geibel unumwunden vom Druckenlassen abgerathen. Der König, weit entfernt, darüber empfindlich zu werden, hatte ihm diese Warnung als einen Freundschaftsdienst hoch angerechnet und ist auf den Lieblingswunsch eines Jeden, der sich dilettantisch mit Versemachen beschäftigt, nie wieder zurückgekommen.

Der Verkehr mit Geibel aber regte in ihm die Neigung zur Poesie so lebhaft an, daß er neben den Männern der Wissenschaft, die er an seine Universität berief, um auch privatim ihres belehrenden Umgangs zu genießen, auch einige Poeten zu den Abendgesellschaften zuzuziehen beschloß, in denen er geistige Nahrung und Erfrischung der verschiedensten Art zu gewinnen wünschte.

Es konnte nicht fehlen, daß diese Gründung einer »geistigen Tafelrunde« in den Kreisen der einheimischen Gelehrten und Dichter eine sehr unfreundliche Stimmung erzeugte.

Schon die Berufung hervorragender Männer der Wissenschaft an die Universität hatte, wie oben bemerkt, aus den verschiedensten Ursachen lebhaften Unmuth erregt. Die besondere Gunst, die einigen dieser Fremden, vor Allem *Liebig*, durch die Theilnahme an den Symposien des Königs zu Theil wurde, mußte die feindselige Gesinnung der zunächst betroffenen altbayerischen Kreise nur noch erheblich steigern, da die bevorzugten »Berufenen« allgemein im Verdacht standen, da sie das Ohr des Königs hätten und häufiger und zwangloser als selbst die Minister mit ihm verkehrten, diesen Vorzug, wenn auch nicht immer in persönlichem Interesse, doch zu immer stärkerer Zurückdrängung der verdienten einheimischen Männer zu mißbrauchen. Es half nichts, daß auch bayerische Gelehrte zu den Symposien geladen wurden. Die Liebig, Bischof, Jolly, Riehl, Bluntschli, Carriere, späterhin Sybel und

Windscheid waren doch in der Mehrzahl und gehörten zu den *Stammgästen* an diesem königlichen Tische. Nun vollends die Bevorzugung fremder Poeten, da es in dem bayerischen Dichterwald doch wahrlich »von allen Zweigen schallte«! Schon mit *Dingelstedt's* Berufung war man unzufrieden gewesen. Man hielt ihn nach seinen »Nachtwächterliedern« nur für einen der politischen Dichter und Tendenzpoeten, die nachgerade abgethan waren; zudem hatte er sich durch seine »Verhofrätherei« den Liberalen verdächtig gemacht, während er den Altgesinnten durch allerlei Frivolitäten Anstoß zu geben fortfuhr. Immerhin war er nicht als Dichter, sondern als Theaterintendant nach München gekommen und hatte ein *Amt*, mit dem ohnehin ein Gehalt verbunden war. Auch wurde er nicht zu dem engeren Kreise des Königs hinzugezogen. Daß aber zwei andere fremde Dichter durch die Gnade des Königs eine Jahrespension genossen, ohne weitere Verpflichtung, als an den Symposien theilzunehmen und in München ihr Dichten und Trachten weiter zu treiben, entflammte die Gemüther, zumal der einheimischen Collegen, zu heftiger Empörung.

Die Schuld an dieser unerhörten Vernachlässigung der talentvollen Landeskinder schob man nächst *Dönniges* natürlich Geibel in die Schuhe. Zwar hatte er von vornherein ein freundliches Verhältniß zu dem angesehensten der bayerischen Dialektdichter, *Franz von Kobell*, gefunden, der zu den Intimen des Hofes gehörte. Wo aber blieben die Anderen, die zwar über die Grenzen Bayerns hinaus sich nicht bekannt gemacht hatten, aber innerhalb derselben eines gewissen Ansehens genossen? Wo blieb sogar der berühmte Oskar von Redwitz, dann Andreas May, Ludwig Steub, Franz Trautmann, Hermann Schmid, Franz Bonn, Heinrich Reder, Teichlein, Ille und so viele Andere unter den jüngeren Talenten, denen ein königliches Jahrgehalt und die Soupers in der »Grünen Galerie« des Königsschlosses von ihren Freunden und Lesern lieber gegönnt worden wären als dem in Peine an der Fuse geborenen Bodenstedt und gar dem Schreiber dieser Zeilen, dem es als ein unvertilgbarer Makel anhaftete, mit Spreewasser getauft worden zu sein?

Gewiß wäre Niemand froher gewesen als Geibel, wenn er unter den genannten einheimischen Poeten Den oder Jenen dem Könige zur Aufnahme in seinen engeren Kreis hätte empfehlen können. Wie weit entfernt er von jeder principiellen Geringschätzung der süddeutschen

Talente war, hat er zunächst durch die liebevolle Sorgfalt bewiesen, mit der er *Hermann Lingg's* Gedichte herausgab, in der Vorrede auf ihn als einen »Ebenbürtigen« hinweisend, und späterhin durch das freundschaftliche Verhältnis mit dem Münchener *Hans Hopfen*, dem Schweizer *Leuthold* und dem Schwaben *Wilhelm Hertz*. Er war es auch, der Lingg und später *Melchior Meyr* eine Jahrespension beim König erwirkte, wie er denn überhaupt auch in materieller Fürsorge für Dichter, die er anerkannte, unermüdlich war, nicht nur durch sein Fürwort beim Könige (das auch *Otto Ludwig* zu Gute kam), sondern in großherzigster Weise aus seiner eigenen Tasche.

Wenn er sich gleichwohl den damaligen Poeten Münchens gegenüber zurückhaltend bewies, so geschah es ohne alle persönlichen Motive, aus dem Grunde, weil er Keinen darunter für voll nahm.

Daß er ein gutes Recht dazu hatte, hat einer der talentvollsten jüngeren Münchener Dichter offen ausgesprochen, *Max Haushofer* in dem trefflichen, durch feines Urtheil und gerechte Vertheilung von Licht und Schatten ausgezeichneten Essay »Die literarische Blüte Münchens unter König Max II.«, aus dem oben schon eine bezeichnende Stelle angeführt worden ist.[*]

»Den vormärzlichen Dichtern Münchens gebrach es nicht an Talent, aber an der Energie des Strebens. Süddeutsche Gemüthlichkeit ging ihnen über jeden Erfolg. Vormittags beim Bockfrühschoppen im ›Achazgarten‹ zu sitzen, den Nachmittag in einem der Kaffeehäuser des Hofgartens zu verplaudern und den Abend, wenn er schön war, auf einem der damals noch so prächtigen aussichtreichen Keller zuzubringen: das war in jener Zeit ein viel schöneres und poetischeres Thun als das Sitzen am Schreibtisch.«

Es war aber doch wohl nicht vorzugsweise diese Neigung zu vergnüglichem Lebensgenuß, was die talentvollen Altbayern nicht zu strenger Arbeit im Dienst der Muse kommen ließ. Gerade weil hier im Süden der poetische Trieb den Begabteren mehr im Blute lag, ihre Natur von Hause aus künstlerischer gestimmt war als dem nüchterneren Menschenschlag im Norden, fühlten sie weniger die Pflicht innerer Vertiefung und glaubten den Kranz »schon im Spazierengehen« zu erringen. Daß auch der Dichter nicht nur im Technischen viel zu lernen habe – hatte doch auch der berühmteste bayerische Poet, Graf Platen, sich nachgerühmt: »Die

---

[*] Beilage zur »Allgemeinen Zeitung«, 15. und 16. Februar 1898.

Kunst zu lernen, war ich nie zu träge« – sondern daß es etwas wie ein künstlerisches Gewissen gebe, dessen Mahnungen nicht als Schulweisheit eines pedantischen Präceptors verspottet und vernachlässigt werden dürften, ahnten die Wenigsten. Sie begnügten sich nach der Art aller Dilettanten mit dem, was ihnen in angeregter Stunde von ihrem Genius beschert worden war, und antworteten, wenn sie auf Mängel dieses ersten Hinwurfs hingewiesen wurden, wie jener Poet in Shakespeare's »Timon«: »'s ist eben nur ein Ding, mir leicht entschlüpft.«

Dazu kam, daß es vor fünfzig Jahren in München völlig an einer einsichtsvollen literarischen Kritik gebrach. Der Journalismus stand selbst in Bayerns Hauptstadt auf keiner höheren Stufe als heutzutage in den Localblättern kleinerer Provinzstädte, und auch das »Blatt für Diplomaten und Staatsmänner«, die »Augsburger Allgemeine Zeitung«, befaßte sich nur gelegentlich in der Beilage mit neueren belletristischen Erscheinungen. Was in norddeutschen kritischen Journalen hin und wieder geurtheilt wurde über ein Buch, das aus dem Süden kam, machte, wenn es noch so sachlich und maßvoll klang, keine tiefere Wirkung, da man überzeugt war, die norddeutsche Kritik stehe der süddeutschen Production von vornherein mit einem geringschätzigen Vorurtheil gegenüber. Auch fehlte es in München an einem Verleger für andere als wissenschaftliche, geistliche und pädagogische Literatur, und bei Cotta anzukommen, war ein seltener Glücksfall.

Noch verhängnißvoller aber als der Mangel einer öffentlichen Kritik war die Scheu vor jenen »goldnen Rücksichtslosigkeiten« im persönlichen Verkehr der Schriftsteller unter einander, die den Berliner Tunnel trotz manches pedantischen Zuges für die Bildung junger Talente so ersprießlich gemacht hatten. Junge Künstler haben in der Regel mehr Vortheil von kameradschaftlicher wetteifernder Anregung untereinander, als von der eindringlichsten Unterweisung älterer Meister. Nun galt es aber für sehr unschicklich, offen ins Gesicht seine Meinung zu sagen, da man ja hinter dem Rücken der guten Freunde seiner scharfen Zunge keinen Zwang anzuthun brauchte. Ich selbst, als ich einigen Collegen keinen besseren Beweis meines freundschaftlichen guten Willens geben zu können meinte, als wenn ich ihnen in der schonendsten Form aussprach, was mir neben dem Gelungenen noch einer Besserung fähig schien, mußte zu meinem Schaden erfahren, daß dies des Landes nicht der Brauch sei. Man wollte en bloc gelobt werden und beschuldigte den unberufenen Tadler eines Mangels an guter Erziehung oder einer hochmüthigen, wenn nicht gar feindseligen Gesinnung. Ich sah denn auch bald ein, daß mein redliches Bemühen hier an die Unrechten kam. Den Wenigsten war es so ernstlich um die Sache zu thun, daß sie die Mühe daran gewendet hätten, auch wenn sie einen Einwand zugeben mußten, noch einmal Hand an ihr Werk zu legen. Sie fühlten sich persönlich beleidigt und trotzten nun erst recht auf die Unantastbarkeit ihres ersten Hinwurfs.

Einem so viel älteren Poeten wie Franz von Kobell gegenüber hätte ich mich wohl gehütet, meinem kritischen Vorwitz Luft zu machen. Auch waren seine frischen Lieder und kleinen anekdotischen Gedichte in bayerischer und pfälzischer Mundart voll Mutterwitz und volksthümlichem Reiz schon durch den Zügel des Dialekts in ihrem munteren Gange gesichert, wie ja auch im Dialekt keine Sprachfehler gemacht werden. Was er hochdeutsch dichtete oder gelegentlich für die Bühne schrieb, hatte freilich auch einen dilettantischen Anstrich, fand aber ebenfalls so allgemeinen Beifall, daß sich Niemand versucht fühlen konnte, die höchsten ästhetischen Maßstäbe daran zu legen. So wenig wie an die Verse seines Freundes, des Grafen *Franz von Pocci*, der so recht der Typus des vielseitig begabten altbayerischen Dilettantismus war. Als Knabe hatte ich den »Festkalender«, den er in Gemeinschaft mit Guido Görres herausgab, mit Entzücken studirt, die schnurrigen oder romantischen Balladen auswendig gelernt, die hübschen Bilder eifrig nachgezeichnet. Nun begnügte sich der liebenswürdige Mann freilich nicht mit seinen Erfolgen in geselligen Kreisen, wo er seine witzigen, oft sehr anzüglichen Caricaturen durch lustige Verse erklärte, noch mit dem Beifall der Kinderwelt, für die er seine vielen drolligen Puppenspiele dichtete, sondern er verfaßte auch anspruchsvollere Dramen, die allerdings von Neuem bewiesen, daß es in dieser dichterischen Gattung mit einer leichtherzigen Improvisation nicht gethan, sondern ernste Arbeit unerläßlich ist.

*   *
*

Ich gedenke aber nicht, hier die Geschichte des literarischen Münchens um die Zeit, ehe ich mich dazu gesellte, zu schreiben. Einen hinlänglichen Ueberblick über die Bestrebungen der einheimischen Poeten hat Max Haushofer in dem erwähnten Aufsatz gegeben, aus dem ich selbst erst Manches erfahren habe, was mir damals entgangen war. Unter Anderm, daß schon im Jahre 1848 in München – überhaupt die Stadt der Vereine – ein »Verein für deutsche Dichtkunst« gegründet wurde, der im Jahre 1851 ein Jahrbuch erscheinen ließ, darin unter mir bekannten Namen viele völlig verschollene. Sieben Jahre später gab Graf Pocci – »auf eine Anregung, die vom Königshause ausgegangen war« – ein Münchener Album heraus, in dem sich eine noch viel größere Anzahl von einheimischen Namen findet. Dann entstand im Jahre 1852 »der Poetenverein an der Isar« unter dem Vorsitz des eifrig dichtenden Papierfabrikanten Medicus, der besonders einen jüngeren Freund, August Becker, zu fördern bemüht war und viel dazu beitrug, diesen hoffnungsvollen Anfänger in dem Wahn einer früh erreichten Meisterschaft zu bestärken.

All dieser Vorgänge auf dem bayerischen Parnaß habe ich nur erwähnt, um den Boden zu schildern, der dem Neuling heiß genug werden sollte, und die Stimmung der collegialen Gesellschaft, die alle drei Berufenen empfing.[*]

Bodenstedt's Berufung war durch Dönniges veranlaßt worden, der an dem ziemlich äußerlichen Witz des Mirza-Schaffy Gefallen gefunden hatte und von dem Verfasser der »Völker des Kaukasus« und »Tausend und ein Tag im Orient« sich für die Unterhaltung der königlichen Tafelrunde viel versprach. – Geibel hatte sich fügen müssen, obwohl er von Bodenstedt's Talent nicht so gut dachte. Im Vergleich zu den anderen westöstlichen Poeten – außer Goethe vor Allem Rückert, Daumer und Platen – schien ihm Mirza-Schaffy des tieferen poetischen Gehalts, der echten, leidenschaftlichen Empfindung zu entbehren und der vielgerühmte Witz oft nur in billigen Reimspielen zu liegen, die höchstens einem Laienpublikum imponieren konnten. Was Bodenstedt nicht in der orientalischen Maske, sondern als guter Deutscher geschaffen hatte, seine eigenen Gedichte, Dramen, Novellen, stand so tief unter jenen poetischen Reisefrüchten, daß man sich des Verdachts nicht erwehren konnte, es handle sich bei diesen mehr oder weniger nur um Nachdichtungen geistvollerer Originale, – worüber Bodenstedts Erklärungen nie ein volles Licht verbreiteten.

---

[*] Bekannt ist das satirische Gedicht, mit dem der witzige Redacteur der Augsb. Allgem. Zeitung, Altenhöfer, die fremden Poeten begrüßte. Es war den autochthonen Gegnern aus der Seele gesprochen:
Merkt es euch, ihr *Geibel*, *Heyse*, die ein Wind be*liebig* dreht,
Hofgunst ist ein *Dingel*, das auf keinem festen *Boden* steht.

Auf seine eigene Verantwortung hatte Geibel dagegen, wie gesagt, *meine* Berufung befürwortet und durchgesetzt, in jeder Weise ein Wagniß. Es war nichts Unerhörtes, daß ein Fürst einen anerkannten Dichter in seine Nähe rief und ihn aller Lebenssorgen überhob. So hatte Friedrich Wilhelm IV. Kopisch nach Potsdam berufen, Rückert als Professor an die Berliner Universität, und Tieck's müder Pegasus genoß den königlichen Gnadenhafer. Was aber bisher von meinen Sachen gedruckt worden war, hatte schwerlich den Weg nach Bayern gefunden und konnte höchstens als Talentproben gelten, die mir keinen Anspruch darauf gaben, so vielen älteren einheimischen Dichtern vorgezogen zu werden. Dazu war mein Aeußeres noch jugendlicher als meine jungen vierundzwanzig Jahre. Ich sehe noch Liebig's verwunderte Miene bei meinem ersten Besuch und höre das Lachen der Frau von Dönniges, als ich ihr erzählte, ich würde in sechs Wochen Hochzeit machen.

Der König indeß hatte durch die »Urica«, die »Brüder« und das »Spanische Liederbuch«, die Geibel ihm vorgelegt, eine günstige Meinung von meinem Talent gewonnen, auch darein gewilligt, daß mir die erbetene Honorarprofessur an der Universität übertragen wurde. Nicht daß ich denn doch Zweifel gehegt hätte, ob ich es wagen dürfe, mich als Poet zu etablieren und in dichterischen Aufgaben ein ganzes Leben lang Genüge zu finden, sondern weil ich nicht wußte, wie mir in der Stellung eines königlichen »Günstlings« und Pensionärs zu Muthe sein würde. Da ich mir wenig Talent zum Hofmann zutraute, wollte ich mir den Rückzug an die Universität offen halten.

Meine erste Audienz bei dem Könige, die am 28sten März 1854 stattfand, überzeugte mich, daß es mir nicht schwer fallen würde, nach dem Wunsch dieses gütigen Fürsten in seiner Nähe ausschließlich meinem Talent zu leben.

Ich habe daher von dem Recht, an der Universität Vorlesungen zu halten, nie Gebrauch gemacht, zumal nachdem ich in *Konrad Hofmann* einen der gelehrtesten und geistvollsten Meister der romanischen Philologie kennen gelernt hatte, dem gegenüber vollends ich mir der Unzulänglichkeit meines fragmentarischen Wissens beschämend bewußt wurde.

Die einfache Güte aber, mit der mein hoher Gönner mich empfing, das freundliche Interesse, das er an meinen Erstlingen zeigte, verscheuchten sofort jedes Gefühl von Befangenheit, mit dem ich ihm gegenübergetreten war. Ich fand ihn stattlicher, als er mir von Italien her im Gedächtniß geblieben war, das Gesicht jugendlicher und frischer, sein Anstand voll einfacher, natürlicher Würde.

Nun konnte ich ihm endlich persönlich für das mir in Rom bewiesene Wohlwollen danken, da er sich in meinen Bibliotheksnöthen für mich verwendet hatte. Er erinnerte sich der Sache, fragte, ob ich auch in Spanien gewesen, was ich verneinen mußte, und ob in den dortigen Bibliotheken nicht noch unbekannte Schätze vergraben seien. Er knüpfte dabei an das Spanische Liederbuch an und fragte nach meinen gegenwärtigen Arbeiten, wobei er seine Neigung zur Poesie lebhaft äußerte. – »Majestät sind selbst Dichter« – – »Meine Zeit ist leider nicht mein. Aber ich kenne nichts, was eine bessere Erholung wäre, mehr das Gemüth und den Geist erhöbe, gerade in einer Zeit, die poetischen Bestrebungen so ungünstig ist. Was halten Sie davon, ob ein modernes geschichtliches Epos möglich wäre? Ich habe schon öfters mit Professor Geibel davon gesprochen, der aber nichts davon wissen will.« –

Meine Antwort darauf, und was ich über den weiteren Gang des Gesprächs an meine Eltern berichtete, will ich hier übergehen. Man wird begreifen, daß ich sehr glücklich war, in dem Fürsten, dessen Gnade mir zu Theil geworden, einen Mann zu finden, den ich mit aufrichtigem Herzen verehren durfte. »Ich verspare mir,« hieß es in einem nach der Audienz geschriebenen Brief an die Eltern »alles Nähere auf mündlich, wo auch allerlei Züge von hoher Menschlichkeit und Noblesse verrathen werden dürfen, die der histoire secrète des Hofes angehören.« (Was hier gemeint war, ist mir nicht mehr erinnerlich.) Im Ganzen hatte die Unterredung eine halbe Stunde gedauert, und ich war von ihrem Verlauf höchst befriedigt. »Abends sah ich mit Geibel die Terenzischen ›Brüder‹ im Theater, mit jener Frische und gutem Willen aufgeführt, wie man sie sonst bei Liebhabertheatern trifft. Nur einer war eigentlich ein voller Künstler (Christen?). König Ludwig und Königin Therese saßen links in der Prosceniumsloge, so daß ich sie genau und lange betrachten konnte. Der alte Herr ist sehr verwittert. Gegen die Mitte des Stücks kam das regierende Paar in die Loge gegenüber, die junge Königin sehr hübsch und Beide stattlich zusammen. Geibel sah, wie der König mich von fern der Königin vorstellte. Eine nähere Bekanntschaft wartet meiner im Sommer. Darauf sind wir wieder bis gegen Mitternacht bei sehr gutem Wein und noch besserer Freundschaft beisammen geblieben.«

Meine Münchener Anfänge

So kehrte ich denn erleichterten Herzens nach Berlin zurück, wo am 15ten Mai die Hochzeit stattfand. Ein lustiger Polterabend im Kugler'schen Hause ging vorher, an dem allerlei sinnige und unsinnige Scherze getrieben wurden. Nach verschiedenen Einzelanreden an das Brautpaar theilte sich vor einer der Mansardennischen ein Vorhang, und ein würdiges Ehepaar erschien, Fritz Eggers als Gatte und eine Tante der Braut (Lorchen Ritschl) als seine Frau. Sie führten einen kleinen trockenen Dialog über die Unsicherheit, die in der Stadt herrsche. Unter Anderm sei ein Preis auf die Ergreifung eines berüchtigten Räubers, Borscht, gesetzt worden. Alsbald wurde die Frau unruhig. Es sei ihr, als habe sie im Zimmer ein verdächtiges Geräusch gehört. Der Mann war der Meinung, dasselbe rühre von ihrem Söhnchen her – keinem Geringeren als Adolf Menzel, der in einem Kinderkleidchen am Boden kauerte und sehr ernsthaft mit einem hölzernen Pferde spielte. Doch gleich darauf kam unter dem Sopha ein haarbuschiger Gesell hervorgekrochen, Wilhelm Lübke in einer schäbigen Räubertracht, der sich als den steckbrieflich Gesuchten zu erkennen gab und das erschrockene Ehepaar auf den Knieen anflehte, ihn laufen zu lassen. Dies geschah denn auch mit einigen großmüthigen Worten, und der erste Akt war kurz und gut zu Ende.

Ich hatte dem Spiel in höchster Verwunderung zugeschaut und mir den Kopf zerbrochen, aus welchem Grunde diese kindische, völlig witzlose Komödie in unsern Polterabend hineingeschneit sei. Die übrigen Zuschauer schienen sich desto köstlicher zu amüsiren, nicht zum wenigsten über unsere verdutzten Mienen, so daß ich endlich mit verlegenem Lachen in den Applaus mit einstimmte. Gleich aber ging es an den zweiten und letzten Akt, der im Manuscript nicht über zwei Seiten füllen konnte. Das nämliche Ehepaar mit seinem schon damals kahlköpfigen Söhnchen erschien auf einer Reise, in einem Walde, wo ihre unsichtbare Kutsche sich verirrt hatte. Sie waren wieder vor Räubern in Furcht, und wirklich erschienen auch einige verdächtige Kerle mit geschwärzten Gesichtern, die sie aufforderten, ihre Baarschaft herzugeben. Sie flehen auf den Knieen um Gnade – vergebens. Da, wie der Mann schon seine Börse herauszieht, erscheint aus dem Dickicht, einem mit einer Decke verhängten Kleiderschrank, der vorhin begnadigte Räuber Wilhelm Lübke, schreckt das Gesindel, dessen Anführer er ist, mit einem wüthenden Blick zurück und ruft feierlich, indem er die Knieenden aufhebt: Beruhigen Sie sich: ich bin Borscht! Vorhang fällt.

Schon bei Beginn des zweiten Akts waren mir die Schuppen von den Augen gefallen: das Stück, das den Titel »Der dankbare Räuber« führte, war mein eigenes dramatisches »Erstlingswerk«, in meinem zwölften Jahre in ein kleines Octav-Schulheft geschrieben, in welchem es ganze fünf oder sechs Seiten füllte. Meine gute Mutter hatte es aufbewahrt und der muthwilligen Bande zur Aufführung ausgeliefert.

Ein unstillbarer Lachkrampf schüttelte mich, als mir die Sache klar wurde, und die Vorstellung endete unter so stürmischem Beifall, wie ihn manches meiner späteren, ein wenig reiferen Bühnenwerke nicht davongetragen hat.

Die Trauung fand in derselben Kirche statt, wo ich auch eingesegnet worden war. Der Prediger hatte das Lied, das gesungen werden sollte, drucken und an die Hochzeitsgesellschaft vertheilen lassen. Ich konnte mich eines Lächelns nicht enthalten, als ich die anzüglichen ersten zwei Zeilen las:

O Mensch, mit deinem Tichten
Ist wenig auszurichten –

was freilich nur sehr geistlich gemeint war, da der Prediger in der Traurede eine höchst wohlwollende Anspielung auf meine poetische Zukunft machte.

Die Freunde vom Tunnel hatten mir ein schönes Album mit Versen und Handzeichnungen verehrt, das mich darüber beruhigte, meine allzu hitzigen kritischen Unmanieren sollten mir nicht nachgetragen werden. Nach einer fröhlichen Hochzeitsreise durch Thüringen über Coburg, Bamberg, Nürnberg trafen wir am 25sten Mai in der neuen Heimath ein. Am ersten Juni wurde ich zu meiner zweiten Audienz ins königliche Schloß beschieden, wo ich dem Könige die eben erschienenen »Hermen« und ein Exemplar der »Arrabbiata« überreichen konnte. Ich fand ihn noch huldvoller und mittheilsamer als das erste Mal. Er versprach sogar, mir von seinen eigenen Poesieen Einiges mitzutheilen (»im Vertrauen; Sie dürfen nicht allzu scharf kritisiren.« – Es ist nie dazu gekommen). Ich erwähnte, da er äußerte, wie selten ein echter Poet sei, *Hermann Lingg*, dessen Gedichte Geibel eben herausgegeben hatte, und den ich nicht genug zu rühmen wußte. Auch ließ ich die Gelegenheit nicht unbenutzt, von meinem hochverehrten *Mörike* zu sprechen. Lingg's Gedichte hatten dem Könige »nur theilweise gefallen«; *Mörike* hatte er nie nennen hören. »Es ist eine Schande!« sagte er. Dann kam er wieder darauf zurück, daß er ein modernes Epos entstehen zu sehen wünsche und sich meiner Vorliebe für Erzählungen in Versen freue. (Durch Geibel wußte ich, daß sein höchster Wunsch eine Epopöe aus der bayerischen Geschichte war.)

So bestärkte mich auch dies zweite Gespräch in der Ueberzeugung, daß auch ohne ein sonderliches Talent, Fürstendiener zu sein, meine Stellung zu diesem leutseligen, warmherzigen und wahrheitsuchenden Könige mir nichts auferlegen werde, was irgend ein Opfer der innersten Ueberzeugung von mir verlangte.

Zunächst aber sollte fast dieses ganze Jahr in völliger Freiheit von allen höfischen Pflichten vergehen, da der König viel abwesend war und erst Anfang December das erste Symposion stattfand.

Ich war dessen froh, denn wir hatten genug zu thun, unsern jungen Hausstand einzurichten. Man konnte damals nicht wie heutzutage mit einem einzigen Gang in eines der großen Möbel- und Hausgeräth-Lager seine ganze häusliche Ausstattung besorgen. Nur zwei größere Möbelmagazine fanden wir, die überdies durch die Vorbereitungen zu der ersten Industrie-Ausstellung im Glaspalast bedeutend gelichtet waren. So erlangten wir, was wir brauchten, nur stückweise; Manches mußte eigens bestellt werden. Heute kamen die Stühle, morgen ein Schrank, nach Wochen erst mein Stehpult; die Büchergestelle ließen sich noch länger erwarten. Doch konnten all diese Geduldsproben uns in unserm jungen Eheglück nicht anfechten, ja die Freude, daß jeder Tag etwas Neues brachte, wog die jetzige Bequemlichkeit, mühelos eine fertige Renaissance-Einrichtung zu erwerben, reichlich auf.

* *
*

Dazwischen hatten wir Besuche zu machen und zu empfangen.

Die Gesellschaft, auf die wir angewiesen waren, bestand fast ausschließlich aus der Colonie der Berufenen, unter denen Einige waren, die ein geselliges Haus machten. An ihrer Spitze *Dönniges*, der damals bestgehaßte Mann in München, da die clericale Partei und die zurückgesetzten Einheimischen in ihm den bösen Genius des Königs sahen. Es ist bekannt, daß Ranke, bei dem Kronprinz Max 1831 in Berlin gehört hatte, als es sich darum handelte, einen jüngeren Mann von historisch-politischer Bildung zur Leitung der Studien desselben zu bestellen, hiezu Dönniges als einen seiner begabtesten Schüler empfahl. Vom Jahre 1842–1845 hatte denn auch Dönniges dem Kronprinzen Vorlesungen über Staatswirthschaft und Politik gehalten. Nach kurzer Entfernung kehrte er 1847 als Bibliothekar des Kronprinzen nach München zurück und blieb nach dem Thronwechsel als Berather ohne eigentliches Amt ihm zur Seite. Was gründliches Wissen und vielseitige literarische Bildung betraf, war die Wahl gewiß glücklich, und die energische Natur des jungen Gelehrten kam dem Könige bei dessen oft unschlüssigem, allzu lange abwägendem Charakter gewiß zu Statten. Aber Dönniges war alles Andere eher als ein Diplomat, hatte wohl Klugheit genug, den Protestanten nicht hervorzukehren, im Uebrigen aber nicht das geschmeidige Talent, in seiner verantwortlichen Stellung als nächster Beirath des Königs den maßgebenden Behörden gegenüber stets zu laviren und unnöthiges Aergerniß zu vermeiden.

Ein etwas burschikoser, franker und gutmüthiger Zug in seinem Wesen machte mir den Verkehr mit ihm sofort bequem und angenehm, zumal ich mich nächst Geibel ihm vor Allen zu Dank verpflichtet fühlte. In seinem Hause aber, wo ein Ton herrschte, der mir nicht ganz zusagte, fühlten wir uns nicht heimisch, so viel interessante Menschen dort aus- und eingingen. Weit anziehender war uns das gastliche Haus des alten *Thiersch*, der schon vor der durch König Max eröffneten neuen Aera in München eine einflußreiche Stellung gewonnen hatte, freilich ebenfalls stark angefeindet durch die kirchlichen Superioren, die sich in ihrer Alleinherrschaft über die Schule durch sein freieres pädagogisches Regiment bedroht fühlten. Es war sogar zu einem Attentat auf das Leben des Verhaßten gekommen, ein Dolchstoß hatte ihn im Rücken verwundet; in seinem furchtlosen Fortschreiten aber auf dem Wege, den er für den richtigen hielt, hatte dies Abenteuer den ehrwürdigen Mann nicht aufhalten können.

Es war in der That eine Freude, diesen nestorischen Greis, aus dessen röthlich gefärbtem, von silberweißem Haar umrahmtem Gesicht zwei milde und doch geistig belebte blaue Augen strahlten, an der

Seite seiner edlen Frau, umgeben von den hochbegabten Söhnen und liebenswürdigen Töchtern zu sehen, in den künstlerisch ausgestatteten weiten Räumen seines Hauses, wo er oft zahlreiche Gäste versammelte, zwischen ihnen mit gewinnender Freundlichkeit umhergehend und Jedem ein gutes Wort gönnend. Aus dem unteren Saal gelangte man in den Garten, wo es oft von fröhlichem jungem Volke schwärmte, da aus der Nähe des Zöglings der Alten aller steife Zwang verbannt war. Jedem angesehenen Fremden, der durch München kam, stand das Thiersch'sche Haus offen. Natürlich war es nun auch der Sammelpunkt für die Berufenen.

In gleicher Weise machte sich auch *Justus von Liebig* um die Münchener Geselligkeit verdient. In meinem langen Leben sind mir wenig Menschen begegnet, die so wie er in ihrer Erscheinung »Anmuth und Würde« vereinigt hätten. In der Schönheit seiner Züge konnte er den Vergleich mit Rauch aushalten; doch war sein Blick feuriger, sein Habitus der eines herrschenden Geistes, dessen Uebergewicht über seine Helfer und Genossen sich gelegentlich mit gebieterischer Lebhaftigkeit fühlbar machte. Die durchdringende Klarheit seines Blicks, der doch zu Zeiten wieder einen träumerisch sinnenden Ausdruck hatte, verrieth den genialen Forscher und Finder. Dazu kam, während er im Schreiben die Sprache meisterlich beherrschte, eine gewisse tastende Unsicherheit im mündlichen Vortrag, die aber ihren Reiz hatte, da man das Werden des Gedankens im Geist des Sprechenden zu belauschen glaubte. Auch im geselligen Geplauder schien er oft durch ein Problem, das in ihm fortarbeitete, zerstreut, und nur am Abend, wo er regelmäßig mit vertrauten Freunden, Jolly, Bischof, Pettenkofer, später v. Sybel, im Whist Erholung suchte, war er ganz bei der Sache, die von seiner Tagesarbeit weit ablag.

Zur Poesie hatte er kein intimes Verhältniß. Die Freundschaft mit Platen hatte er wohl nur dem Zauber seiner Persönlichkeit zu verdanken gehabt, dem jeder schönheitsfrohe Mensch verfallen mußte. In seinen späteren Jahren, wo ich ihn kennen lernte, fesselte überdies die vornehme Gelassenheit, mit der er seinen Weltruhm ertrug, während er leidenschaftlich fortarbeitete, als ob es gelte, jetzt erst sich einen Namen zu machen.

Der Aufschwung, den die Naturwissenschaften an Universität und Polytechnicum nahmen, war ausschließlich sein Werk. Wie Dönniges die historischen Interessen des Königs, Geibel die poetischen vertrat, so war als dritter im Bunde Liebig der verantwortliche Minister im Gebiet der exacten Wissenschaften.

Auch *Dingelstedt's* Haus stand uns offen. Es kam aber zu keinem freundschaftlichen Verhältniß zwischen uns. Obwohl er es an äußerlicher Höflichkeit auch mir, dem jüngsten »Günstling«, gegenüber nicht fehlen ließ, wußte ich doch, daß er es schwer ertrug, zu den Symposien nie hinzugezogen zu werden. Für den König war er nur der Intendant, nicht der Dichter, und seine Person so wenig wie seine Poesie hatte den kosmopolitischen Nachtwächter bei König Max in Gunst bringen können. Kein Wunder, daß der Monarch, in dessen Wesen nicht ein Hauch von Frivolität war, durch Dingelstedt's zur Schau getragenes Witzeln und Höhnen über mancherlei, was ihm in dem alten München krähwinkelhaft erschien, wie auch durch die vormärzlichen Tendenzen seiner Lyrik abgestoßen wurde. Wer den »langen Franz« näher kannte, wußte, daß zwei Seelen in seiner Brust wohnten. Die demagogische aber wurde mehr und mehr durch die aristokratische unterjocht. Es wurde der höchste Ehrgeiz dieses anfänglichen Freiheitskämpfers, in seinem Auftreten es jedem hochgeborenen Dandy gleichzuthun und den Adel zu erlangen, um in den Kreisen der höheren Gesellschaft zu glänzen, wozu er alle Anlagen hatte. Der gleiche Zwiespalt der Gesinnungen fand sich auch in dem Poeten. Von Hause aus war er ein so guter, sentimentaler deutscher Gemüthsmensch wie irgend einer seiner hessischen Landsleute. Aber sein Aufenthalt in Paris und London hatte ihn dazu verführt, nicht sich dieser heimischen Mitgift zu schämen – er wurde ein zärtlicher Gatte und Vater und schrieb die gefühlvollsten Verse über sein häusliches Glück –, daneben aber den Ton eines cynischen Weltmanns anzustimmen und mit zweideutigen Abenteuern zu kokettiren.

Ich besprach damals seine Gedichte im Literaturblatt des deutschen Kunstblatts, natürlich voll Anerkennung ihres poetischen Werths, doch schließlich mit dem Rath an den Verleger, einen family-Dingelstedt herauszugeben. Er hat mir diesen Scherz nicht übelgenommen, auch seinen glänzenden, stets schlagfertigen Witz nie an mir ausgelassen. Seine persönliche Liebenswürdigkeit versöhnte mich auch immer wieder mit ihm, wenn ich ihm etwas, das er mir oder Anderen angethan, übelgenommen hatte, und da ich es wohl begriff, daß ich ihm nicht sympathisch sein konnte, da ich trotz meiner Jugend zu dem literarischen Kreise des Königs gehörte, der ihm verschlossen blieb, so suchte ich jede Gelegenheit, einen freundlicheren Ton in unser Verhältniß zu bringen. Nach seinem Weggang von München gelang dies auch, obwohl wir uns im Innersten fern bleiben mußten.

Zudem mußte ich sein Talent als Bühnenleiter aufrichtig bewundern. Seine Neigung zum Herrschen und Repräsentiren kam ihm dabei zu Statten, da alle Mitglieder des Theaters in der Kunst, Komödie zu spielen – gelegentlich auch zu intriguiren –, ihn als den überlegenen Meister bewunderten und die Weiber vollends unter seinem Zauber standen. Noch später, da er schon München verlassen hatte, sagte mir die Frau eines Schauspielers in Weimar: »Er ist unwiderstehlich. Wenn er mir beföhle, von einem Thurm herunterzuspringen, ich müßt' es thun.«

Mit all diesen glänzenden Gaben brachte er es aber nur zu äußeren Ehren und einflußreicher Stellung, während der Poet in ihm verkümmerte. Sein einziges Drama »Das Haus des Barneveldt« wurde bei der Münchener Aufführung schon wegen der Ungunst, in der der Dichter beim Publikum stand, äußerst kühl aufgenommen. Rings um sich her sah er jüngere Talente aufkommen, die ihn in Schatten stellten, und in den lichten Intervallen zwischen Erfolgen, die nur seine sociale Eitelkeit befriedigten, wandelte ihn gewiß zuweilen ein bitteres Gefühl des Heimwehs an nach den Idealen seiner Jugendjahre, wo er seine Locken unfrisirt im hessischen Winde flattern lassen und sich gesagt hatte: Anch' io sono poeta! Dann suchte er sich dadurch zu betäuben, daß er seine Untergebenen oder schwächere Collegen seine Macht fühlen ließ, oder ein dreistes Hohnwort von seiner Loge herab dem Münchener Publikum ins Gesicht warf. Trotz all seiner Sünden und Schwächen aber konnte man sich des Bedauerns nicht enthalten, daß so viel geistige Vorzüge um ihre erfreuliche Entfaltung gekommen waren.

Gegen *Kaulbach,* der damals auf der Höhe seines Ruhmes stand und mit allen Berufenen befreundet war, hatte ich mich von vornherein entschieden ablehnend verhalten. Seine Kunst, die ich in ihren Anfängen sehr bewundert hatte, – die Hunnenschlacht gilt mir noch heute für ein geniales Werk – war mir von Jahr zu Jahr, je mehr die großen historisch-symbolischen Wandbilder im Berliner Neuen Museum vorschritten, immer ungenießbarer geworden, so sehr ich die geistige

Kraft anerkennen mußte, mit der einige Höhenpunkte der Weltentwicklung hier in theatralischen Tableaux dargestellt erschienen. Aber die immer zunehmende Naturlosigkeit und schematische Behandlung der menschlichen Gestalt, das conventionelle Pathos, das sogar die Porträts zu rhetorischen Masken entseelte, wirkte so abstoßend auf mich, daß ich mich in eine leidenschaftliche Gegnerschaft zu dem immerhin bedeutenden Künstler verrannte und ihm, wo es irgend anging, auszuweichen suchte. Ich trieb meine schroffe Haltung so weit, daß ich sogar auf eine Einladung Kaulbach's durch Geibel, ihm zu einer seiner lebensgroßen Porträtzeichnungen zu sitzen, zurücksagen ließ, ich bedauerte, nicht kommen zu können, ich hätte keine Zeit. Freilich waren mir die großen unmalerisch stilisirten Köpfe meiner Freunde mit gespannt geöffnetem Blick und hölzernen Stirnen und Wangen höchst widerwärtig. Die Unart aber eines so jungen Menschen gegen einen gefeierten älteren Künstler, der ihm auch sonst ein entschiedenes Wohlwollen zu erkennen gab, ging doch wohl über das Maß des Erlaubten hinaus.

Damals verstand in allen Klassen der Gesellschaft Niemand eine solche Antipathie, die heutzutage zu bekennen der jüngste Akademiker für seine Pflicht hält, wie denn sogar der gewaltige Cornelius von der übermüthigen und gedankenlosen secessionistischen Jugend über die Achsel angesehen wird. Ich selbst habe später die Uebertreibung meiner damaligen Abneigung einsehen gelernt und sie um so mehr als eine zwar im Kern berechtigte, in ihrer Aeußerung aber ungehörige Grille erkennen müssen, da der Fehler der Naturlosigkeit, den ich Kaulbach nicht verzieh, in ähnlichem Maße auch meinem sehr geliebten *Genelli* anhing. Was mich aber in dessen Zeichnungen die offenbare Manier in der Formgebung, den conventionellen Familienzug in den Köpfen leichter nehmen ließ als die gleichen Mängel der Kaulbach'schen Kunst, war theils jene träumerisch-poetische Phantasie, der Genelli's schönste Compositionen entsprangen, theils die großangelegte Persönlichkeit, die antike Naivetät des vom Glück gemiedenen Künstlers, der zu gründlichen Modellstudien selten die Mittel gehabt hatte, da er oft nicht einmal so viel besaß, um das Cartonpapier und die Bleistifte zu seinen Entwürfen zu bezahlen. Damals lebte er in tiefster Dürftigkeit sehr zurückgezogen, und wir gaben die Schuld seiner Noth zum guten Theil dem glücklicheren Nebenbuhler, der, wie wir meinten, zwischen ihm und den königlichen Aufträgen stand.* Gewiß mit Unrecht. Wie beide Künstler und zumal der Geschmack der großen Menge und die Kunstbegriffe der Besteller beschaffen waren, hatte Kaulbach die Rivalität Genelli's nicht zu fürchten. Aber wir waren nun einmal im Zuge mit der Ungerechtigkeit, und so ging es in Einem hin. Wir, worunter vor Allen der edle Holsteiner *Charles Roß* gemeint ist, außer ihm der Bildhauer *Brugger*, der Kupferstecher *Merz*, der geniale *Rahl*, der sich zuweilen bei uns blicken ließ, und einige andere dunkle Ehrenmänner classischer Observanz, die mit Genelli zusammen den bedenklichen Ungarwein der Schimon'schen Weinstube tranken (s. die Novelle »Der letzte Centaur«). Roß aber, ein Landschafter von großem Talent, doch so wenig voll ausgereift wie Genelli selbst, war der Hauptvermittler bei den Unterhandlungen mit Schack, der eine farbige Zeichnung Genelli's – die Vision des Ezechiel – ankaufte und damit den ersten Schritt that, der Noth des Meisters ein Ende zu machen.

So habe ich denn Kaulbach's gastliches Haus nie betreten.

Hab' ich nun aber noch des *Bluntschli*'schen Hauses gedacht, das durch die Person des Hausherrn in seiner warmblütigen schweizerischen Eigenart und geistigen Thatkraft eine große Anziehung ausübte, so ist der Kreis der eingewanderten Familien, die eine Geselligkeit in größerem Stil unterhielten, so ziemlich geschlossen. Der Umgang mit diesem trefflichen Gelehrten (seit 1848 Professor des deutschen Privatrechts und des allgemeinen Staatsrechts an der Münchener Universität), dessen Wesen von jedem noch so leichten Schulstaub frei geblieben war, erhielt noch einen besonderen Reiz durch das psychologische Räthsel, wie es möglich war, daß ein Mann, der sich vielfach als praktischer Politiker bewährt hatte, sich den Phantastereien eines so problematischen falschen Propheten wie Friedrich Rohmer wehrlos gefangen geben und um seinetwillen sogar seiner Heimath hatte entsagen können.

---

* Man erzählte, Genelli habe einmal mit mehreren anderen Künstlern eine Audienz bei König Ludwig gehabt. Als die Reihe an ihn kam, habe der König gefragt: Was machen Sie jetzt, lieber Genelli? – Ich führe das Leben eines Wüstlings aus, Majestät! – Der König, der nicht wußte, daß Genelli einen Cyclus von Zeichnungen unter diesem Titel in Arbeit hatte und das »aus« nicht gehört, sondern nur »ich führe« verstanden hatte, wandte ihm den Rücken und hat ihn nie wieder empfangen wollen.

In den altmünchener Häusern dagegen, auch wenn sie sich nicht spröde gegen die »Fremden« verhielten, herrschte noch die oben erwähnte landesübliche Ungastlichkeit. Der einzige Kobell lud alljährlich im Mai zu einem vergnüglichen Bockfrühstück seine Freunde aus beiden Lagern ein. Die adeligen Familien, deren Standesgenossen es sich in Berlin hatten angelegen sein lassen, Geibel in ihre Kreise zu ziehen, verhielten sich ihm wie allen Berufenen gegenüber ablehnend, aus den verschiedensten Motiven, zumeist wohl aus Groll darüber, daß diese nicht hoffähigen Gelehrten und Schriftsteller eines vertraulichen Verkehrs mit der Majestät gewürdigt wurden, der ihnen versagt blieb.

Das Krokodil

Die Spannung zwischen uns Berufenen und den einheimischen Poeten durfte auf die Länge nicht bestehen bleiben. Wenn auch eine Vereinigung alter und junger Dichter und Dilettanten nach Art des Tunnels nicht zu erreichen war, so wollte ich doch wenigstens den Versuch machen, die jüngeren Collegen zu uns heranzuziehen.

Geibel, den ich in München vorfand, war heftig dagegen. Es kam zu einem stürmischen Auftritt zwischen uns, in dem ich Willen gegen Willen setzte und mich absichtlich nicht mäßigte, um ihm zum Bewußtsein zu bringen, daß ich nicht gesonnen sei, mich seiner Herrschgewalt auch da zu fügen, wo ich es als Pflicht erkannte, nach meiner besten Ueberzeugung einen anderen Weg zu gehen als er. Der Sturm verbraus'te aber, und wir schieden in alter Liebe und Freundschaft. Die Entschiedenheit, mit der ich dem »Donnerer«, wie wir ihn nannten, gegenübergetreten war, hatte nur die erwünschte Wirkung, daß von da an der Freund mich in meiner Weise gewähren ließ und mir nachsagte, ich sei »sehr jähzornig und nicht leicht zu behandeln«, wozu die Freunde, die mich kannten, lächelten.

Ein sehr willkommener und treuer Mithelfer bei dem schwierigen Unternehmen, Einheimische und Fremde zusammenzuführen, war *Julius Grosse*. Er lebte damals schon einige Jahre in München, wohin es ihn als der Malerei Beflissenen aus seiner Thüringer Heimath gezogen hatte, war aber, da ich nach Bayern kam, schon endgültig zur Poesie übergegangen, in der er seiner unerschöpflich gestaltenden Phantasie freier die Zügel schießen lassen konnte. Wir nannten ihn »den letzten Romantiker«, der Achim von Arnim's Erbschaft angetreten habe, da es auch ihm damals schwer wurde, die zuströmende Ueberfülle der Motive, Gestalten, lyrischen Stimmungen und geistigen Probleme zu ordnen, den reichen Quell seiner Dichtung zu »fassen« und »zu befestigen mit dauernden Gedanken«.

Seit jenen Tagen, wo er Geibel und mir mit herzlicher Wärme und einer Lauterkeit der Gesinnung, die jede Probe bestand, entgegenkam, bin ich ihm durch alle Wechselfälle unseres Lebens zugethan geblieben. Damals aber war sein Eintreten für uns um so unschätzbarer in Folge seiner freien Stellung zwischen den Parteien – kein Berufener, doch auch kein Süddeutscher, und schon vor uns mit einigen der hervorragenderen Münchener, wie Franz Trautmann, Franz Bonn, Hermann Schmid, befreundet und somit zum natürlichen Vermittler geeignet. Hauptsächlich durch ihn kam am 5ten November [1854] eine erste Zusammenkunft in dem Kaffeehause »Zur Stadt München« zu Stande. Die oben geschilderte Abneigung der hiesigen Poeten, sich eine offene Meinung ins Gesicht sagen zu lassen, verhinderte aber noch eine gute Weile jene collegiale Vertraulichkeit, die ich vom Tunnel her gewohnt war. Statt dessen fehlte es nicht an verstärkter Feindseligkeit. So trug unter Anderm Bonn bei einer unserer nächsten Zusammenkünfte eine Parodie auf meinen kürzlich erschienenen »Meleager« vor, unter dem Titel »Der brennende Stiefelzieher«. Unter dem Schein harmlosen Scherzes war hier ein reichliches Maß von Bosheit aufgewendet. Ich war überhaupt nicht empfindlich, ließ mich gern zum Besten halten und machte natürlich auch diesmal gute Miene zum bösen Spiel. Der Vorfall hatte mich aber belehrt, daß es nicht so leicht sein würde, wie ich gehofft hatte, die tiefgewurzelte autochthone Gegnerschaft zu versöhnen.

Es gelang dies erst, als aus diesen tastenden Anfängen, an denen außer den schon genannten der Maler *Teichlein*, der Leutnant *Neumann*, *Leonhard Hamm* (ein confuser, grüblerischer Kölner), *Karl Heigel*, *Felix Dahn*, *Beilhack*, *Heinrich Reder*, *Oscar Horn* und Andere theilnahmen, sich eine Vereinigung wirklich begabter, ernsthafter Talente herausbildete, unter denen hier nur *Hermann Lingg*, *Wilhelm Hertz*, *Hans Hopfen*, *Heinrich Leuthold* und *Max Haushofer* genannt sein mögen. Wir kamen einmal wöchentlich für ein paar Nachmittagsstunden in einem Café zusammen, und endlich widerstand auch Geibel der Lockung nicht, an den höchst anregenden Sitzungen dieser Poetenschaft theilzunehmen, die sich den Namen der »Münchener Idealisten«, den norddeutsche Kritiker ihr aufbrachten, gern gefallen ließ.

Geibel's Gegenwart aber wirkte, obwohl er gern eben Entstandenes von seinem Eignen zum besten gab, nicht immer günstig auf die kameradschaftliche Stimmung. Der Respect vor ihm und die Wucht seiner Persönlichkeit lähmten das freie Urtheil, das ohnehin noch immer befangen genug war. Niemand wagte, wenn er gesprochen hatte, Einwendungen zu machen, und ich war der Einzige, der sich seiner Autorität nicht schweigend unterwarf, gestützt auf mein altes Freundesrecht und Geibel's Besorgniß, meinen »Jähzorn« zu reizen.

Die Krokodile
Holzschnitt nach einer Zeichnung von Theodor Pixis

Die Anderen sahen in mir einen willkommenen Anwalt und Volkstribun gegenüber seiner autokratischen Gewalt, und so kam es, daß mir bald auch formell der Vorsitz übertragen wurde. Geibel fühlte sich nicht dadurch gekränkt und erschien nach wie vor regelmäßig, soviel es seine Gesundheit erlaubte, im »*Krokodil*«.

Dies war der Name, den wir unserer Gesellschaft gegeben hatten. Er rührte nicht von Geibel's berühmter Krokodilromanze her (»Ein lust'ger Musikante spazierte einst am Nil« etc.), sondern von Hermann Lingg's Gedicht:

Das Krokodil zu Singapur

Im heil'gen Teich zu Singapur
Da liegt ein altes Krokodil
Von äußerst grämlicher Natur
Und kaut an einem Lotosstiel.

Es ist ganz alt und völlig blind,
Und wenn es einmal friert des Nachts,
So weint es wie ein kleines Kind,
Doch wenn ein schöner Tag ist, lacht's.

Der erhabene Character dieses Amphibiums schien uns trefflich zum Vorbild idealistischer Poeten zu taugen, und wir hofften, in unserem Münchener »heiligen Teich« dermaleinst ebenso gegen die schnöde prosaische Welt gepanzert zu sein, wie jener uralte Weise, der nur noch für den Wechsel der Temperatur empfindlich war.

Von einem befreundeten Bildhauer wurde ein Krokodil in Thon modellirt, an dessen Sockel die verschiedenen Reptile, nach denen wir uns genannt hatten, in hieroglyphischen Zügen eingegraben wurden. Ich – in Folge meiner Lacertenlieder der Eidechs zubenams't – bewahre diese Reliquie noch heute. Die aus Pappendeckel gefertigte Pyramide, die unser Protokollbuch enthielt, von einem der Mitglieder, dem sonst ganz unproductiven *Lichtenstein*, in Sonetten abgefaßt, ist leider verloren gegangen. Geibel selbst, das »Urkrokodil« (wegen jener Romanze vom lustigen Musikanten), ging mit liebenswürdigem Humor auf den Maskenscherz ein und dichtete zwei weitere Krokodillieder. Eines derselben hat er in seine »Spätherbstblätter« aufgenommen (»Ich bin ein altes Krokodil, ich sah schon die Osirisfeier«). Ein zweites, noch ungedrucktes, möge hier seine Stelle finden:

In ruentis alvo Nili
Quo vescuntur crocodili?
Aethiopum carne vili.

Praeter hoc in omni mundo
Hausto clari sunt profundo
Cerevisiam bibundo.

At post Monacense vinum
Malum venit matutinum,
Luctum quod vocant felinum.

Tunc in ripam conscendentes,
Caudas rhythmice moventes
Versus vomunt excellentes.

Archicrocodilus
de Nilo.

So war's im heiligen Teich, nachdem die ersten frostigen Zeiten überwunden waren, warm und behaglich geworden, wärmer als in dem vielgerühmten »Tunnel über der Spree«. Wer von den Einheimischen sich in den Geist harmloser Krokodilität nicht zu finden wußte, zog sich nach und nach in seinen Schmollwinkel zurück. Gerade die Begabteren aber schlossen sich dauernd an uns an, und mehr und mehr verbreitete sich unabhängig von allem ästhetischen Interesse ein kameradschaftliches Gefühl in dem kleinen Kreise, ähnlich wie sich's in noch jugendlicheren Studentenverbindungen einzubürgern pflegt. Denn auch die paar bemoos'ten Häupter in unserer Mitte – *Melchior Meyr*, der erst später hinzutrat, das Ehrenkrokodil *Schack*, das sich selten blicken ließ, *Carriere*, der den Professorentalar ablegte, sobald er sich als Dichter gab –, sie alle plätscherten in der krystallinischen Flut des Musenteichs wie in einem Jungbrunnen herum. Es fehlten eben hier die würdigen alten Herren, die hohen Staatsbeamten, Schulräthe, pensionirten Majore, die im »Tunnel« die

Mehrzahl gebildet hatten, und weder ein pedantisches Censurertheilen fand Statt, noch konnte es vorkommen, daß ein geschätztes älteres Mitglied ein endloses Heldengedicht zum Besten gab, wie in der Gesellschaft der »Zwanglosen« der alte Hofrath Martius seine botanische Forschungsreise in das brasilianische Palmenland in den sanft einlullenden Octaven seiner »Suitramsfahrten« vorgetragen hatte. Das Langweilige, wenn es selten einmal auftauchen wollte, wurde sofort mit einem Witz unschädlich gemacht, während irgend ein wahrhaft poetisches Product zuweilen die gründlichsten Debatten anregte. Das Alles nicht in dem Ton von Leuten, die ihre Weisheit an den Mann bringen wollen, sondern wie sich Freunde rückhaltlos gegen einander aufknöpfen, wobei zuweilen ihre innersten Gegensätze zu Tage treten. Aus der langen Reihe der Jahre aber, in denen die Krokodile wöchentlich einmal sich zusammenfanden, ist mir nicht ein einziger Fall erinnerlich, wo in Folge eines Streits eine Verstimmung entstanden, das trauliche Einverständniß gestört worden wäre. Auch nicht, nachdem wir vom Bier zum Wein übergegangen waren, der hitziger ins Blut ging.

Wilhelm Hertz hatte, da der Teich einmal wieder heimathlos geworden war, uns beredet, bei einem schwäbischen Landsmann uns niederzulassen, einem Weinwirth am Dultplatz, Namens Murschel, der außer seinem recht trinkbaren Schillerwein uns durch das offene Feuer in der Trinkstube imponirte, über dem er auf einem Rost vor unseren Augen die saftig zischenden Fleischstücke briet. Hier verbrachte das Krokodil vier sehr nahrhafte, vergnügliche Winter, deren erster dadurch denkwürdig war, daß Geibel's 60ste Auflage durch ein Souper gefeiert wurde, zu welchem ein anderer Frischbelorbeerter, Andreas May, der eben im Volkstheater einen Preis davongetragen, den Champagner lieferte. Der letzte Winter bei dem schwäbischen Küchenmeister (1869) wurde durch eine solenne Strohlotterie verherrlicht. Jeder war verpflichtet, seiner mit Stroh umwickelten anonymen Liebesgabe ein Gedicht hinzuzufügen, und ich hatte mir den Spaß gemacht, einer Flasche Punschextract ein Blatt beizugeben, auf welchem ich die sämmtlichen Mitglieder in etwas stachligen Versen aufmarschiren ließ, doch nur wie Harlekin im Fasching mit der Pritsche schlägt. Zum Schluß kam ich selbst an die Reihe, indem ich alles Unfreundliche anführte, was die Münchener Uebelwollenden gegen mich vorzubringen pflegten. Es sah so aus, als habe sich einer unserer Unfreunde die Tarnkappe zu Nutz gemacht, um unsere Festfreude zu stören, oder gar einer der Unseren sich vielleicht für eine etwas scharfe Kritik an mir rächen wollen. Die betreffenden Strophen lauten:

Doch es fehlt im schönen Kreise mir noch ein geliebtes Haupt.
Dein gedenk' ich, o Paul Heyse. Hast du wirklich schon geglaubt,
Heute frei hier auszugehen, wo der Spötter Pfeile schießt?
Nein, dich hab' ich ausersehen als das Hauptstück – last not least.

Denn es waschen dir, der Heimath echtem Sprößling, bis ans Grab
Weder Bock noch Isarwasser jemals den Berliner ab.
Deine Muse, ob sie stets auch für des Südens Töchter brennt,
Gleicht aufs Haar der Holden, die man eine »kühle Blonde« nennt.

Nie wirst du vergessen machen, trotz dem echt blau-weißen Ehstand,
Daß dem Sande du entsprossen, der umufert deinen Spreestrand,
Und so wird, was du beginnen magst, zu ernten Lob und Ruhm,
Alles doch im Sand verrinnen als ein Stück Berlinerthum.

Aber nicht zu Gram und Trauer stimme dich dies herbe Wort:
Auf dem Felde der Kalauer lebt dein Name ewig fort.
Werde endlich klug, Verehrter, und ergreife nur dein Glück:
Zieh als Kladderadatschgelehrter in die Heimath dich zurück.

Laß dein episches Geflöte, laß die tragische Poesie!
Der berufne »junge Goethe« wird ein *alter* Goethe *nie*.
Höchstens als Novellendichter kann man dich noch gelten lassen,
Doch im Kreis der wahren Lichter muß dein künstlich Gas erblassen.

Diesen Spruch in aller Freundschaft bitt' ich mir nicht nachzutragen.
»Darum, Jutster, keene Feindschaft!« pflegt man in Berlin zu sagen.
Wer so gerne spaßt, muß billig Spaß verstehn. Und nun zum Schluß
Allen mich empfehlen will ich.
         Dixi. Der Anonymus.

Hierüber entstand erst eine dumpfe Bestürzung, dann ein brausender Unwille, da die guten Gesellen ihren Vorsitzenden nicht ungestraft verspotten lassen wollten, bis *Robert von Hornstein*,* den ich allein eingeweiht hatte, lachend mit der Wahrheit herausplatzte und die verlegene Spannung sich in eine allgemeine Heiterkeit auflös'te.

Der Einzige, dem ein hämischer Streich dieser Art zuzutrauen gewesen wäre, war schon seit Jahren aus unserm Kreise geschieden. Ich muß hier den Namen *Heinrich Leuthold's* nennen, weil nach dem beklagenswerthen Ausgang des Unglücklichen mehrfach die Meinung laut geworden ist, die geringe Förderung und Anerkennung seines Talents, die er in München gefunden, habe seinen Geist zerrüttet. Er sei eben eines der verkannten Genies gewesen, die der Widerstand der stumpfen Welt in Wahnsinn und Tod getrieben. Diese Legende zu zerstören, liegt mir zur Steuer der Wahrheit und Gerechtigkeit am Herzen. Denn weder »verkannt« noch ein »Genie« war der merkwürdige Mensch, der aus der Schweiz zu uns herüberkam und Jeden von uns, dem er begegnete, schon durch seine äußere Erscheinung, mehr noch durch sein geistreiches Wesen interessiren mußte.

Eine hohe, kraftvolle Figur, auf der ein bleicher Kopf mit scharfen, regelmäßigen Zügen saß, das Haar kurz geschoren, um den stets etwas bitter gerümpften Mund ein graublonder Schnurrbart, an dem kräftigen Kinn ein Knebelbärtchen. Er sprach mit einer rauhen Stimme und stark schweizerischen Kehllauten, stoßweise, seine Worte mit großzügigen Geberden begleitend.

Wer ihn ins Krokodil einführte, weiß ich nicht. Doch machte er sofort Aufsehen durch einige seiner Gedichte von jener hohen Formvollendung, die ihn als einen leidenschaftlichen Platenverehrer ankündigte. Nicht minder erregte er unsere Aufmerksamkeit durch die schneidende Kritik, die pessimistische Grundstimmung seines Geistes, so daß wir der Meinung waren, eine höchst wertvolle Acquisition an ihm gemacht zu haben.

Die Jüngeren wurden seine treuen Anhänger, Geibel verband sich mit ihm zur Herausgabe von Uebersetzungen französischer Lyrik, ich zog ihn in mein Haus, wo er besonders zu Wilbrandt bewundernd aufsah, und so ging man längere Zeit in einem losen freundschaftlichen Verkehr mit ihm um, der sich nicht fester und wärmer gestalten

---

* Der uns Allen befreundete Lieder-Componist. Außer ihm genossen noch zwei andere Nicht-Dichter ein Gastrecht im heiligen Teich: der Maler *Theodor Pixis* und der Bildhauer des Fischbrunnens, *Konrad Knoll*.

konnte, da eine unbezwingliche innere Unzufriedenheit ihm und uns zuweilen die besten Stunden verdarb.

Er machte mit cynischer Naivetät kein Hehl daraus, daß er vom Neidteufel besessen war. »Wenn ich etwas Schönes lese, so ärgere ich mich; wenn ich aber etwas recht Schofles in die Hände bekomme, freue ich mich!« – bekannte er ohne jedes Bedenken. Denn da er im Grunde für seine Poesie keinen tieferen seelischen Gehalt in sich hatte, nichts wahrhaft Eigenes und Bedeutendes auszusprechen sich gedrungen fühlte, sondern bei seinem Dichten nur einen virtuosen Formtrieb bethätigte, wurde ihm nie so herzlich wohl in seinem Innern, daß er auch Anderen ihre stille Befriedigung gegönnt hätte. Mehr als einmal geschah es, daß er bei einer munteren Bowle, die eine behagliche Stimmung erzeugte, irgend Einen, dessen Augen besonders vergnüglich glänzten, zur Zielscheibe der empfindlichsten Bosheiten ersah, nur damit noch einem Anderen so innerlich unwohl werden sollte wie ihm selbst.

Diese kleinen gelegentlichen Schadenfreuden ließen wir ihm hingehen, obwohl wir ihm nicht zugestehen konnten, daß er Ursache habe, mit seinem Schicksal zu grollen, wenn wir auch manche seiner grimmigen Launen dem Druck der Armuth, der auf ihm lag, zu gute hielten. Doch daß er noch keinen Weltruhm erlangt, durfte er Gott und Welt nicht zum Vorwurf machen. Sein unfertiges Epos »Penthesilea« in wunderlich galoppirenden, prunkvollen Anapästen ohne eigentliche Gestaltungskraft, seine Platen nachempfundenen melancholischen Verse und die wenigen trefflichen Uebersetzungen Béranger's, Brizeux' und Lamartine's wurden ihm noch über Verdienst gedankt, und das warme Interesse so vieler guter junger Freunde war doch wahrlich auch kein geringer Lebensgewinn.

Gleichwohl trieb ihn sein Dämon, auf Einen aus unserm Kreise ganz aus hellem Himmel einen giftigen Pfeil abzuschießen. In einem der Münchener Winkelblättchen erschien ein Spottgedicht gegen Julius Grosse, als dessen Verfasser man allgemein Leuthold bezeichnete. Als ich ihm beim nächsten Krokodil das Blatt vorhielt, überflog seine fahle Wange eine dunkle Röthe; er sprach kein Wort, stand auf und verließ uns, um nie wieder den Fuß über unsere Schwelle zu setzen.

Der Witz jener Strophen war so gering, der Anlaß dazu so unerfindlich gewesen – nur der Wahnsinn, der ihn schon damals umlauerte, konnte erklären, wie der Unbegreifliche sich zu diesem schnöden

Verrath an alter, guter Freundschaft hatte fortreißen lassen. Er war im Jahre 1864 nach Stuttgart gegangen, wo er in der Redaction einer Zeitung sein seltsames Wesen forttrieb, wovon manches Wunderliche verlautete, dann auf kürzere Zeit zu uns zurückgekehrt, wo er sich aber durch allerlei Brutalitäten, deren jener Angriff auf Grosse der letzte war, unmöglich machte, bis er in seine Heimath zurückkehrte, um dort ein Ende zu finden, dessen Tragik Alles, was er früher gesündigt haben mochte, in milderem Licht erscheinen ließ, als Symptome der geistigen Erkrankung, die seine reich angelegte Natur unterwühlen, und ihn früh in die Nacht hinunterreißen sollte.

Ein desto erfreulicherer Gast war *Joseph Victor Scheffel*, der im Winter 1857 sich bei uns einfand.

Von meinem früheren Begegnen mit ihm in Rom und Sorrent habe ich in der Italienischen Reise berichtet. Nun, da er vier Jahre später in mein Münchener Haus trat, wurde er mit offenen Armen aufgenommen. Auch die Krokodile waren hocherfreut, den damals schon gefeierten jungen Poeten in ihrer Mitte zu sehen, wo er sich freilich nach seiner Art etwas steif und wortkarg verhielt, selten zu bewegen war, etwas vorzulesen, und hinter halb geschlossenen Lidern vor sich hin zu träumen schien, bis der Humor in ihm aufwachte und ein im trokkensten Ton hingeworfenes Scherzwort Zeugniß von seiner frischen Geistesgegenwart gab.

Dieser Münchener Aufenthalt sollte leider ein jähes, trauervolles Ende finden. Im Februar wurde seine schöne, liebenswürdige Schwester, die ihm nachgereis't war, vom Typhus hingerafft. Er hat seitdem den Boden Münchens nie wieder betreten, und ich selbst sollte ihn nur ein einziges Mal, in seinem väterlichen Hause zu Karlsruhe, wiedersehen. Unser Freundschaftsverhältniß aber blieb bis an seinen Tod in alter Herzlichkeit bestehen, wofür noch zuletzt die Beiträge zeugten, die er mir zu dem »Neuen Münchener Dichterbuch« sandte, und ein warmherziger, kalligraphisch ausgestatteter dichterischer Gruß zu meinem fünfzigsten Geburtstage.

Julius Grosse hat in seinen »Lebenserinnerungen« (»Ursachen und Wirkungen«. Braunschweig, George Westermann. 1896) die Lebensgeschichte des Krokodils, sein Wachsen, Blühen und endliches Absterben ausführlicher behandelt. Auch solche Gesellschaften unterliegen ja wie alles Lebendige dem Gesetz des Werdens und Wandelns und können von Glück sagen, wenn sie sich nicht selbst überleben, sondern sich auflösen, sobald sie fühlen, daß der innere Trieb, dem sie entsprungen waren, erstorben ist. Als die Bedeutenderen unter uns herangereift waren und ihren Weg gefunden hatten, empfanden sie nicht mehr das Bedürfniß gegenseitiger Kritik. Die freundschaftliche Gesinnung blieb bestehen, aber Jeder wußte auch ohne ausdrückliche Bestätigung, was er dem Anderen werth war, und an ein Schutz- und Trutzbündniß in literarischen Blättern war von Anfang an nicht gedacht worden. Der einzige unter den Münchener Idealisten, der journalistisch thätig war, Julius Grosse,* ließ sich so wenig zu irgend welchen kameradschaftlichen Liebesdiensten herbei, daß er meinem Ludwig dem Bayern sogar unfreundlicher, als mir nöthig schien, mitspielte. Ich selbst hatte mich nur ein Jahr lang (1858) als Redacteur versucht, da ich das bisher von Berlin ausgegangene Literaturblatt zum Deutschen Kunstblatt zu leiten übernahm. Ich ging mit hohen Absichten und Hoffnungen daran. Aller kritische Kleinkram sollte ausgeschlossen bleiben, kein Werk besprochen werden, dem nicht vorwiegend Gutes nachzusagen sei, und wo wir tadeln mußten, eine eindringliche Begründung des Urtheils nicht fehlen. Ich hatte die Freude, Friedr. Vischer zum Mitarbeiter zu gewinnen, anderer trefflicher Gelehrter zu geschweigen. Aber ich wußte noch nicht, daß man einen weiteren Leserkreis nicht heranzieht und festhält, wenn man ihm langathmige kritische Erörterungen zu lesen zumuthet. Das gewöhnliche Publikum will feuilletonistisch unterhalten sein und zieht witzige Bosheit einem wohlabgewogenen ästhetischen Urtheil vor. So erlahmte die Theilnahme, auch des Verlegers, und am Ende des Jahrs wurde mit einem Deficit das Blatt zu Grabe getragen. Daß ich für keinen der Krokodile in seinen Spalten eine Lanze eingelegt, wurde mir nicht besonders zum Verdienst gerechnet. Dagegen zog ich mir durch einen Artikel in der letzten Nummer über die »Poetik« eines sehr einflußreichen Leipziger Schriftstellers, der allerdings schonungslos die Schwächen des Buchs aufdeckte, den lang nachwirkenden Haß des Verfassers zu, während Wilbrandt, der den bösen Pfeil abgeschossen hatte, durch die Anonymität aller Mitarbeiter gedeckt, sich der fortdauernden Hochschätzung des Erzürnten zu erfreuen hatte.

Unser ästhetisches Credo hatten wir in den zwei Münchener Dichterbüchern, 1862 von Geibel, 1882 von mir herausgegeben, durch die

---

* Er redigirte seit 1855 das Feuilleton der Neuen Münchener Zeitung, dann das Morgenblatt der Bayerischen Zeitung bis Ende 66, 1869 mit Grandaur zusammen die Münchener Propyläen.

Auswahl der darin veröffentlichten Dichtungen offenbart. Freilich, eine »Richtung« zu vertreten oder gar eine Kampfstellung einzunehmen, war uns nie eingefallen. Auch hatten wir den Idealismus, zu dem wir uns freudig bekannten, niemals so verstanden, als ob seine Aufgabe eine Entwirklichung der Natur und des Lebens zu Gunsten eines conventionellen Schönheitsideals sein könne. Goethe hatte schon gesagt, was auch uns als das Entscheidende einleuchtete: »Die höchste Aufgabe einer jeden Kunst ist, durch den Schein die Täuschung einer höheren Wirklichkeit zu geben. Ein falsches Bestreben aber ist, den Schein so lange zu verwirklichen, bis endlich nur ein gemeines Wirkliche übrig bleibt.« Und so konnten wir einen Gegensatz von Realismus und Idealismus nicht anerkennen, da wir uns eines hinlänglichen Wirklichkeitssinnes bewußt waren und den Werth einer dichterischen Production zunächst nach der Fülle und Wahrheit des realen Lebensgehaltes maßen, der sich darin offenbarte. Wo wir den vermißten, konnte uns kein Reiz und Adel der äußeren Form für die mangelnde tiefere Wirkung entschädigen. Doch begriffen wir auch nicht, daß irgend eine Form, wie sie von großen Vorgängern überliefert war, dem Geist ein Hinderniß sein könne, seine Lebenskraft zu erweisen. Daß Formen und Gesetze auch in der Kunst dem Wandel unterworfen sind, wie hätten wir das leugnen können! Aber die absolute Formlosigkeit, die einige Jahrzehnte später der Naturalismus predigte, der schrankenlose Individualismus, der in der Poesie wie in den Sitten der Gesellschaft einzureißen anfing, erschien uns nur als ein Krankheitssymptom, das schon zu anderen Zeiten aufgetaucht und von der unverwüstlichen Regenerationskraft unseres Volkes überwunden worden war. Daß diesen anarchistischen Tendenzen unter Anderem auch der Vers im Drama zum Opfer fallen sollte, weil »wirkliche Menschen« nicht in Versen sprächen, konnten wir nur belächeln, da uns Hamlet, Lear und Shylock denn doch sehr reale Personen dünkten und im »Zerbrochenen Krug« selbst moderne Lustspielfiguren ihr Lebensrecht behaupteten, obwohl ihnen ihr Verfasser durch den Vers eine »höhere Wirklichkeit« verliehen hatte.

Darin aber zeigten wir uns nicht nur als Idealisten, sondern als »Ideologen« im Sinne Napoleon's, daß es uns völlig an Geschick und Neigung fehlte, in die Zeit hineinzuhorchen und uns zu fragen, welchen ihrer mannichfachen Bedürfnisse, socialen Nöthe, geistigen Beklemmungen wir mit unserer Poesie abhelfen könnten. Da auch wir mitten in der Zeit lebten, konnten wir uns denselben Influenzen, die den Zeitgenossen zu schaffen machten, nicht entziehen, und auch unsere künstlerische Arbeit trug gelegentlich die Spuren ihres Einflusses. Doch war es dann keine bewußte Speculation, als sociale Nothhelfer uns Dank zu verdienen, sondern das eigenste Bedürfniß, uns mit schwebenden Problemen abzufinden, und vor Allem blieben wir der alten Maxime treu, daß die Kunst auch das Zeitliche im Licht des Ewigen (sub specie aeternitatis) darzustellen habe.

Und so erschien uns für unser Interesse keine Zeitschranke zu bestehen, da das Menschenwesen seit Anbeginn einer höheren Cultur in seinen Grundtrieben sich gleich geblieben ist. Im Gegensatz gegen die Forderung einer sogenannten Actualität betonten wir den Anspruch alles »allgemein Menschlichen«, dichterisch gestaltet zu werden, vorausgesetzt, daß es ein »*ungemein* Menschliches« sei. Es komme nur darauf an, das zeitlich Entlegene uns durch höchste Lebendigkeit und naive Naturgewalt so nahe zu rücken, daß wir es trotz der veränderten Lebensformen als etwas Blutsverwandtes empfänden.

Dieser an sich gewiß richtigen Ueberzeugung entsproß der verhängnißvolle Irrthum, den auch Fr. Vischer begünstigte: die höchste Form der Dichtung sei das historische Drama, um so weit allen sittlichen Conflicten einzelner Menschen an Bedeutung und Interesse überlegen, als Völkerschicksale die tragischen Nöthe des Individuums an Macht und Würde überragten. Ich gehe hier nicht weiter darauf ein, zu erklären, warum der Idealismus hier scheitern mußte, wie denn selbst die Historien Shakespeare's trotz aller Wiederbelebungsversuche ihrer glorreichen Familiengruft nur hin und wieder als Gespenster entsteigen, um eine kurze Weile auf einer unserer anspruchsvolleren Bühnen herumzuspuken und, wenn der ehrgeizige Director sich damit als classisch gebildeter Mann ausgewiesen hat, wieder zu den Schatten hinabzusteigen. Nur eines melancholischen Rückblicks auf meine eigenen Otto III., Ludolf, Ludwig den Bayer kann ich mich nicht enthalten, der großen Namen zu geschweigen, die Freund Geibel in seinem Buchdeckel als zu bearbeitende Bühnenhelden so liebevoll und eifersüchtig aufgezeichnet hatte.

Immerhin, als er im Herbst 1868 für immer aus München schied, durfte er sich sagen, daß sein Wirken dort im Sinne seines königlichen Gönners nicht fruchtlos gewesen sei und eine Spur hinterlassen habe, die eine Weile nachleuchten würde.

Berchtesgaden

Im Kapitel über die Symposien bei König Maximilian II. erzählt Heyse vom Erfolg seines Dramas »Elisabeth Charlotte«: »Sogar der alte König Ludwig hatte sich durch die Verherrlichung seiner pfälzischen Urahnin für mein Stück gewinnen lassen. Am Tage nach der Première war er einem meiner Bekannten auf der Straße begegnet und hatte ihm zugerufen: ›Habe gestern das Stück von dem Heyse gesehen. Ein schönes Stück, ein sehr schönes Stück! Mag sie aber Alle nicht!‹ (Niemals hat er sich einen der Berufenen vorstellen lassen.) König Max aber sagte mir bei einem der späteren Symposien: ›Mein Vater ist ganz begeistert von Ihrer Elisabeth Charlotte. Sie können denken, wie mich das freut.‹«

Der Erfolg des Stückes hatte einen Lieblingswunsch des Königs von Neuem angeregt: den Mächtigsten seiner Vorfahren, Ludwig den Bayern, in einem Schauspiel verherrlicht zu sehen.

Uhland's Drama, das, im Jahre 1818 gedichtet, bei der Preisbewerbung um das beste dramatische Gedicht aus der bayerischen Geschichte keinen der beiden Preise gewonnen hatte, konnte bei allem edlen dichterischen Reiz des Stils als Bühnenstück nicht in Betracht kommen, da ihm jede dramatische, geschweige denn theatralische Wirkung versagt war. Was dem Altmeister nicht gelungen war, wünschte der König von mir erreicht zu sehen, und mein Bedenken, daß ich, ein so guter Münchener ich geworden, doch vielleicht den Ton nicht zu treffen vermöchte, der in bayerischen Herzen vollen Wiederhall weckte, wurde nicht angenommen. Mein tieferes, daß mir einem historischen Stoff gegenüber, der in allen Einzelheiten jedem Schulknaben bekannt ist, keine Freiheit bliebe, an Charakteren und Begebenheiten auch nur die geringste Aenderung vorzunehmen, die für die dramatische Wirkung günstig sein würde, hielt ich weislich zurück. Der König würde schwerlich ein Verständniß dafür gehabt haben, daß ein historisches Drama etwas Anderes als eine wahrhaftige dramatisirte Geschichte sein müsse.

So versprach ich, der Aufgabe nachzudenken, sobald ich mit dem frei erfundenen Schauspiel fertig geworden wäre, den »Grafen von der Esche«, das ich gleich nach der »Pfalzgräfin« entworfen hatte, um meine Hand in einem kräftigeren Stil zu üben, als jenem höfischen parlando in fünffüßigen Jamben.

Ich nahm die Arbeit in meine Sommerfrische mit, zu der ich mir das kleine, anmuthig gelegene Adelholzen unweit Traunstein ausersehen hatte. Hier gesellten sich auch Sybels, Windscheids und Schack zu uns, und wir genossen ein vergnügliches Stillleben im bösesten Wetter, über das mich der Fortgang der »Eschen«, das Billardspiel mit Sybel und die Lectüre der »Bakchen« des Euripides mit Schack hinlänglich trösteten.

In der Mitte des August [1860] aber erhielt ich die Einladung des Königs nach Berchtesgaden.

Schon früher hatte Ranke mehrere Wochen bei König Max in der schönen Berchtesgadener Villa zugebracht. Bodenstedt und Riehl hatten dann vor etlichen Jahren den hohen Herrn auf einer Reise durch das bayerische Gebirge begleiten dürfen. Geibel, der den Sommer regelmäßig in seiner Heimath und einem der Ostseebäder zubrachte, hatte seinen Urlaub. So war die Reihe, an der Sommerfrische der Majestäten theilzunehmen, an mich gekommen.

Ich gestehe, daß ich im ersten Augenblick über die mir zugedachte Ehre nicht sonderlich erfreut war, da sie meine Badekur und die Arbeit, die mir sehr am Herzen lag, unterbrach und mich von meiner Familie und den Freunden trennte. Ich wurde aber bald anderen Sinnes, und wenn ich jetzt zurückdenke, stehen mir jene sechs Wochen, die ich in der herrlichen Gebirgswelt am Königshof verleben durfte, in märchenhaftem Glanz vor der Erinnerung.

Ich kannte Berchtesgaden noch nicht, hatte nur gehört, daß es für die Perle in dem reichen Kranz der bayerischen Berge galt. Doch alle meine Erwartungen sollten übertroffen werden.

Am schwülen 16ten August waren wir in einem Extrazug nach Salzburg gefahren, wo König und Königin die alte Kaiserin von Oesterreich noch begrüßen wollten. Ich selbst fuhr mit Kobell und Ricciardelli ohne Aufenthalt weiter, nach der dumpfen Eisenbahnfahrt doppelt erquickt im offenen Wagen die reine Abendluft einathmend, die sich mehr und mehr verkühlte, je näher wir dem Ziele kamen. Im Orte selbst empfingen uns Bergfeuer und die tausend Flammen und Lichter der Illumination, Glockenläuten und Böllerschüsse und der fröhliche Juhschrei von den Halden, da man uns Vorläufer für die Majestäten hielt; und über all dem festlichen Glanz und Lärm der feierliche Gruß des Watzmann und Göll, die ihre hohen Häupter gegen das reine Blau des Nachthimmels hoben, von einer zauberhaften Sternenpracht umfunkelt.

Die königliche Villa liegt auf halber Höhe über dem Ort, in glücklichster Freiheit dem Gebirge gegenüber. Sie ist im Gegensatz zu dem mächtigen alten Schloß in einem leichten und doch vornehmen Stil gebaut, mit vorspringendem Dach und schlanken Balconen, und ein langgestrecktes Corps de logis schließt sich an das Hauptgebäude an. Die Gesellschaft bestand aus von der Tann und seiner Gemahlin, dem alten General Laroche, Graf Pappenheim, Graf Seinsheim, Ricciardelli, Kobell, dem Leibarzt von Gietl und den Hofdamen Gräfin Fugger und Freiin von Redwitz.

Ich hatte mein Zimmer neben dem des Grafen Pappenheim, der sehr musikalisch war. Gleich am ersten Morgen hörte ich ihn auf der Geige einen Czardas spielen, der mir aus einem Münchener Concert ungarischer Zigeuner kurz vor der Abreise im Ohr hängen geblieben war, so daß ich ihn beständig vor mich hinsingen mußte. Der Verkehr mit den Zimmernachbarn war auch sonst der gemüthlichste, den man wünschen konnte. Am nächsten Vormittag führte mich Kobell nach der Schießstatt hinunter und stellte mich dem Forstmeister Herrn Sutor vor, der mir, da ich mich einschießen sollte, einen jungen Forstgehülfen Namens Phrygius zum Lehrmeister gab. Ich hatte Zeit, mich im Orte umzusehen bis zum Diner. Nach der Tafel, da die Königin zum Passionsspiel nach Oberammergau gereis't war, fuhren wir mit dem Könige allein nach Maria Plein und kehrten erst spät nach der Villa zurück.

Auch an den folgenden Tagen war die Tagesordnung die gleiche. Den Vormittag hatte ich für mich, konnte meine Briefe schreiben, den Druck der »Grafen von der Esche« (als Bühnenmanuscript) corrigiren, spanische Romanzen übersetzen und »Ludwig den Bayern« bebrüten. Dabei blieb noch Zeit zu einem Spaziergang und den Schießübungen, die mir viel Freude machten. (Schon am ersten Tage verzeichnet mein Tagebuch mit Genugthuung »Zwei Dreier hinter einander«.) Gewöhnlich um vier Uhr das Diner, unmittelbar darauf eine längere Spazierfahrt, wobei ich oft die Ehre hatte, mit dem Könige allein zu fahren, manchmal zwei oder dritthalb Stunden lang, in denen ich über die verschiedensten Themata, ästhetische, literarische, oft sogar politische, mich aussprechen mußte.

Ich hatte es mir zum Gesetz gemacht, immer, wenn auch in der bescheidensten Form, meine ehrliche Meinung zu sagen, auch wenn sie den Ansichten des Königs, die mir bekannt waren, widersprach. So hielt ich es auch, wenn der König das Gespräch auf gewisse politische Lieblingspläne lenkte, wie etwa die Triasidee. Ich bekannte ohne Umschweife meine kleindeutsche Gesinnung, wegen deren ich ja auch schon von der Augsburger »Allgemeinen Zeitung« bei Gelegenheit meines Aufsatzes über Giusti angegriffen worden war. (Uebrigens hatte der fanatisch großdeutsch gesinnte Dr. Orges das Giusti'sche Gedicht Sant' Ambrogio, das ich übersetzt, mißverstanden, da es nichts weniger als feindselig gegen Oesterreich gemeint war.)

Statt mir meine offenen Bekenntnisse übel zu nehmen, ging der König seinerseits mit allerlei sehr persönlichen Mittheilungen heraus. So z. B. in Betreff des Verhältnisses zu seinem Vater. Er gestand, daß es sein Ehrgeiz sei, wie König Ludwig I. sich durch die Kunst Ruhm und ein Verdienst um sein Volk erworben habe, nun seinerseits durch die Förderung der Wissenschaften sich in gleicher Weise einen Namen zu machen, und fragte mich geradezu, ob auch ein Fürst, der sich jeder »gewaltsamen Handlungsweise« enthalte, hoffen dürfe, einen hohen Rang in der Geschichte einzunehmen. Ich konnte die Frage mit gutem Gewissen bejahen und an einigen großen Beispielen der Geschichte erläutern.

An diese Spazierfahrten schlossen sich dann zuweilen kleine Wanderungen auf steileren Bergpfaden, auf denen die Königin Allen voran war. Nach der Rückkehr hatte man beim Thee wieder zu erscheinen, worauf, wenn der König sich zurückzog, noch ein Souper, eine Partie Billard, zuweilen eine Mondscheinpromenade folgte. Vorgelesen wurde an diesen Theeabenden nicht mehr, auch der schöne Flügel niemals geöffnet. Oft aber brach man zu größeren Ausflügen schon früh am Tage auf, fuhr etwa in einer schön geschmückten großen Barke über den Königssee nach Bartholomä, wo die Kirchweih das Gebirgsvolk von weit her zusammengeführt hatte, oder sah dem – nassen und trokkenen – Holzsturz zu, bei dem riesige Stöße geschlagener Fichtenscheite, die auf der Höhe eines jäh abfallenden Felsens aufgeschichtet waren, durch einen gestauten Wildbach, dem plötzlich das Wehr weggezogen wurde, oder durch das Abschlagen der Stützen die ungeheure Wand hinab in den See geschleudert wurden. Oder man fuhr nach einem der weiter entlegenen Jagdhäuser, wo im Freien getafelt wurde. Bei solchen Gelegenheiten war die Königin besonders liebenswürdig und heiter, pflückte große Sträuße Wiesenblumen und unterhielt sich ausführlich mit dem Volk, das sich ihr zutraulicher näherte als dem »Herrn Kini«. Ich erinnere mich, daß einmal eine Bäuerin aus ihrer

Hütte trat und Ihrer Majestät einen ansehnlichen Ballen Butter, lose in Kastanienblätter gewickelt, als Verehrung überreichte. Die Königin nahm ihn ohne Schonung ihrer Handschuhe dankend selbst in Empfang, versprach, von der Butter zu essen, und befahl dann auch, daß sie Abends beim Thee aufgetragen werden sollte, wo sie sich's nicht nehmen ließ, selbst davon zu kosten, trotz des ranzigen Geschmacks; denn diese Liebesgabe hatte vielleicht schon eine Woche lang darauf warten müssen, der Frau Königin gelegentlich dargebracht zu werden.

Der König, bei aller Huld und Güte, die ihm aus den Augen sah, hatte nicht die Gabe, sich mit den Leuten so »gemein zu machen«, wie es seinem Vater leicht gewesen war. Seiner feineren, zartfühlenden Natur widerstrebte es freilich auch, ein verletzendes Scherzwort hinzuwerfen, wie man König Ludwig I. so manches nacherzählte. Dagegen wußte er königliche Würde und menschliche Liebenswürdigkeit aufs Gewinnendste zu verbinden, wenn er in der Villa Gäste bei sich sah, sowohl die höheren Beamten seines eigenen Landes, als fremde fürstliche und hochadelige Herrschaften.

Im Laufe dieser Sommerwochen erschienen am Hoflager der Großherzog von Mecklenburg mit seiner Gemahlin und der alten Großherzogin, der Schwester König Friedrich Wilhelm's IV., dem die alte Dame auffallend ähnlich sah, die Herzogin von Modena, Fürst und Fürstin Lobkowitz, Erzherzogin Sophie mit ihrem Gemahl, Fürst und Fürstin Solms; von geistlichen Würdenträgern der Cardinal Reisach, der Fürstbischof von Salzburg, Bischof Ketteler von Mainz und der Bischof von Regensburg; von Staatsmännern u. A. Herr von Beust (»feiner, geistreicher, nervöser Diplomatenkopf, ohne Größe, aber nicht ohne Festigkeit«. Tagebuchnotiz vom 25sten August). Unter all dieser wechselnden Gesellschaft bewegte sich der König mit der freiesten Haltung, sichtlich bemüht, sich Jedem freundlich zu erzeigen und wie ein anderer gastfreier Hausherr es seinen Gästen wohl zu machen. Dabei, so empfänglich er für Scherz und Witz war, hielt er stets eine gewisse Grenze inne, und wenn im Geplauder beim abendlichen Punsch nach einer erfolgreichen Jagd Histörchen vorgebracht wurden, wie sie in Männergesellschaften unbedenklich im Schwange zu gehen pflegen, stimmte er nur aus Höflichkeit in das Lachen der Uebrigen ein und wurde gleich wieder ernst. Auch auf ihn konnte man das Wort anwenden, daß das Gemeine in wesenlosem Scheine hinter ihm lag.

Obwohl nun er selbst nicht so recht eigentlich ein Jäger, nur ein guter Schütze war – er nahm gewöhnlich ein Buch auf seinen Stand mit, in dem er las, bis sein Jäger ihm beim Herannahen eines Wildes die Büchse überreichte –, versäumte er doch nicht, zur Herbstzeit in den verschiedenen weitgedehnten Hochlandsrevieren zu jagen, was ihn oft Tage lang von der Villa fern hielt. Ueberall hatte er eigene Jagdhütten, die manchmal nur für ihn allein Raum hatten, während seine Herren in Blockhäuschen oder Heustadeln übernachten mußten. In aller Frühe wurde dann aufgebrochen, man bestieg die kleinen, gelben norwegischen Pferde, die auf den schmalen Reitwegen, selbst wenn es steiler hinanging, ihren Reiter so sicher trugen wie in der Ebene, und nahm, wenn man den Platz erreicht hatte, der für die Jagd ausersehen war, den Stand im Bogen ein, den der Forstmeister bestimmte. War dann die Treibjagd vorüber, so wurde nach der Jagdhütte zurückgeritten, im Freien unter hohen Ahorn- oder Fichtenwipfeln dinirt, und wenn am andern Tage das Jagen fortgesetzt werden sollte, der Abend bei Punsch, Zitherspiel und Gesang von Sennerinnen, Jägern und Holzknechten verbracht.

Wie mich dies bunte, fröhliche Leben in der mächtigen Hochlandsnatur entzückte, wie dankbar ich war, Wochen lang auf die bequemste Art Berg und Thal durchstreifen und die Wunder der Alpenwelt in Regen und Sonnenschein, im ersten Frühroth und unter dem leuchtenden Sternenhimmel betrachten zu können, wird jeder Leser mir nachfühlen, der sich an meine städtische Jugend in dem Hinterzimmer der Berliner Behrenstraße erinnert. Es war mir sehr Ernst darum, mit einzustimmen, wenn Kobell sein Jägerlied sang:

> Wos war's denn ums Leb'n ohne Jag'n?
> Koan Kreuzer net gebet i' drum.
> Wo aber a' Hirsch zum dafrag'n,
> Wo's Gamsein geit, da reißt's mi 'rum.
> Und ist auch an' Ehr dabei z' gwinna,
> Und muaßt was versteh' und was kinna,
> Denn der si net recht z'samma nimmt,
> A net leicht zun an' Gamsbartl kimmt.[*]

---

[*] Oberbayerische Lieder mit ihren Singweisen. Im Auftrag und mit Unterstützung Sr. Majestät des Königs für das bayerische Gebirgsvolk gesammelt und herausgegeben von Fr. v. *Kobell*. Mit Bildern von A. v. *Ramberg*. 1860.

Daß ich freilich weit davon entfernt war, »was zu verstehn und zu können«, mußte ich bald erfahren. So gute Fortschritte, dank meinem scharfen Auge und meiner ruhigen Hand, ich beim Schießen nach der Scheibe gemacht hatte, es war etwas ganz Anderes, wenn der Hirsch durch das niedere Gezweig brach und mit seinen flüchtigen Füßen die Steine den Abhang hinunter ins Rollen brachte, um plötzlich sausend aus dem Dickicht vorzubrechen und in wilder Flucht vorbeizustreichen, – auch dann kaltblütig die Büchse zu heben, auf das Blatt zu zielen und mit dem Finger nicht voreilig oder zu spät den Drücker zu berühren!

Ich gestehe, daß ich von der noblen Passion hoher Herren, von einem sicheren Stand aus auf vorbeigetriebenes Wild zu schießen, bis dahin nicht allzu gut gedacht hatte. Vollends ein Kesseltreiben, wo die Schützen in das dichte Gewühl armer Hasen hineinfeuern, schien – und scheint mir noch heute – ein wenig ritterliches Geschäft, während der Jäger, der sich einsam an das Wild heranpirscht oder gefährliche Bergpfade erklettert, »um ein armselig Gratthier zu erjagen«, Muth und Geschicklichkeit aufwenden und oft sogar sein Leben einsetzen muß. Und wenn es nöthig ist, um den Wildstand nicht übermäßig sich mehren zu lassen, in bestimmten Fristen die überzähligen abzuschießen, sollte man, meint' ich, dies berufsmäßigen Jägern überlassen und nur auf einem Pirschgang sich daran betheiligen.

Bald aber erfuhr ich an mir selbst, daß es auch bei einer Treibjagd auf allerlei Mannestugend ankommt, Ausdauer in Wind und Wetter, Herzhaftigkeit, wenn ein zur Wuth gehetztes Thier in blinder Angst auf den Schützen geradewegs losstürmt, endlich ein sicheres Auge und eine feste Hand. Eine Jagd, wie die vor der Watzmannscharte, von sechs Uhr Morgens bis drei Uhr Mittags, erst eisiger Frühnebel, dann Regengüsse, dann wieder stechende Sonne und Gewitterschwüle, während die Gemsen, hinten an der steilen Wand über Bartholomä hinaufgetrieben, oben auf der Schneide des Berges langsam auftauchten und, mit zuckenden Sprüngen herabkommen, der Kugel nur ein unsicheres Ziel boten – dazu diese sieben Stunden lang regungslos, die Büchse auf den Knieen, auf einem Felsblock ausharren und rechts und links Schüsse knallen hören, während einem selbst kein Stück Wild schußgerecht kommen will – wer da nicht am Ende in ein mordlustiges Fieber geräth, als ob die edlen Thiere, die in der Ferne vorübersausen, es schadenfroh darauf abgesehen hätten, einen zu narren, der hat nicht nur keinen Tropfen Jägerblut, sondern überhaupt kein rothes Blut im Leibe, dem nichts Menschliches fremd ist.

In einer poetischen Epistel an meinen Freund Hermann Lingg, als man uns Beide in das Comité eines Münchener Schützenfestes gewählt hatte, habe ich erzählt, wie es damit zuging, daß ich zum ersten Mal, nachdem ich häufig leer ausgegangen war, ein Stück Wild zur Strecke liefern konnte. Bei dem dunklen Gefühl, daß mein kleiner Phrygius sich als stiller Mithelfer daran betheiligt habe, war ich auf das erste Jagdglück nicht sonderlich stolz. Ich erwähne es hier nur, um der Güte des Königs zu gedenken, den mein bisheriges Mißlingen mehr als mich selbst verdrossen hatte, da er auf diesen Jagdausflügen nur frohe Gesichter unter seinen Gästen zu sehen wünschte. Wahrhaft gerührt aber war ich durch einen anderen Beweis seines Wohlwollens gegen mich.

Als wir oben auf dem Plateau unter dem Watzmann angelangt waren, wo wir übernachten sollten, – die Pferdchen wurden abgezäumt und zum Grasen sich selbst überlassen, die Köche errichteten im Freien ihre improvisirten Herde und zündeten große Feuer aus Laatschen und Knieholz an – sagte mir der König: »Kommen Sie mit! Ich will Ihnen das Haus zeigen, in dem ich übernachten werde!«

Er führte mich nach einer unscheinbaren Holzhütte, wohl erst für die Gelegenheit aufgeschlagen, innen aber sogar tapeziert und ganz behaglich eingerichtet, mit einem Comfort, den ein echter Jäger verschmäht haben würde.

»Sehen Sie,« sagte der König, indem er ein Buch von einem niederen Tische nahm, »da hab' ich mir auch was zum Lesen mitgebracht. Kennen Sie das Buch?« – Ich sah, daß es meine »Thekla« war. Die heilige Thekla auf der Gemsjagd, Hexameter statt der Schnadahüpfel! Gewiß hat der König keine drei Verse darin gelesen oder höchstens, um sich in Schlaf zu bringen. Ich wußte ja, daß ihm das Gedicht nicht gefiel. Er hatte es nur mitgenommen, um seinem Gast etwas Freundliches zu erweisen.

An den Abenden nach der Jagd, sobald das Souper vorüber war und man beim Punsch saß, wurde vorgelesen, wenn man nicht in einer Sennhütte Zither spielen und Schnadahüpfel singen hörte, wie an jenem Tage, wo der Großherzog von Mecklenburg mitgejagt hatte. Kobell las, was er kürzlich gedichtet hatte, ich gab meine Novelle »Andrea Delfin« zum Besten, in kleinen Abschnitten, da Alle müde waren und man früh sein Lager aufsuchte. General Laroche schnarchte gewöhnlich schon während der Vorlesung so laut, daß es schwer hielt, ihn mit der Stimme zu überbieten. Fataler war's, daß diese Nachtmusik, wenn wir mit dem alten Herrn eine Blockhütte theilten, Keinen von uns auf seiner Heumatratze zum Schlafen kommen ließ.

In wie hellen Farben stehen all diese bunten Abenteuer vor meiner Erinnerung! Wie unvergeßlich ist mir der heitere Blick des gütigen Fürsten, mit dem er in das fröhliche Treiben hineinsah, während er über den Freuden, die er Anderen bereitete, das Leiden, das ihn auch in die reine Höhenluft begleitete, sein fast ununterbrochenes Kopfweh zu vergessen schien.

Doch mußte die lange Reihe auch dieser »schönen Tage«, die fürwahr nicht »schwer zu ertragen« war, einmal ein Ende finden.

Am Tage nach jener Jagd in der Watzmannscharte beurlaubte ich mich von den Majestäten, deren Rückkehr nach München bevorstand. Ehe ich am 27sten September abreis'te, hatte ich unter anderen Besuchen mich auch von den jungen Prinzen zu verabschieden. Sie waren während der ganzen Zeit, wo sie ebenfalls in der Villa wohnten, selten zum Vorschein gekommen. Ein einziges Mal hatten sie an einer Ausfahrt Theil genommen, doch auch da nicht in unmittelbarer Nähe der Eltern. In einem kleinen Boot fuhren sie mit ihrem Gouverneur der großen geschmückten Barke nach, die König und Königin mit dem gesammten Hofstaat über den Königsee nach Bartholomä brachte. Es war gewiß eine weise pädagogische Maßregel, daß die Knaben dem zerstreuenden Hofleben fern gehalten wurden, um den Fortgang ihrer Studien nicht zu stören. Doch ein wenig mehr Freiheit in einer sommerlichen Ferienzeit hätte man ihnen wohl gegönnt. Und seltsam war es, daß der König, so oft eine Anfrage an ihn kam, wie dies und das im Unterricht der Prinzen eingerichtet werden sollte, stets antwortete, man solle sich erkundigen, wie es damit in seiner eigenen Schülerzeit gehalten worden sei, und es genau so wieder machen. Und er klagte doch darüber, daß seine Jugendbildung vernachlässigt worden sei! Es schien, als ob er über der Sorge für die Erziehung seines Volks das Interesse an der seiner eigenen Kinder verloren habe.

II

INS ISARTAL

Theodor Fontane hat in einem Brief an Theodor Storm aus dem Sommer 1860 die körperliche wie geistige Produktivität seines Freundes Paul Heyse auf die seither viel zitierte Formel gebracht: »Alle 2 Jahre ein Kind, alle Jahre ein Drama, alle halb Jahr eine Novelle.« So übertrieben diese Behauptung auf den ersten Blick erscheinen mag – Heyse hat sie in den über 60 Jahren seiner schriftstellerischen Tätigkeit noch deutlich übertroffen. Durchschnittlich jedes Jahr ein Drama, so weit stimmt Fontanes Rechnung, aber allein die Anzahl der Novellen aus Heyses Feder – 177 werden es am Ende sein – zwingt zur Korrektur: nicht nur zwei, sondern drei Erzählungen hat Heyse pro Jahr geschrieben. Dabei sind die neun Romane noch gar nicht mitgezählt, auch nicht die Verserzählungen, Gedichte, Aufsätze, Gutachten, Aufrufe, die Zehntausende von Briefen, die 28 Bände Tagebücher und das umfangreiche Übersetzungswerk, vornehmlich von Werken der italienischen Literatur. Schriftstellerisch verwertbare Stoffe scheinen Heyse von überall her zuzufliegen, so dass er sich ein ganzes handschriftliches Ideenmagazin anlegen muss, in dem er Anregungen aus Büchern und Zeitungsartikeln, Gesprächen und Zeitungsartikeln sammelt; manchmal fällt ihm auch im Halbschlaf vor dem Aufstehen etwas ein; auch das hält er sogleich schriftlich fest. So ließ er sich, wie er Bernhard von Lepel erzählt, »eines schönen Morgens im Bette ein recht appetitliches Novellenmotiv *träumen* (wörtlich zu verstehen) und schlug, aufgewacht, das Ding ganz fix und fertig zu Faden« (Brief vom 18. Februar 1859).
   Auch die 1858/59 entstandene Verserzählung »Die Hochzeitsreise an den Walchensee« beruht auf einer äußeren Anregung, wie man dem Tagebuch Heyses entnehmen kann. Im Sommer 1858 hat Heyse in Gesellschaft seiner Frau Margarete und einiger Freunde ein paar Urlaubswochen in Ebenhausen im Isartal zugebracht. Am 28. August

1858 unternimmt er einen »Spaziergang nach Iking«, wo ihm die Vorbereitungen zu einem Volksfest auffallen, wie er es dann in der »Hochzeitsreise an den Walchensee« ausführlich schildern wird. Am 29. August 1858 vermerkt er im Tagebuch: »Morgens mir meine ›Hochzeitsreise‹ zurecht componirt«, am 3. September ist er »von Wolfratshausen aus 2 ½ Stunden bis Biechl gewandert« und hat unterwegs »die ›Hochzeitsreise‹ bebrütet«, während »schwüle Gewitter am Himmel« drohen. »Über Nacht regnet sich's ab«, notiert er am 4. September, so dass er am Morgen mit seinem Schwager Bernhard Kugler und dem Freund Bernhard Windscheid »auf den See hinaus« rudern konnte. Um 10 Uhr desselben Tages reist er vom Walchensee ab und genießt eine »unvergleichliche Stunde bis Partenkirchen«. Am 16. September 1858 schreibt er »die ersten Strophen der ›Hochzeitsreise‹«, aber er kommt nicht recht voran: »Eine kleine Novelle in Octaven ist vor dem dritten und letzten Capitel ins Stocken gerathen. Dieses Capitel beginnt mit einem Hymnus auf das Bockbier und es ist möglich, daß diese edle Hippokrene meine gute Laune wieder flott macht. Aber jedenfalls könntet Ihr mit dem Gedicht nichts anfangen, da ein jedes Capitel 60–80 Strophen lang ist und specifisch bayrische Dinge tractirt« (an Lepel, 18. Februar 1859). Erst am 19. April 1859 kann er im Tagebuch festhalten: »Den Walchensee zu Ende gebracht.« Zwei Tage später hat er »Abends den 3. Gesang des Walchensee en famille *vorgelesen«, aber vollendet war die Novelle noch lange nicht. Am 31. Mai wird der »Walchensee zu feilen begonnen«, am 18. Juli 1859 schließlich »fertig abgeschrieben«. Ursprünglich sollte die Erzählung in der »Argo« erscheinen, aber weil dieses »Belletristische Jahrbuch« des Berliner Literaturvereins »Rütli« mit dem Jahrgang 1860 sein Erscheinen einstellte, ist es nicht dazu gekommen. Erst 1864 ist »Die Hochzeitsreise an den Walchensee« in den »Gesammelten Novellen in Versen« im Druck erschienen.*

Bemerkenswert an dieser dreiteiligen Versnovelle ist, dass sie auch ihre eigene Entstehung erzählt. Es beginnt damit, dass der Ich-Erzähler der Beschwerde seines literarisch interessierten Freundes über den oftmals düsteren Stoff dichterischer Werke Gehör schenkt. Er verspricht ihm eine thematische Alternative zu ernster und schwerer Kost, und während der produktionsästhetischen Überlegungen entspinnt sich die Frage nach der literarischen Gattung des gewünschten Werkes, die per Ausschlussverfahren bestimmt wird: Soll es eine Tragödie werden? Nein, wie gesagt, keine schwere Kost. Eine Novelle? Auch nicht. Nach

Aussage des Erzählers, der ohnehin von heiterem Naturell ist und die Verwirklichung des Werkes unternimmt, schlägt diese zu sehr auf das Gemüt. Bleibt noch ein verlässlicher Garant für stoffliche Harmlosigkeit – das Idyll: bekömmliche Landschaftsmalerei in Worten, das Besingen lieblicher Orte und ländlicher Szenerien in Versform ohne die tückische Thematisierung menschlicher Leidenschaft, aber natürlich mit einer ansprechenden Handlung. Auf deren Verlauf können sich die beiden Dichter zwar nicht einigen, doch ehe der Erzähler die oberbayerische Landschaft entlang der Isar als Raum der erzählten Welt förmlich um sich herum aufspannt, treten schon zwei Hauptfiguren ins Bild. Sie befreien als Handlungsträger die Geschichte aus der Theorie und verhelfen ihr zur Eigendynamik.

Franz, ein junger Landwirt aus Westfalen, und Marie, eine gutaussehende Einheimische mit großer Sangesbegabung, haben kürzlich geheiratet und befinden sich auf ihrer Hochzeitsreise, die sie in einer Kutsche vom Stadtgebiet entlang der Isar in den voralpenländischen Süden führt. Über das Ziel der Route sind sie noch uneins: Marie möchte die große weite Welt sehen und Abenteuer erleben, Franz hingegen lieber die heimische Ruhe genießen. Nachdem sie Mariens Klosterschule, den Ort ihrer ersten Begegnung, als Etappe am Isarhochufer hinter sich gelassen haben, finden sie sich zu einem zünftigen Volksfest in Wolfratshausen ein. Der Erzähler schlüpft zwar größtenteils in die Erlebnisperspektive seiner Hauptfiguren, nimmt sich aber häufig die Freiheit, das Erzählte zu kommentieren oder zwischen einzelnen Strophen zu moderieren und erweist sich dabei als zeitkritischer Geist. »So manche Kunst versteht das Volk in Bayern«, betont er, »in der wir Nordische nur Stümper sind«. Die Rede ist vom Festefeiern, einer herausragenden bayerischen Fertigkeit, die in der opulenten Schilderung des feierlichen Treibens in Wolfratshausen aufs prächtigste in Szene gesetzt wird. Während ein Panoptikum von Kultur und Struktur des Königreiches in einem bunten Umzug aus verschiedenen Nachbargemeinden geboten wird, stößt ein vermeintlicher Rivale zu den frisch Vermählten: der Cousin Mariens. Er erregt mit seinen etwas aufdringlichen Bemühungen um die Aufmerksamkeit der jungen Ehefrau den Unmut des Bräutigams und entfacht erneut den Streit über das Reiseziel. Obwohl sich die beiden bald versöhnen und den Störenfried heimlich zurücklassen, schwelt die Frage nach der Fortsetzung der Flitterwochen – vorzugsweise in Italien – weiter. Der ereignisreiche Tag endet schließlich am Walchensee.

Während Franz und Marie die Gegend erkunden, erinnert der Erzähler an eine Legende, die sich um den tiefblauen See rankt und passenderweise vom Zwist zwischen einem Nix im Walchensee und einer Nymphe am benachbarten Kochelsee handelt, eine von vielen motivischen Parallelen innerhalb der Versnovelle. Immer wieder lässt Heyse die Handlung pausieren, knüpft sie damit aber enger an den theoretischen Diskurs am Beginn der Erzählung. Zweifel am Handlungsverlauf und der Qualifikation zum friedlichen Idyll kommen in den Wechselreden des Dichters und seines Freundes auf und sorgen für eine unterhaltsame literaturästhetische Begleitung der Geschichte. Besondere Aufmerksamkeit verdient die Verknüpfung von dramatischen, epischen und lyrischen Elementen. Als Meisterstück solcher Verflechtung kann der ›Biergartenhymnus‹ zu Beginn des 3. Gesanges gewertet werden, der die bayerische Tradition des frühjährlichen Bockbiergenusses etymologisch mit dem »Tragos«, dem »Bock« in Verbindung bringt, dem die griechische Tragödie ihren Namen verdankt.

So viel sei vorweggenommen: »Zum Knoten, zum dramatischen« schürzt sich der Faden der Geschichte dann doch, als sich der eifersüchtige Franz den Gefahren des Sees aussetzt, vor denen die Fährfrau (die »Fergin«) ahnungsvoll gewarnt hat. Mit der Lobrede auf die Rolle und die literarische Darstellung der Leidenschaft wird zugunsten der realistischen Anschauung des Autors ein weiteres Gattungsgebot gebrochen, aber eines seiner Versprechen erfüllt der Erzähler ohne Zweifel: Die Novelle ist nicht ernst, sondern durchaus heiter und geistreich.

Zu Heyses Erstaunen haben das nicht alle Leser und Hörer der Novelle bemerkt, wie er ausgerechnet bei einem der Teeabende der bayerischen Königin Marie erfahren musste. In den »Jugenderinnerungen und Bekenntnissen« erzählt er: »Ich hatte mit dem Vorlesen der ›Brüder‹ angefangen, die die Königin ›sehr schön, aber sehr ernst‹ gefunden hatte. Besonderen Beifall, auch bei ihr, fand ich dann mit der ›Braut von Cypern‹, weit mehr, zu meiner Verwunderung, als mit der ›Hochzeitsreise an den Walchensee‹, von der ich mir versprochen hatte, daß sie meine Qualifikation zum Hofpoeten besonders schlagend beweisen würde. Aber die realistischen Züge darin, wenn sie auch bayerische Szenerien und Volkssitten schilderten, fanden weniger Anklang bei dem Herrscherpaar, als die romantische Welt Cimones, und der düstere Walchensee konnte trotz aller Humore, die ihn umspielten, den

Vergleich nicht aushalten mit der Purpurbläue des Mittelländischen Meeres.« Theodor Fontane urteilt dagegen in seinem Heyse-Aufsatz *»Ein Liebling der Musen« (1867): »Heyses Prosanovellen reihen sich an das Beste, das wir haben, seine Novellen in Versen aber nehmen einen Platz für sich innerhalb unserer modernen Literatur ein. Wir wüßten nicht, daß, seit Wielands ›Oberon‹, so heitere epische Dichtungen erschienen wären wie die ›Braut von Cypern‹ oder der ›Walchensee‹.«*

DIE HOCHZEITSREISE AN DEN WALCHENSEE

(1858)

Bernhard Windscheid zugeeignet

Erster Gesang

Du klagst, mein Freund, und Manchen hör' ich klagen,
Daß wir so gern nach düstren Stoffen greifen.
Soll nicht die heitre Kunst in dunklen Tagen
Des Lebens Druck uns von der Seele streifen?
Warum ich nur des Lachens mich entschlagen,
Um Nachtgebiete grübelnd zu durchschweifen,
Ich, dessen Jugend hell in Sonne stand,
Und den du stets ein Kind des Glücks genannt?

Wohl! der Tragöde mag die tiefen Quellen
Von Schuld und Schicksal schaudernd rauschen hören.
Doch darf man uns in leidigen Novellen
Mit herbem Mißklang das Gemüth verstören?
Nein, ließe Dichterwaare sich bestellen,
So müsst' ich, sagst du, diesen Hang verschwören
Und fern von Leidenschaft und ihren Grillen,
Gleichsam zur Kur, mich üben in Idyllen.

Sei's denn! Mir scheint's ein löbliches Beginnen,
Aus dieser Welt, die Noth und Gräuel häuft,
In ein Gedicht friedfertig zu entrinnen,
Das wie ein Sommerfeiertag verläuft.

Ein Landschaftsbild, ein Stück Staffage drinnen,
Ein Himmel, der von Milch und Honig träuft,
Moral im Sinn der Lebensphilosophen:
Behüt' uns Gott vor allen Katastrophen!

Bist du's zufrieden? Gut! Und nicht besinnt sich
Die müß'ge Muse, frisch ans Werk zu gehen.
Nur eine kleine Frage noch entspinnt sich:
Um Etwas doch muß unser Lied sich drehen.
Ganz ohne Faden, sei er noch so winzig,
Vermag selbst Theokrit nicht zu bestehen,
Man müsste denn in Garten, Wald und Wiese
Beständig schmausen, wie in Voß' Luise.

Ein Dorfgeschichtchen? – »Nichts von Dorfgeschichten,
Die's ohnehin bei jeder Messe schneit!« –
Was aber soll ich von der Stadt berichten,
Die Staub umhüllt und Politik entzweit?
Wir, die wir nicht Culturromane dichten,
Und wenig nur verstehn vom Geist der Zeit,
Wie könnten wir von dort uns Heil versprechen,
Und vollends ein Idyll vom Zaune brechen?

Doch sieh, was kommt aus jenem Thor gefahren?
Ein Berner Wäglein, groß genug für Zwei,
Die es behaglich finden, Raum zu sparen,
Damit nur Herz am Herzen näher sei.
Ein treuer Diener, schon mit grauen Haaren,
Sitzt auf dem Bock in neuer Liverey
Und lässt von Zeit zu Zeit die Peitsche knallen,
Hört er im Wagen was wie Küsse schallen.

Denn alles Lieb' und Gute gönnt er ehrlich
Dem jungen Mann, der jüngst ein Eh'mann ward.
Er fühlt sich seiner Herrschaft unentbehrlich,
Ob auch schon längst dem Junker sproß der Bart.
Nun hat er – ein Rival, doch ungefährlich –
Sich in die schöne junge Frau vernarrt

Und schätzt es gleich dem höchsten Gunstbeweise,
Daß man ihn mitnahm auf die Hochzeitsreise.

O Hochzeitsreise, Zaubertraum, durch dessen
Magie wir uns der Wirklichkeit entrücken!
O Lebenssilberblick, du machst vergessen
Die Noth der Zeit, die Schuhe, die uns drücken,
Schlecht Wetter, schlechte Wege, schlechtes Essen!
Wer wünschte nicht, vom breiten Kutscherrücken
Beschirmt, selbander in die Welt zu fahren,
Wie wir's erlebt, mit vierundzwanzig Jahren!

Fahrt zu, ihr Glücklichen! Ihr habt es gut,
Ihr müht euch nicht, Idyllen zu erdenken;
Ihr seid ja selber eins in Fleisch und Blut,
Und keine Noth der Reime darf euch kränken.
Wenn Wange träumerisch an Wange ruht
Und eure Hände zärtlich sich verschränken,
Reimt wohl auch Mund auf Mund, so ungezwungen,
So rein, wie's keinem Dichter je gelungen.

Sagt, wohin geht die Fahrt? – Wie? mir entgegen?
Schon ließt ihr weit dahinten Frau Bavaria
Und athmet auf, da ihr auf wald'gen Wegen
Entronnen seid der städtischen Malaria?
Triumph! Die Straße will ich euch verlegen;
Ihr kommt mir wie bestellt. Dies ist fürwahr ja
Ein Himmelswink, daß aller Zweifel ende;
Läuft mir mein Stoff nicht förmlich in die Hände?

Getrost, mein Freund! ins Garn sind uns gegangen
Zwei Hauptfiguren ganz nach deinem Sinn.
Vor Katastrophen brauchst dir nicht zu bangen,
Ob sie »sich kriegen«, steht nicht mehr dahin.
Die junge Frau, wie lieblich unbefangen!
Er sorgenlos, trotz seinem bärt'gen Kinn;
Und macht uns ihre Zärtlichkeit Beschwerde,
So sehn wir, gleich dem Kutscher, auf die Pferde.

Die traben lustig fort. Schon liegt Schwaneck,
Schwanthalers zahmes Raubschloß, hinter ihnen.
Nun hebt sich Baierbrunn aus dem Versteck
Des Walds empor, vom frühen Tag beschienen.
Der Isar wilde Wasser brausen keck
In tiefer Felsschlucht. Mit verklärten Mienen
Begrüßt die schöne Frau das Uferland;
Ein jeder Grashalm hier dünkt ihr bekannt.

Denn wo der Isar vielzerrißnes Bette
Zu grünem Wald- und Wiesenthal sich weitet,
Liegt eines Klosters friedenreiche Stätte,
Ein hoher Bau, ansehnlich ausgebreitet.
Herüber blickt ein Streif der Alpenkette,
Der kaum den Wunsch zur Welt zurückeleitet;
Und in der Hut entsagungsvoller Tugend
Blüht still heran manch eine Mädchenjugend.

Hier war's, beim öffentlichen Herbstexamen,
Wo Franz zum ersten Mal Marien sah;
Man sprach dem Wandrer von den frommen Damen,
Und ohne viel zu denken blieb er da.
Vormünder, Mütter und Geschwister kamen,
Neugier'ge strömten zu von fern und nah,
Die Nönnchen strebten Ehre einzulegen,
Denn der Herr Erzbischof war selbst zugegen.

Im Saal, in grünen Sonntagskleidern, sitzt
Der Mädchenflor, Erwartung in den Blicken,
Der kleinste Backfisch, tugendhaft erhitzt
Vom Ehrgeiz, heut den Musterstrumpf zu stricken,
Dann die Gereiftern, deren Auge blitzt
Im Vorgefühl, einst Herzen zu bestricken.
An Schönheit hat Marie, ohn' allen Streit,
Den Vorrang; minder an Gelehrsamkeit.

Franz, dessen Auge nicht mehr von ihr weicht,
Nimmt innig Theil an ihren Prüfungsnöthen.

Bei jedem ihrer Schnitzer überschleicht
Sein Angesicht gleich ihrem ein Erröthen.
Die neuen Sprachen spricht sie rein und leicht,
Doch läßt sie Cäsar durch Pompejus tödten;
Auch geographisch sündigt sie gar sehr
Und sucht den Ararat am rothen Meer.

Dann aber, als der ganze Mädchenchor
Zusammenklingt im frommen Festgesange,
Wie glänzt Mariens edler Alt hervor!
Welch ein Geheimniß schläft in seinem Klange?
Durch unsres Wandrers unbewachtes Ohr
Zieht diese Stimme siegend ein, und lange
Staunt er bei sich, wie gut zusammentaugen
Ihr dunkles Lied und ihre hellen Augen.

Was sag' ich mehr? Das Wandern unterblieb.
Am ersten Herd sollt' unser Vogel haften.
Ein offner Brief, den Franz Marien schrieb,
Gestand, wie schnell sich Aug' und Ohr vergafften.
Er habe sie um ihre Stimme lieb
Und nicht so sehr um ihre Wissenschaften.
»Am Schultisch war auch ich,« schloß er mit Scherzen,
»Der Erste nie; – wär' ich's in Ihrem Herzen!«

Er war's, und aus dem Kloster in sein Haus
Führt er das Bräutlein mit der Eltern Segen.
Zwar, sein Westphalen liebt er überaus,
Doch fügt er sich des Schwiegervaters wegen
Und tauscht sein Landgut um ein andres aus,
Das wenig Meilen von der Stadt gelegen.
Nun hätt' er, als der Hochzeitlärm verschollen,
Der neuen Heimath gern genießen wollen.

Sie lacht dazu und küßt ihn und entgegnet:
Erst laß die Welt mich sehn, mein Süßer, Treuer!
Nein, eh der Herbst nicht unser Glück verregnet,
Wird mir's im eignen Hause nicht geheuer.

Vielleicht, wenn wir auf Reisen gehn, begegnet
Uns unterwegs ein hübsches Abenteuer.
Du magst sie freilich müde sein. Indessen
Bedenk' doch nur, wie lang ich still gesessen.

Hier läg' es nah, ein ernstes Wort zu sprechen
Und über alle Mädcheninstitute,
Geistlich' und weltliche, den Stab zu brechen.
So manchem zarten Pflänzchen käm's zu Gute.
Doch war, die Welt zu bessern, meiner Schwächen
Geringste stets, zumal wo ich vermuthe,
Daß sie nicht Dank weiß ihren Kritikern;
Ich lasse dies Socialpolitikern.

Auch ist das Paar, das weich im Wagen saß,
Hier auf der Höhe plötzlich ausgestiegen.
Zum Strom hinab den schatt'gen Felsenpaß
Sehn wir Marie am Arm des Gatten fliegen.
Von freud'ger Wehmuth wird ihr Auge naß,
Als nun die Klostermauern vor ihr liegen.
Da sind wir! ruft gerührt die junge Frau aus;
Dort ist die Schule, Franz, und dort das Brauhaus. –

Giebt's auch ein Klosterheimweh? Ach, der Ort,
An dem wir jung gewesen, lockt uns immer,
Und wär' es dunkel, kalt und öde dort,
Das Herz verklärt ihn mit geheimem Schimmer.
Sie treten ein; nicht eher will sie fort,
Als bis sie rasch begrüßt die trauten Zimmer,
Und von der Ob'rin bis zur Küchenmagd
Noch Einmal Allen Lebewohl gesagt.

Man sieht, wenn ich hier wenig Lust bezeige,
Polemisch vorzugehn, ist's wohlgethan. –
Nachdenklich klimmt das Paar die jähe Steige
Zum waldbekrönten Uferrand hinan.
Dort liegt ein Weiler tief im Laubgezweige,
Ein blankes Wirthshaus, ein Gehöft daran.

Johann leert seinen Krug, die Peitsche knallt,
Fort geht die Reise sonder Aufenthalt.

Eilt immerhin! Mir aber sei's verstattet,
Nicht ohne Gruß und Abschied mich zu trennen.
Wohl hat's der Ort, so heimlich grün verschattet,
Um mich verdient, bei Namen ihn zu nennen.
Wenn lange Wintermühen mich ermattet
Und Münchens Sommer schwer begann zu brennen,
Dem Lechzenden nach Frieden und Natur –
Du botst ihm Zuflucht, Ebenhausens Flur!

Es mögen Andre andre Stätten loben;
Mir aber sei vor allen du gepriesen,
Du stillster Fleck der Welt! Vom Hügel droben
Wie labt den Blick Walddunkel, Grün der Wiesen,
Und fern, mit zartem Aetherduft umwoben,
Die hehre Kette der Gebirgesriesen!
Tief blaut der Horizont, für jedes kühne
Gewitterschauspiel die erhabne Bühne.

Gesegnet seist du mir! – Doch nun im Fluge
Lebwohl! Zu viele Lyrik möcht' uns schaden.
Längst wurden ja verpönt mit gutem Fuge
Buntscheckig lyrisch-epische Tiraden.
Auf, mein Idyll, und jetzt in frischerm Zuge,
Denn sieh, es wimmelt rings auf allen Pfaden,
Und unser Paar hört im Vorübersausen,
Es geb' ein großes Fest in Wolfrathshausen.

Dies Wolfrathshausen, das, so viel ich weiß,
Noch kein Poet gewürdigt zu besingen,
Nährt vierzehnhundert Seelen, oder sei's
Ein hundert drüber, die sich vorwärts bringen
In mancherlei Gewerb. Besondern Fleiß
Bewähren sie mit rühmlichem Gelingen
Im Bierconsum. Auf je zweihundert Seelen
Konnt' ich – beiläufig nur – Ein Brauhaus zählen.

In Anbetracht, wie segensreich er wirke,
Ward dieser Flecken denn an höchster Stelle
Zum Haupt erwählt dem ganzen Landbezirke;
(Gern sitzt die Göttin Themis an der Quelle.)
Und daß man heut die Ehre nicht verwirke
Und neuen Glanz dem alten zugeselle,
That jeder Bürger ungemahnt sein Bestes
Zu würdiger Verherrlichung des Festes.

So manche Kunst versteht das Volk in Bayern,
In der wir Nordische nur Stümper sind.
Fern sei's, den alten Hader zu erneuern,
Ob Süd-, ob Norddeutsch mir den Preis gewinnt.
Doch daß man hier zu Land im Festefeiern
Es uns zuvorthut, weiß ein jedes Kind.
Hoch geht es her im ärmlichsten Gebirgsnest,
Geschweige bei so stattlichem Bezirksfest.

Seht, wie das Städtchen bunt in Blumen lacht,
Indeß die Glocke ruft zur Feierstunde!
Ein lauer Wind in goldner Sonne macht
Blauweiße Fähnlein tanzen in der Runde.
Die Flut der klaren Loisach schäumt mit Macht,
Die Wiese kühl umarmend, dort im Grunde;
Hoch ob den Häusern und der grünen Halde
Blickt der Calvarienhügel aus dem Walde.

Und welch Gewühl! Den Rundhut auf den Köpfen
Die Männer, jung und alt in kurzen Jankern,
Mit Zwanzigern gespickt und Silberknöpfen,
Die Frau'n in Ottermützen oder schlankern
Filzhütchen auf den breitgeflocht'nen Zöpfen,
Auch wohl ein Münchner Kind mit seinem blankern
Goldriegelhäubchen – Alles drängt sich munter
Zum Festplatz nach der Insel dort hinunter.

Sieh, unser junges Paar verläßt den Wagen
Und schwimmt im Strome mit, erwartungsvoll.

Man hat im Grunde Hütten aufgeschlagen,
Um die das Fest drei Tage kreisen soll.
Inmitten sieht man ein Gezelte ragen
Für die Behörden. Das Gewühl umschwoll
Die Thier- und Bier- und Akrobatenbuden,
Die mit Trompetenklang zum Eintritt luden.

Wer aber achtet drauf! Denn eben naht
Der Festzug dort, und wie von je geschehen,
Obwohl die Praxis wenig für sich hat,
Hebt sich sofort ein Jeder auf den Zehen.
Voran erscheint in vollem Feierstaat
Mit seidnen Binden, die vom Sattel wehen,
Der Kern der Bürgerschaft zu Roß; es reiten
Ein Dutzend Bauern stolz zu beiden Seiten.

Musik begrüßt sie und ein frohes Brausen
Im Volk, da durch den grünen Ehrenbogen
Heranzieht der Senat von Wolfrathshausen.
Flugs theilen sich des Volkes dichte Wogen,
Und vom Calvarienberg in kurzen Pausen
Kommt Böllerknall und Pulverdampf geflogen,
Daß alle Rosse kühn die Ohren spitzen
Und mancher Reiter Noth hat, fest zu sitzen.

Der Cavalcade folgt die Festkapelle,
Darnach ein Wagen, den vier Rosse ziehn.
Des Königs Bild auf blumigem Gestelle
Thront unter goldgesäultem Baldachin.
Langsam bewegt der Bau sich von der Stelle,
Fähnlein und Kranzgewind' umflattern ihn;
Vier Kinder stehn mit ländlichem Geräth
Hüben und drüben um die Majestät.

Im nächsten Wagen sitzen reihenweis
In Blumenschmuck zwölf junge Spinnerinnen.
Die Rädchen schwenken sich mit hurt'gem Fleiß,
Als spänn' ein jedes heut am Hochzeitslinnen.

Im dritten geht die Arbeit laut und heiß,
Da viele Hände dort den Flachs gewinnen;
Stumm und bescheiden folgt das vierte Dorf,
Ein Mann von Egling schichtet hier den Torf.

Und jetzt, vom Würmsee abgesandt, zwei Nachen,
Die schönbekränzt blauweiße Wimpel schwenken,
Zwei Schiffermädchen steuern sie und lachen,
Daß sie die Ruder in die Luft versenken.
Die Fischer wollen auch sich Ehre machen,
Hier fällt das Netz, hier dörren sie die Renken;
Ein Räucherofen dampft am Steuer dort,
Und leckre Fische fliegen über Bord.

Sieh, welch ein Riesenfaß, an dessen Wucht
Sechs Rappen keuchen, schwankt daher die Gasse!
Das Heidelberger kaum, so viel besucht,
Vergliche sich dem Eurasburger Fasse.
Ein Treppchen führt in seiner Rippen Schlucht,
Einladend, daß man dort sich niederlasse,
Denn drinnen winken gastlich Tisch und Bänke,
Zum kühlen Keller wird die Tonnenschenke.

Auch fehlt es nicht in dieser bunten Menge
An kühnem Schwung symbolischer Ideen.
Dort lassen sich, friedfertig trotz der Enge,
Die Jahreszeiten, dort die Monde sehen,
Und hier, umkränzt von dunklem Laubgehänge,
Lernt man die Bürgertugenden verstehen,
Denn Otterfings Schuljugend stellt den Wehrstand
Figürlich dar, zusammt dem Lehr- und Nährstand.

So ziehn mit Feierklang der Wagen achtzehn
Vorbei; mein Ebenhausen macht den Schluß.
Hier sollt ihr erst die reichste Blumenpracht sehn:
Ein Sennerhüttlein fährt von Kopf zu Fuß
Umlaubt einher. Dahinter schreiten sacht zehn
Bekränzte Kühe. In lebend'gem Fluß

Ein Brünnlein plätschert draußen vor der Hütte,
Und eine schlanke Sennin füllt die Bütte.

Zweimal umkreis't der Zug mit dumpfem Hallen
Der Heerdenglocken stolz den Wiesenplan.
Die Arbeit rührt sich auf den Wagen allen,
Wenn sie den »Spitzen der Behörden« nahn.
Vom Berg tönt unermüdlich Böllerknallen,
Und manch ein Vivatruf steigt himmelan;
Max und Marie läßt man mit Donnern leben,
Und ein gestrenges Landgericht daneben.

Marie – wo blieb die unsre? Seht, sie steigt
Mit ihrem Franz dort von der Ehrenbühne.
Wer ist der Fremde, der sich keck verneigt,
Der in der Joppe, der das schiefe grüne
Jagdhütchen trägt? Sein muntres Auge zeigt,
Er sei nichts weniger als Misogyne.
Auch ließ er flugs, da er Marie gesehen,
Zwei schmucke Wolfrathshäuserinnen stehen.

Die junge Frau begrüßt ihn ungezwungen
Und stellt ihn Franz als ihren Vetter vor.
Mit Lachen denkt sie alter Huldigungen
Und spricht von einem Hof und Gartenthor
Und manchem losen Streich des wilden Jungen.
Franz aber wird einsilb'ger, als zuvor.
Erwachs'ne Vettern glauben gern, sie müssen
Auch noch als Frauen ihre Mühmchen küssen.

Zwar solch ein Ausbruch zärtlicher Gefühle
Ward abgewehrt. Doch blieb er ihr zur Seite,
Führt' aus der Wagen kreisendem Gewühle
Sie im Triumph hinaus, wo an die breite
Festwiese grenzt ein Schattendach voll Kühle,
Und war bemüht, dort, als der Eingeweihte
In jeden Landesbrauch, den Wirth zu machen;
Ja schlimmer noch: er brachte sie zum Lachen.

Sieh, sprach er, da sie nun im Grünen saßen
Und ländlich sittlich »Schweinernes mit Kraut«,
Das einz'ge Festgericht des Tages, aßen,
Wir pflegen hier so friedlich unsrer Haut
Und werden endlich satt, gewissermaßen,
Indeß man dort noch nicht dem Frieden traut
Und väterlich in schwerer Waffentracht
Den Mittagsschlaf des guten Volks bewacht.

Dies, schönes Mühmchen, ist die Bürgerwehr
Von Wolfrathshausen, tapfre Kameraden.
Zwar taugen sie zum Felddienst wenig mehr,
Und pflegen seltner scharf als schwer zu laden;
Doch späh'n sie heute pflichtgetreu umher,
Und wer die Ruhe stört, Gott mög' ihm gnaden!
Er wird die Strenge der Gesetze spüren,
Den Rausch verschlafend bei verschloßnen Thüren.

Wie? winken heut noch größre Heldenthaten?
Welch ein Getümmel! Ein Zigeunerweib,
Das sich gelüsten ließ nach fremdem Braten.
Sie reißen ihr die Kleider schier vom Leib.
Indessen schlägt ihr Sohn – wie wohlgerathen! –
Im Sande Rad; ein würd'ger Zeitvertreib!
Seht, Vetter, dort die kleine Wetterhex'
Im grünen Kleid; kein garstiges Gewächs!

Doch, wie mir scheint, verderben sie die Luft.
Ich dächte, daß wir aus dem Winde gingen.
Cousine, sprich: Willst du den langen Schuft
Von Gaukler sehn ein blankes Schwert verschlingen?
Lockt dich der Seiltanz, wo Bajazzo ruft?
Wie? oder soll'n wir unsre Huld'gung bringen
Der wackren Kuh, die, wie der Zettel zeigt,
Ein Kalb mit zwei lebend'gen Köpfen säugt? –

So plaudert er. Es war kein Arg dabei,
Und arglos lacht Marie. Doch den gestrengen

Ehmann bedünkt, daß es vom Uebel sei,
Uneingeladen hier sich aufzudrängen.
»Sind wir uns selber nicht genug, wir Zwei?
Was braucht der Schwätzer sich uns anzuhängen?
Zur Eifersucht neig' ich wahrhaftig nicht,
Nein! doch entbehrlich scheint mir dieser Wicht.«

Noch ärger kommt's. Nachdem er lange Stunden
Im Volksgedräng unlustig ausgeharrt,
Am Pferderennen wenig Trost gefunden
Und auch der Thierschau herzlich müde ward –
Der Sonne Glanz ist schon hinabgeschwunden,
Am Himmel steht ihr blasser Widerpart –
Horch! in den Saal lockt der Musik Geschmetter,
Und einen Tanz versprach Marie dem Vetter.

Sei's um den einen Tanz! Doch keinen zweiten,
Obwohl die Lust ihr aus den Augen blitzt.
Noch liegt ihr Rastort für die Nacht im Weiten,
Und eh' sie vor der Fahrt sich mehr erhitzt,
Eilt Franz, sie an den Wagen zu begleiten,
Wo reisefertig schon ihr Diener sitzt.
Der Vetter merkt zu spät, daß sie entrannen,
Und durch die Nacht rollt ihr Gefährt von dannen.

Welch eine Nacht! Die Sterne feuerwerken
Und spielen Ball mit goldnen Meteoren;
Der Mond beginnt an Macht sich zu verstärken,
Indeß die Berge silbern sich umfloren.
Doch sie, die kaum auf all den Zauber merken,
Sind völlig in ihr junges Glück verloren.
Er küßt die Augen, draus mit Liebesmacht
Sein Himmel ihm gestirnt entgegen lacht.

Doch ihr getreuer Wagenlenker braucht
Sich nimmer zu bemühn mit Peitschenknallen,
Denn während sie von Waldesduft umhaucht
Hinrollen und die Geigen fern verhallen,

Ist er so ganz in Tiefsinn eingetaucht,
Daß schier die Zügel seiner Hand entfallen,
Und Menschenkenner merken's auf der Stelle:
Der Gute saß zu lang heut an der Quelle.

Zweiter Gesang

Wie nun, mein Freund? Wir hätten Ein Kapitel –
Kein allzu kurzes – glücklich überstanden,
Der Himmel weiß, ein Zwölftel, Neuntel, Drittel
Des Lieds, das aus dem Stegreif wir erfanden.
Nun lege dich mit gutem Rath ins Mittel,
Denn schändlich wär's, bestünden wir mit Schanden.
Ist dies die rechte Sorte von Idyllen?
Wie, oder reut dich unser Pakt im Stillen?

Du schweigst? O nein, sprich unverblümt und offen.
Ach, seit ich lernte meine Strophe bauen,
Hat manch ein kritisch Wetter mich betroffen,
Durch das ich schritt in stillem Gottvertrauen.
Und darf ich heut nicht um so dreister hoffen,
Mich unter deinem Schild herauszuhauen?
Hab' ich die Ausflucht nicht zur Hand: Ei was da!
Es wurde so bestellt, und damit basta –?

»Und dennoch Freund: Aus dem Idyll wird nichts!«
Nichts? das ist wenig. – »Hab' ich's doch gewußt:
Du warst gewärtig milderen Gerichts.
Doch mein' ich, daß du selbst bekennen mußt,
Sehr dunkel sei die Zukunft des Gedichts.« –
Wohl! doch bedenk' den Müh- und Zeitverlust,
Geb' ich es auf. – »So laß den ersten schmucken
Gesang gelegentlich als Bruchstück drucken.

Er ist an sich nicht übel.« – Sehr verbunden! –
»Nein, in der That: du hast ganz art'ge Dinge

Und manchen lobenswerthen Reim gefunden.
Doch dieser Ruhm ist, dünkt mich, nur geringe.
Soll nicht ein Kunstwerk seelenvoll sich runden
Zum Bild der Ewigkeit, zum Schlangenringe?
Dein Faden aber fliegt – du musst verzeihn –
Wie Weibersommer in den Tag hinein.« –

Wohl wahr! – »Denn siehst du, wohin soll es führen?
Begleiten wir so blindlings unser Paar,
Was willst du machen, wenn sie Lust verspüren
Nach Welschland, nach Florenz, nach Rom sogar?« –
Wohl wahr! – »Dann mußt du, statt das Herz zu rühren,
Was immer doch das Ziel der Muse war,
Ernst Försters Handbuch, nicht genug zu schätzen,
Als Nothbehelf in Stanzen übersetzen.« –

Wohl wahr. Doch alles dies, mein Theurer, hätten
Wir etwas früher nur bedenken sollen.
Ob wir die Stirne runzeln oder glätten –
Der Hochzeitsreisewagen ist im Rollen.
Und käm' ein Gott, er könnte nichts mehr retten,
Zu hoch schon sind die Strophen angeschwollen.
Laß dich geduldig nun vom Strome treiben,
Denn mein Geschmack ist's nicht, Fragmente schreiben.

Zwar wär' es leicht, dies Flitterwochenlied,
Das unabsehlich scheint, alsbald zu kürzen,
Den Faden, der sich dünn ins Blaue zieht,
Zum Knoten, zum dramatischen, zu schürzen.
Allein, was »Katastrophen« ähnlich sieht,
Ward ja verpönt. Ohn' euch zu überstürzen,
Zieht eure Straße ruhig fort, Octaven!
Ihr seht, die Leutchen haben ausgeschlafen.

So gut, daß bei des Herbstes Morgenfrische
Sich Wanderlust in ihren Herzen regt.
Der Wirth betheuert, daß sie noch vor Tische
Ein leichter Schritt bequem nach *Kochel* trägt,

Und am Gebirge dort der zauberische
Frühduft, der wie ein Schleier sich bewegt,
Verheißt Bestand den klaren Sommertagen;
So senden sie getrost vorauf den Wagen.

Nun also wandern sie. Der runde Hut
Beschattet kühl der jungen Frau die Wangen.
Aus ihrem Blick lacht reinste Lebensglut;
Vom muntern Hauch des Morgenwinds umfangen
Hüpft sie, wie die Forelle durch die Flut,
Dahin die Straße. Keine Vögel sangen,
Nur wilde Tauben schwirrten durch das Laub,
Und Eichelhäher flogen aus auf Raub.

Sie aber sang. Denn stumm des Weges ziehen,
Wer könnt' es, wenn er jung und glücklich ist?
Da singt und klingt die Brust von Melodieen,
Daß sich des kühnsten Jodelrufs vermißt,
Wem nur ein schüchterner Tenor verliehen.
Sie aber wählt den Text mit arger List.
Sie sang: »Kennst du das Land? dahin, dahin –«
Was liegt dem kleinen Feuerkopf im Sinn?

Franz – und ich fürcht', es wird ihm Schande machen
Bei unsrer Leserin – sein Geist entfloh
Der holden Gegenwart, er träumt im Wachen.
Zwar scheint er herzlich seines Lebens froh,
Doch ist er ganz vertieft in andre Sachen,
Waldstreu, Drainage, Guano, Heu und Stroh,
Ob Kalkphosphat zum Düngen hier verwandt wird,
Und was noch Alles denkt ein junger Landwirth.

Einst hört' er nicht mit gleicher Seelenruh,
Wir wissen's ja, die »dunkle Stimme« klingen.
Doch einem Ehemann kommt Andres zu.
Sie merkt, sein Herz ist fern von ihrem Singen,
Und plötzlich bricht sie ab: Was meintest du,
Wenn wir »dahin«, o mein Geliebter, gingen? –

Wohin, mein Schatz? – Wo die Citronen blühn. –
Bei meiner Seele, Kind, das find' ich kühn. –

Doch herrlich, Franz! Dort öffnet sich die Mauer
Des Hochgebirgs; das ist Italiens Thor.
Mit jedem Schritte wird der Himmel blauer,
Und drüben stehn die Rosen noch in Flor.
Wie oft sehnt' ich hinüber mich voll Trauer,
Wenn noch im Mai ein Bäumchen uns erfror.
Dann, wenn ich las von den Orangenhainen
Mit ihrem ew'gen Frühling, mußt' ich weinen.

Und jetzt – wer hindert uns? O Franz, nicht wahr?
Ein Honigmond in Rom, ein Honig*winter*! –
Du scherzest, Kind. Ein Landwirth, der ein Jahr
Auf Reisen zubringt, keine Seide spinnt er. –
Wär's weiter nichts? Der Vetter meint sogar – –
Wie? unser werther Vetter steckt dahinter? –
Nun ja, ich ließ mir viel von ihm erzählen;
Er rieth, den Seeweg keinenfalls zu wählen. –

Er rieth? Was solch ein Geck sich nur erlaubt!
Wer trug denn schon nach seinem Rath Verlangen?
Der eitle Schwätzer täuscht sich, wenn er glaubt,
Man müss' ihn stets mit offnem Arm empfangen.
Mir bleib' er fern. Es scheint mir überhaupt,
Du seist zu freundlich mit ihm umgegangen. –
Ich? Seh' ich doch nicht ein, was ich verschuldet! –
Hast du ihn nicht den ganzen Tag geduldet? –

Und sollt' ich nicht? Was that er uns zu Leide? –
Du fragst, Marie? Nun freilich, ich vergaß:
Es war ein Wahn, daß gestern für uns Beide
Der Tag verloren ging in gleichem Maß.
Wenn *ich* Gesellschaft neben dir vermeide,
Du wünschest sie, *dir* ist sie lieb, ich sah's.
Da muß dir's wohl, wenn erst die Flocken treiben,
Zu öde sein, mit mir allein zu bleiben. –

Franz! – Nein gewiß, ich sag' es ohne Groll;
Denn du hast Recht: die Wünsche sind verschieden.
Ich zahlte schon der Weltlust meinen Zoll
Und freute mich auf meines Hauses Frieden.
Du blickst nach allem Neuen sehnsuchtsvoll,
Des Hauses Segen war dir nie beschieden;
Nun wohl, so magst du aus Erfahrung lernen,
Ob unser Glück uns blüht in weiten Fernen! –

Sie schwiegen Beide. Wie geschah es nur,
Daß sie nun nicht mehr Arm in Arme gehen?
Sein Blick verfolgt im Gras des Wildes Spur,
Indeß die Augen ihr in Thränen stehen.
Mit mütterlichem Gram scheint die Natur
Die feindlichen Verliebten anzusehen;
Die schöne Sonne schickt sich übel heute
Zum ersten Trutztag junger Eheleute.

Allein Gottlob, an ihrem linden Strahl
Zerschmilzt sein Unmuth. – Herz, ich that dir wehe;
Vergieb! Mir ist nun dieser Mensch fatal,
Doch deinethalb ertrag' ich seine Nähe.
Nur sei mir hold! – Da blickt sie den Gemahl
Durch Thränen an: Wenn ich dich mißverstehe,
So hab' Geduld mit mir, mein liebster Mann!
Ich bin ein Kind und kindisch dann und wann. –

Ein Händedruck, ein Kuß – die Liebe siegt,
Der Friede des Idylls ist neu gerettet.
Nun wieder traulich Arm in Arm geschmiegt
Hinwandern sie, nur inniger verkettet.
Wie still die Welt! Bei seiner Heerde liegt
Der Hirt, der Pflüger ruht ins Heu gebettet,
Die ew'gen Berge wachsen himmelwärts
Und an den Bergen wächs't empor das Herz.

O schönes Wandern dem Gebirg entgegen,
Das ruhig, groß und einsam deiner harrt!

Du fühlst, hier weht der Freiheit reiner Segen
Und eines Gottes stille Gegenwart.
Indeß die Füße sich von selbst bewegen
Und wie gebannt dein Blick zum Gipfel starrt,
Gedenkst du angesichts der Felsenriesen
An Alles, was sich groß und stark bewiesen.

An Liebe, Ruhm, der Jugend Ideale,
Die einst so hoch, so herrlich dir gewinkt.
Wie langsam dann im heißen Mittagsstrahle
Trug dich der Fuß, so stürmisch erst beschwingt!
Weit ist der Weg, und Manchen trifft im Thale
Die Nacht, so daß er nie zur Höhe dringt;
Denn täuschend liegt der hehre Gipfel da
Noch stundenweit, und scheint zum Greifen nah.

So in die Wolken ragt empor die Wand
Der Alpenburg am *Kochelsee*-Gestade.
Zu Füßen dem gewalt'gen *Herzogstand*
Schläft friedenvoll die Flut und lockt zum Bade.
Hier steht das Paar. Beflügelt Hand in Hand
Erklommen sie die letzten Hügelpfade,
Und alle Mühsal langer Wegesstunden
Wie ward sie reich belohnt und rasch verwunden!

Sie lagern sich im Gras, sie athmen selig
Die Kühle, die herauf vom Wasser haucht;
Sie sehn dem Vogel zu, der weich und wählig
Die Flügelspitzen in die Wellen taucht.
Da meldet das Bewußtsein sich allmählig,
Daß nicht allein die Seele Nahrung braucht,
Und ihr Johann bringt sehr zur rechten Zeit
Die Botschaft: Herr, das Essen ist bereit.

Allein der Muse würd' es schlecht behagen,
Verweilte sie bei Knödeln, Schmarren, Strauben,
Die man im Herrenstübel aufgetragen.
Zwar nicht von ferne möcht' ich mir erlauben,

Mich über Kochel's Küche zu beklagen;
Doch vor der Venus Wagen flattern Tauben,
Backhähndel nicht. Wir lassen sie beim Schmaus
Und eilen an den Gießbach rasch voraus.

Steil klimmen wir, entgegen seinem Falle,
Den *Kesselberg* hinan. Zur Seite ragen
Heimgarten, *Jocheralp*, die Gipfel alle,
Wo niedre Fichten nur zu grünen wagen.
Umsprüht vom Wassersturz, umtos't vom Schalle,
O Lust, sich bis zur Höhe durchzuschlagen,
Und hier, den einen See im Rücken, grüßen
Wir einen neuen schon zu unsern Füßen.

Hoch über seinem sonnigen Nachbar liegt
In finstrer Majestät der *Walchensee*,
Die purpurgrüne Alpenflut geschmiegt
An dunkle Wände, die ihn drohend jäh
Umufern. Seine Spiegelfläche wiegt
Den Wiederschein von ferner Gipfel Schnee.
Bergeinsamkeit! mit scheuem Fittig schwanken
Hier überm Todesabgrund die Gedanken.

Und wo die Tanne schwarz am Felsenhang
Aufragt, die Wächt'rin, die den Hohlweg hütet,
Ruh'n wir im Kühlen aus von unserm Gang.
Sagt, die ihr euch mit uns heraufbemühtet,
Wie wär's, wenn plötzlich mit Gewitterklang
Der See, der drüben stumm und öde brütet,
Anwüchse durch den Paß und seine Wogen
Vom Kesselberg zur Tiefe wälzt' im Bogen?

Denn oft, wenn Sternendämm'rung um die Zacken
Der Alpen spielt, taucht auf der Walchennix
Und krümmt mit Stöhnen seinen schupp'gen Nacken,
Weil ihn die Kochelnymphe keines Blicks
Der Liebe würdigt. Könnt' er nur sie packen,
Wenn sie ihn spöttisch grüßt mit glattem Knix!

Doch reisen Wassergötter, wie bekannt,
Gleich andern Fischen, niemals gern zu Land.

So glaubt sich denn die schöne Nymphe sicher,
Und hört sie Nachts sein schmachtendes Gestöhn,
Verspottet sie's mit silbernem Gekicher,
Daß rings das Echo lacht von allen Höh'n.
Wie aber wär's, wenn jetzt mit fürchterlicher
Gewalt, geschürt vom schwülen Hauch des Föhn,
Zur Rache sich der Walchennix entschlösse
Und durch den Engpaß seine Flut ergösse?

Hin ras'te sie mit wolkenhohem Schäumen
Und donnerte zu Thal ins offne Becken
Des Kochelsees, aus ihren Mittagsträumen
Das schöngeschwänzte Seeweib aufzuschrecken.
Die sieht den Gischt zum Herzogstand sich bäumen,
Sieht ihren Feind die Arme nach ihr strecken
Und stürzt hinaus zur Ebne; doch alsbald
Strömt er ihr tobend nach durch Flur und Wald.

Dann wär' es herrlich, hoch im Paß zu stehen
Und auf das wirbelnde Gewühl und Brausen
Vom Jocheralpengrat hinabzusehen,
Wie Bäum' und Felsen in die Tiefe sausen;
Dann – – doch wie würd' es dann dem Paar ergehen,
Das eben jetzt, gestärkt durch Ruh' und Schmausen,
Das Joch erklimmt? Die Hochzeitsreise fände
In Katarakten hier ein traurig Ende.

Der Himmel sei gepriesen, daß zur Frist
Der Kesselberg noch trocken blieb und gangbar,
Und daß die Mähr von diesem Nixenzwist
Ein Traum der Phantasie, ein müß'ger Schwank war,
Kunstmittel, wie ein reimender Tourist
Sie wohl gebraucht, sobald sein Stoff nicht dankbar.
Doch wird es Zeit, daß wir zu Nutz und Frommen
Des Liedes wieder unter Menschen kommen.

Wie geht's euch, meine Freunde? Wohl geruht
Und wohl gespeis't? – So scheint's. Ihr wandert wieder,
Und freilich, nur ein frevler Uebermuth
Vertraut dem Wagen hier gesunde Glieder.
Langsam bergauf müht sich das junge Blut,
Ihr Plaudern schweigt und vollends ihre Lieder,
Und als Marie des Weges Höh' erstiegen,
Sinkt sie ins Moos und seufzt: Hier bleib' ich liegen.

Doch nun hat's keine Noth. Nur wenig Schritte,
So ist der Strand des Walchensees erreicht.
Am Berge dort lehnt eine Schifferhütte,
Und bald trät sie ein Nachen vogelleicht
Dahin, als ob er stromhinunter glitte.
Die Fergin – dieses Wort, das euch vielleicht
Befremdet, such' ich wieder einzuführen –
Die Fergin scheint die Mühe kaum zu spüren.

Dem Blick, der über Bord hinunter irrt,
Schwindelt, versenkt in die smaragdne Tiefe,
Die strudelnd nie ein Ruderschlag verwirrt.
Pfadlos in schroffem Absturz geht die schiefe
Felswand hinunter, und berichtet wird,
Daß wer in jenem Wellenabgrund schliefe,
Von keinem Ankerseil und Taucherblei
In seinem dunklen Bett zu stören sei.

Ja, spricht die Frau, er stellt so fromm sich an
Und ist doch schlimm, wie alle falschen Frommen.
Sein Opfer will er. Erst den Vater, dann
Die Mutter auch hat mir der See genommen.
Ich treib' es halt so fort, so lang ich kann,
Und endlich wird an *mich* die Reihe kommen,
Weil eine Strömung durch die Wellen geht,
Wen die ergreift, der spricht sein letzt Gebet.

Umwenden möcht' er, und er kann's nicht mehr
Und muß zerschellen an den nackten Wänden.

's ist wie behext. Auch Mancher kommt weither,
Nur um sein armes Leben hier zu enden;
So thut's der See ihm an. Die Sünd' ist schwer,
Doch zieht es ihn hinunter wie mit Händen,
Und weder Spruch noch Weihung hat Gewalt,
Noch die Kapellen drüben unterm Wald. –

Bleich lehnt Marie ihr Haupt an Franzens Wange:
Ist's wahr, daß dieser See auf Opfer lauert?
Mir schlägt das Herz so ahnungsvoll, so bange;
Sieh nur wie rings die öde Landschaft trauert! –
Er aber spricht: Du wandertest zu lange;
Nun hat die Nachtluft kühl dich überschauert.
Schlaf thut dir noth. Glaubst du an Schiffermährchen?
Der See ist zahm und krümmt dir nicht ein Härchen. –

Am Ufer steht ein Haus. Die Welle fließt
Breit durch den Thorweg ein, der statt der Wagen
Die Nachen, die gelandet sind, umschließt.
Du siehst genüber an der Straße ragen
Ein stattlich Wirthshaus. Mehr jedoch genießt
Der Aussicht, wer sein Lager aufgeschlagen
Im kleinern Hause dicht am Uferrand;
Er hat Gebirg und See aus erster Hand.

Hier landet unser Paar. Aus niedrem Zimmer
Sehn sie des Himmels Wölbung überm Wasser,
Des Mondes kämpfend zweifelhaften Schimmer,
Den Abendschein, der blasser wird und blasser.
Man hört der Welle Spiel, die plätschernd immer
Die Mauer anspült – wer, wie der Verfasser,
Zu Träumen neigt, der mag an diesem schönen
Einsamen Ort recht seiner Schwäche fröhnen.

Franz aber schickt sein junges Weib zur Ruhe
Und sitzt, bis sie entschläft, an ihrem Bette.
Er starrt vertieft auf ihre winz'gen Schuhe
Und alle Zierlichkeit der Brauttoilette.

Die Zeit ist nicht so fern, wo eine Truhe
Voll Gold er gern darum gegeben hätte,
So nah der Liebsten Schlummer zu belauschen;
Auch jetzt möcht' er mit keinem Gotte tauschen.

Doch dunkelt's um ihn her, eh' er's gedacht,
Kaum sieht er noch ihr Angesicht im Kissen.
Nun steht er auf und schleicht zum Fenster sacht,
Da lockt der See in Mondesdämmernissen
Zur Fahrt hinunter in die laue Nacht.
Sein schlafend Liebchen wird ihn nicht vermissen,
Auch könnt' er hier auf seinem Wächterposten
Nicht Walchensees berühmte Fische kosten.

MONDNACHT AM WALCHENSEE.

»*Da lockt der See in Mondesdämmernissen …*«
Holzschnitt nach Gustav Closs

Zurück vom Fenster tritt er schon, da fällt
Sein Blick auf einen flinken Fischernachen,
Der näher kommt und jetzt am Ufer hält.
Wer springt heraus? Ist das des Vetters Lachen?
Der Mensch, der gestern ihm den Tag vergällt,
Muß er auch heut das Land unsicher machen?
Und wenn er nun sie suchte, hier am Ende
Einsam im Schlaf sein schönes Mühmchen fände?

Doch dafür stecken Schlüssel in den Thüren.
Er tritt ans Bett – sie schläft, fest wie ein Kind.
Er kann im Kuß die schöne Stirn berühren,
Sie regt sich nicht. Da stiehlt er sich geschwind
Zur Thür hinaus, ein Boot sich zu erküren
Von denen, die im Haus gelandet sind.
Den Schlüssel, der ihm seinen Schatz verwahrt,
Trägt er mit fort, recht nach der Geiz'gen Art.

Er horcht noch unten – Alles schweigt im Haus.
Sacht lös't er sich ein Fahrzeug von der Kette
Und gleitet in den nächt'gen See hinaus,
Der schlummert in gediegner Spiegelglätte.
Bald streckt er sich im Kahn behaglich aus,
Vom Mantel zugedeckt im schmalen Bette,
Und sicher, daß kein Aug' ihn überrasche,
Zieht er den treuen Schlüssel aus der Tasche.

Er blickt ihn zärtlich an, er steckt ihn wieder
Sorgfältig ein und seufzet: O Marie! –
Wie hell die Nacht! Er schließt die Augenlider
Und denkt im Finstern immer fort an sie.
Die Welle schwankt am Nachen auf und nieder
Und wiegt ihn ein mit leiser Melodie,
Und unvermerkt hat überm schauerlichen
Meertiefen Abgrund ihn der Schlaf beschlichen.

Dritter Gesang

Im Jahr des Heils und jenes Prachtkometen,
Der uns gereift des Achtundfünfz'gers Blüte,
Wagt schüchtern nur ein Lied hervorzutreten,
Das nicht vom Hauch des jungen Weines glühte.
Allein zu Ehren eines lang Verschmähten
Gährt mir ein andrer Hymnus im Gemüthe:
Sei mir gegrüßt, du Held im Schaumgelock,
Streitbarer Männer Sieger, edler Bock!

Dich bringt der Frühling mit als Bundsgenossen,
Du thaust den letzten Märzenschnee hinweg.
Der Sonnenschein ist dir ins Blut geflossen,
Und Veilchen sprießen auf an deinem Weg.
Bescheiden ist dein Ruhm; doch unverdrossen
Wirkst du das Gute. Wenn im Winter träg
Der Geist umnebelt, dumpf die Sinne waren,
Du glühst sie auf zum Großen, Schönen, Wahren.

Und nicht das Zwielicht dampfdurchwölkter Schenken,
Den Mittag liebst du und der Gärten Frische.
Hier finden sich auf brüderlichen Bänken
Hoch und Gering in traulichem Gemische;
Den Knechten nah, die seine Pferde lenken,
Der Staatenlenker vom Ministertische,
Pedell, Professor, Famulus, Student –
Du spülst hinweg die Schranke, die sie trennt.

Es wird von jenem Trevi-Quell berichtet,
Daraus man ew'ges Heimweh trinkt nach Rom,
Sehnsucht, die unermüdlich denkt und dichtet,
Nur Einmal noch zu schau'n Sanct Peters Dom.
So hat auf München nie ein Herz verzichtet,
Das je hinabgetaucht in *deinen* Strom.
So rasche Wurzeln hier geschlagen hätt' ich
Nie ohne dich und deinen Freund, den Rettig.

Kurz ist dein Weilen. Wen die Götter lieben,
Der endet jung. Doch eine tiefe Spur
Von deiner Allmacht ist zurückgeblieben;
Denn schwerlich hätten auf der Isarflur
Die Künste je so stolzen Wuchs getrieben,
Gebräch's an solcher Frühlingswunderkur;
Und regnet es Tragödien hier zu Land:
Nun, *Bock* heißt griechisch *Tragos*, wie bekannt.

Du zuckst die Achseln, Freund, du wiegst das Haupt,
Daß ich Etymologensprünge mache? –
»Nein, dies Vergnügen sei dir gern erlaubt;
Von Böcken wimmelt's ja in diesem Fache.
Doch was in aller Welt soll überhaupt
Dein Lobgesang? Wann kommen wir zur Sache?
O Himmel, wenn die Strömung ihn ergriffe!« –
Wen? – »Nun, den Schlafenden im kleinen Schiffe.«

Ach, meinst du *Den*? Ich muß dir ehrlich sagen:
Vergaß ich ihn, geschah es halb mit Fleiß.
Wie soll mir ein Idyllenheld behagen,
Der selbst am Abgrund nur zu schlafen weiß?
Wir folgten nun dem Paar zu Fuß, zu Wagen,
Zu Schiff – doch ward uns weder kalt noch heiß.
Die Muse, soll sie nicht ein wenig nicken,
Muß sich doch wohl auf eigne Hand erquicken.

Und warum nicht an jenem Göttertrank,
Wenn auch der Mai, der ihn kredenzt, noch weit ist?
Das ist der Muse Vorrecht, Gott sei Dank,
Daß sie erhaben über Raum und Zeit ist.
Doch ist sie's auch? Wird ihr Humor nicht krank,
Wenn ihr die Zeit zu lang, der Stoff zu breit ist?
Und diese Krankheit läßt sich schwerlich heilen,
Wenn wir am Walchensee noch lange weilen.

Doch wird die Handlung hoffentlich compacter,
Da sich der Vetter kürzlich blicken ließ,

Der einz'ge wahrhaft praktische Charakter,
Die Schlang' im Flitterwochen-Paradies.
Ich rechne stark auf ihn. Zwar ein vertrackter
Geselle bleibt er; aber darf uns dies
Hier kümmern, wo er hilft, mit ein'gen buntern
Effecten dies Stillleben aufzumuntern?

Es thut schon wohl, den kecken Schritt zu hören
Mit dem er jetzt das Treppenhaus ersteigt.
Er denkt wohl nicht, im Schlummer sie zu stören,
Ein Dämmerstündchen nur ist er geneigt
Mit ihr zu kosen, Freundschaft ihr zu schwören,
Und auf den See ein Blick hat ihm gezeigt:
Der Gatte kommt fürs Erste nicht dazwischen,
Versucht er's, alte Flammen aufzufrischen.

Er pocht. Still bleibt es drinnen; kein »Herein!«
Er drückt die Klinke sacht – die Thür verschlossen.
Und doch, er weiß, sie muß im Zimmer sein;
Johann verrieth's ihm, unten bei den Rossen.
Er klopft noch einmal. Schloß sie hier sich ein
Und will sich gar verleugnen, ihm zum Possen?
Doch nein, da klingt verschlafen ihre Stimme:
Bist du's? – Ich bin's! antwortet dreist der Schlimme.

So komm herein! – Erst öffne mir von innen! –
Wie das? hätt' ich den Riegel vorgeschoben?
Kann ich mich doch wahrhaftig nicht besinnen. –
Er hört, schon hat sie sich vom Bett erhoben,
Zwei Füßchen nahn, zwei Händchen tasten drinnen,
Allein so viel sie ihre Kraft erproben,
Fest bleibt das Schloß. – Wie, Liebster, ging das zu?
Wer hat mich eingeschlossen, wenn nicht du? –

Ich nicht, doch *er* gewiß, spricht jetzt der Vetter.
Es sieht dem Sultan ähnlich. O Cousine,
Der Himmel sandte mich, daß ich als Retter
Der schwerbedrängten Unschuld hier erschiene.

Wie? schließt man seine Frau beim schönsten Wetter
Im Zimmer ein und fährt mit stolzer Miene
Allein zu Wasser? – Franz? Wie, hör' ich recht? –
So ist's. Doch sorge nicht, du wirst gerächt! –

O Gott! – Und wieder schwieg sie. Doch die Thür,
Daran sie lehnte, fühlt' er leis erbeben,
Vor Zorn, so meint er, ob der Ungebühr.
Geduld! ruft er hinein, bei meinem Leben,
Dein Kerker wird gesprengt, ich steh' dafür;
Der dicke Wirth muß seinen Schlüssel geben. –
Er stürmt hinab, er kehrt zurück, und sieh,
Als Sieger tritt er ein: Bon soir, Marie!

Doch wie verwandelt ist sie anzuschauen,
Ach, nicht gelaunt, ihm an den Hals zu fliegen.
Die Stirne bleich, von Angst gespannt die Brauen
Stürzt sie an ihm vorbei hinab die Stiegen.
Was ist dir, ruft er, reizendste der Frauen?
O öffne mir dein Herz, ich bin verschwiegen.
Umsonst, da läuft sie wie der Wind von dannen;
Sie sucht wahrhaftig ihren Haustyrannen.

Nun, eine Scene giebt's auf alle Fälle!
So tröstet sich der liebende Verkannte.
Da tritt sie drüben auf des Hauses Schwelle
Hervor, die schöne Tochter seiner Tante.
Ihr folgt, umsprüht von vieler Fackeln Helle,
Wirth und Gesinde. In die Wette rannte
Die Schaar hinab zum Ufer, wo beisammen
Die Kähne friedlich an der Kette schwammen.

Der Vetter stutzt. Was soll dies Aufgebot?
Wer ist verunglückt? Franz? Es ist zum Lachen.
Cousine, du bemühst dich ohne Noth;
Er lenkte ganz vergnügt den kleinen Nachen.
Der Mond ist klar, kein Ungewitter droht –
Willst du zur Fabel Walchensee's dich machen? – –

Sie aber, ohn' ein Wort an ihn zu wenden,
Lös't ihren Kahn in Hast mit eignen Händen.

Da stand er nun am Ufer sehr verdrießlich
Und sah die Fackeln tanzen durch die Nacht.
Der Aufzug schien ihm äußerst unersprießlich
Und abgeschmackt. Er hätte gern gelacht,
Doch es gelang nicht, denn ihm ahnte schließlich:
Um seines Mühmchens Gunst war er gebracht.
O Weiber, wer euch je ergründen lernte!
So rief er grollend, als er sich entfernte.

Wir lassen ihn, denn alle Mitgefühle
Nimmt unsre schöne Schifferin gefangen.
In ihrer jungen Brust welch ein Gewühle
Von Angst und Schmerz! Kein Stündlein ist vergangen,
Daß in demselben Kahn die Abendkühle
Ihr und dem Liebsten fächelte die Wangen,
Und nun – der Mond nur und die Wellen wissen,
Ob er für immer ihrem Arm entrissen.

Was trieb ihn fort? Sie wußt' es wohl: der Vetter
War ihm verhaßt. Doch kann er ernstlich wähnen,
Daß ihr gefährlich sei der muntre Spötter?
Nein, ihn ergriff das räthselhafte Sehnen
Nach dieser Tiefe; schadenfrohe Götter
Verlockten ihn zur Fahrt –! Stumm, ohne Thränen
Läßt sie den Blick weit in die Runde schweifen
Und denkt's und glaubt's und kann es nicht begreifen.

Sie sieht im Geist ihn scheiden, da sie schlief,
Zögernd, im letzten Blick den Gram der Liebe.
Und dennoch ging er; sein Verhängniß rief.
Er stahl sich aus dem Zimmer gleich dem Diebe,
Er schloß sie ein! So wohlbedacht, so tief
War Plan und Wunsch, daß keine Rettung bliebe,
Wenn sie, aus bangen Träumen aufgewacht,
Den Freund vermissen würd' in dunkler Nacht.

Und hielt ihn nichts zurück? O nur zu klar
Bricht jetzt Erkenntniß über sie herein:
Ihm, der so völlig Lieb' und Güte war,
Konnt' ihr Gefühl ihm ein Genüge sein?
Wird sie nicht jetzt zum ersten Mal gewahr
Wie innig sie ihm angehört? Wie klein,
Wie schwach und arm scheint ihr das eigne Herz,
Das erst sich selbst erkennt an diesem Schmerz!

Sich selbst und *ihn*. Ach, ihn verloren gebend,
Ermißt sie erst das Glück, das sie besessen,
So wie die Blum', im Sommerwinde bebend,
Den Sonnenschein, sorglos und dankvergessen.
O könnte sie nur Einmal noch ihn lebend,
Den theuren Mann, an ihren Busen pressen,
Sie wollt' ihm sagen – ach, nun ist's vorbei!
Er hört's nie mehr, daß er ihr Alles sei.

Die fern um diese Zeit am Ufer schritten,
Ergötzte wohl die wundersame Schau
Der Fackelkähne, die im Fluge glitten,
Den andern weit voran die schöne Frau.
So wird das Leiden, das ein Herz durchschnitten
Und dem Verlassnen selbst den milden Thau
Der Thräne raubt, ein Schauspiel für die Andern,
Die fremd und ahnungslos vorüberwandern.

Seht Ihr noch nichts? – Nichts, gnäd'ge Frau! – Doch jetzt,
Dort, mehr zur Linken; rudert links! – der Alte
Gehorcht. Auf einmal sinken ihm entsetzt
Die Händ' am Ruder, während jäh der kalte
Angstschweiß ihm die gefurchte Stirn benetzt.
Er sinnt, wie er's der Armen vorenthalte –
Es ist zu spät, nichts zu verbergen mehr!
Sie sah den Kahn, sie sah auch: er ist *leer*.

Sie schwankt zurück, der Alte springt hinzu,
Stumm drückt er auf die Ruderbank sie nieder,

Daß sie im Irrsinn nicht das Aergste thu'.
Ihm selbst, dem Graukopf, schüttelt's durch die Glieder,
Er hebt die Fackel hoch – in guter Ruh
Treibt dunkel dort der Kahn, und hin und wieder
Hört man die Flut, die sich am Kiele bricht;
Ach, eines Menschen Arm erregt sie nicht!

Doch während schaudernd wir den See in diesen
Angstaugenblicken schwarzer Tücke zieh'n,
Hat seine Großmuth schweigend er bewiesen
Und trägt den einen Kahn zum andern hin.
Und jetzt – wie? hör' ich recht? war das ein Niesen,
Und aus dem Nachen dort, der ledig schien?
Gotthelf! – Noch einmal? Spuken nicht Dämonen,
So muß im Holz dort eine Seele wohnen.

Und eine Seele noch in Fleisch und Bein,
Denn wem wird Niesen ohne Nase glücken?
O dieser Ton, verachtet insgemein,
Wie sollt' er hier ein traurend Herz entzücken!
Zum dritten Mal schallt in die Nacht hinein
Das Nothsignal. Da springt der Reif in Stücken,
Der ihre Brust umfing: Franz! liebster Mann,
Gottlob, du lebst! Wach auf und sieh mich an! –

Er aber, ohn' ihr Rufen zu vernehmen –
Denn träumend hat er aus dem Schlaf genies't –
Erwehrt sich nur des Rauchs, des unbequemen,
Bis ihm der Fackelschein ins Auge schießt.
Nun springt er auf, als säh' er fremde Schemen
Ihn wild bedräu'n. Doch seinen Hals umschließt
Sein treues Weib. Sie schluchzt: Du bist gefunden!
O Franz, wie furchtbar waren diese Stunden! –

Sacht, gnäd'ge Frau! ruft jetzt der Wirth dazwischen.
's wär' Schade, jetzt noch über Bord zu fallen. –
So warnt er, mit verstohlnem Augenwischen;
Dann läßt er einen Jodelruf erschallen

Aus voller Brust, das Herz sich zu erfrischen
Und kundzuthun den Fackelbooten allen,
Die Jagd sei aus. Er selbst mit festem Seile
Knüpft Kahn an Kahn und rudert heim in Eile.

Sein Nachen leuchtet vor. Das junge Paar
Schwimmt dunkel hinterdrein. Auch sollt' ich denken,
Daß keine Fackel ihm vonnöthen war,
Um Aug' in Auge, Herz in Herz zu senken.
Nicht allzu bald wird Franz die Sache klar;
Doch als er jetzt mit frohem Fackelschwenken
Die Schiffer nah'n sieht und begreift, weßhalb,
Sagt er mit Rührung und mit Lachen halb:

Mein armes Herz, sieh, du bezahlst es theuer,
Daß du so kindlich allezeit begehrt
Nach einem wundersamen Abenteuer.
Nun ward dein Wunsch dir unerwünscht gewährt. –
Nein, fällt sie ihm ins Wort mit raschem Feuer,
Was ich davontrug, war des Preises werth:
In diesen Schrecken erst hab' ich erfahren,
Daß wir bisher nur halb verbunden waren.

Seit ich empfand, wie's in mein Leben schnitte,
Wenn du mir stürbst, seitdem erst lebst du mir.
Seitdem ich weiß, daß mich der Gram nicht litte
Allein auf Erden, leb' ich erst in dir.
Mein Herz wird nun an jeden deiner Schritte
Sich hängen, Eins auf ewig wurden wir;
Was mein noch in mir war, nimm Alles hin;
Dein eigen sein ist all mein Eigensinn.

O du hast Recht: Nicht in der weiten Welt,
In *uns* liegt jedes Glück, an deinem Herzen
Ruht meins! Wenn Liebe mir den Tag erhellt,
Sollt' ich nicht fremde Sonnen gern verschmerzen?
Nein, such den Sturm, der mir die Seele schwellt,
In dieser Stunde nicht hinwegzuscherzen!

Ich weine nur, daß überm Wellengrabe
Ich all mein Leben, dich, gerettet habe! –

So stammelt sie. Doch wie? Ist das die Sprache,
Die Eheleuten ziemt? Dies klingt beinah,
Als ob hier plötzlich Leidenschaft erwache,
Und dieser zu entfliehn gelobt' ich ja.
Ach, bester Freund, bedenklich wird die Sache,
Denn das Idyll ging, eh man sich's versah,
In Flammen auf, ansteckend und gefährlich,
Und völlig unversengt entkommst du schwerlich.

Doch brach ich denn auch wirklich mein Gelübde?
Trag' *ich* die Schuld, wenn sich dein Haar gebäumt
Beim Unheil, das ein *Schlafender* verübte,
Der unterdeß idyllisch fortgeträumt?
Nun freilich faßt den Nachen die Charybde
Der Leidenschaft, die plötzlich überschäumt
Und, gegen alle Regeln, aus dem Gleise
Zu stürmen droht selbst eine Hochzeitsreise.

Und wär' es so – je nun, was wär' es auch?
Ich brach ein Wort, das sündlich war zu geben.
Ist Leidenschaft denn nur der trübe Rauch,
Der qualmend uns verfinstert Licht und Leben?
Ist sie nicht auch der Jugend-Aetherhauch,
Der uns beflügelt, wenn wir aufwärts streben,
Der starke Föhn, durch den die Knospen springen,
Die Gotteskraft, die hilft den Tod bezwingen?

Nein, der Poet, der je sich ihr entschworen,
Schwur seine Sendung ab. In ihrer Glut
Wird Alles, was die Welt bewegt, geboren,
Sie gießt in dürre Adern neues Blut,
Die Hohe, die verdammt von zahmen Thoren,
Im Stillen dennoch ihre Wunder thut;
Denn sie ist selbst, ob auch der Tage Flug
Einförmig kreis't, Ereigniß sich genug.

O armes Leben, wenn das Band der Ehe
Den Athem heil'ger Leidenschaft erstickt,
Und o des Segens, wenn in Wohl und Wehe
Die Himmlische ein sterblich Herz erquickt,
Daß alle Selbstsucht wie ein Spuk vergehe
Vor ihrem Hauch, vor dem das Ich erschrickt!
Wohl dem, den sie begnaden mag auf Erden –
Doch halt! wir dürfen nicht zu lyrisch werden.

Geschwind zurück zu unsern Liebesleuten,
Die heute sich in Wahrheit neu vermählt,
Zwar ohne Kranz und Ring und Glockenläuten,
Doch denk' ich nicht, daß es am Segen fehlt;
Fern sei es mir, dies weiter auszubeuten,
Da mich die Pflicht der Kürze jetzt beseelt.
Hört ihr den Zuruf wohl der frohen Stimmen
Aus allen Nachen, die ans Ufer schwimmen?

Nur Einer stimmt in diesen hellen Chor
Nicht ein. Ihr kennt ihn. Wie ein Tiefgekränkter,
Ein Feldherr, der die erste Schlacht verlor,
Sitzt er im Haus, und seinen Grimm ertränkt er
Im vollen Krug. Gern schlöss' er ganz sein Ohr
Dem Jubel draus. Was ist zu jubeln? denkt er
Und will hinaufgehn, sich zu Bett zu legen –
Da tritt ihm in der Thür das Paar entgegen.

Um Beider Augen spielt ein Freudenglanz,
Der rings das Fackellicht zu Schanden macht.
Sieh da, der Vetter! ruft mit Lächeln Franz,
Ihr bleibt uns treu; das hab' ich gleich gedacht.
Heiß' ihn willkommen, Frau. Ich aber kann's
Nicht bergen: Hunger hab' ich mitgebracht.
Habt Ihr schon ausgetafelt, soll mir's leid thun,
Doch müßt Ihr uns mit einem Glas Bescheid thun. –

Sie setzen sich zu Tisch. Die Seeluft hat
Besondre Kraft, den Appetit zu schärfen.

Doch ward Marie nicht von der Freude satt?
Ich bitte keinen Stein auf sie zu werfen,
Wenn ich's verneinen muß. Ihr wißt, die Stadt
Hat nie verzärtelt ihre jungen Nerven.
Auch von dem Weine nippt sie nicht zum Spaß;
Sie trinkt unzimpferlich ein volles Glas.

Franz schenkt von Neuem ein, und plötzlich faßt
Er freundschaftlich des Vetters beide Hände:
Wie wär's, Cousin, wenn man auf jeder Rast
Am Abend traulich sich zusammenfände?
Wir reisen nicht mit übermäß'ger Hast,
Und Ihr zu Fuß seid wundersam behende.
So laßt Euch denn Quartier von uns besorgen.
Auf Wiedersehn in Partenkirchen morgen!

Halt, Liebster, spricht Marie mit glühnden Wangen,
Da hätt' ich auch ein Wörtlein mitzusprechen.
Mir ist zur Reise jede Lust vergangen,
Und rasch nach Hause wünscht' ich aufzubrechen.
Du weißt: Nicht enden, was man angefangen,
War allezeit ein weibliches Gebrechen.
Der Vetter giebt einmal zu andrer Zeit,
Nicht wahr? uns in den Bergen das Geleit.

Franz blickt sie seitwärts an und lächelt schlau:
Sprichst du im Ernst? Nun, Pflicht geht vor Vergnügen.
Zwar wär' ein Honigwinter lau und blau
In Rom nicht übel; doch man lernt sich fügen.
Beklagt mich, Freund! Auch Euch wird einst die Frau
Pantoffeln, wenn nicht alle Zeichen trügen;
Gedenkt an mich. Einstweilen aber thut
Die Ehr' uns an – besucht uns auf dem Gut.

Schlagt ein, stoßt an! – Mit höchlichem Erstaunen
Hört Jener zu. Wie? täuschen ihn die Sinne?
Er sucht umsonst, wie er dem Blick der braunen
Treuherz'gen Augen seines »Freunds« entrinne.

O dieser Franz steckt voller Wetterlaunen,
Einst wird die arme Frau es auch noch inne.
Wo blieb in aller Welt die Eifersucht,
Die gestern ihn so eilig trieb zur Flucht?

Wir Andern wissen, was davon zu denken:
Versunken ist sie tief im Walchensee.
Da mag hinfort ein Jeder sie ertränken,
Der etwa leidet an dem gleichen Weh.
Doch da die Zwei die Fahrt nach Hause lenken,
Geziemt's, daß auch das Lied zu Ende geh',
Und daß wir höflich, eh die Strophen schweigen,
Vor dem geneigten Leser uns verneigen.

III

Trinken und Träumen

Heyses erste Buchpublikation war eine Sammlung von Märchen, die er für die kleinen Geschwister seiner Braut Margarete Kugler geschrieben hatte. Trotz aller realistisch-plausiblen Grundierung, mit der er seine Novellen auszustatten pflegt, hat er sich zeitlebens eine Neigung zu Märchen und Spukgeschichten bewahrt, und auch »Der letzte Centaur« war in der ersten Fassung von 1859 eine reine Phantasieerzählung, in der ganz unvermittelt das Fabelwesen – halb Mensch, halb Pferd – im beschaulichen Oberbayern auftaucht und Verwirrung stiftet. Die Berliner Freunde aus dem »Rütli«, denen Heyse die Novelle zur Publikation in ihrem Jahrbuch »Argo« angeboten hatte, kamen nicht über die Frage hinweg: »Wie kommt der Centaur ins bayrische Gebirg?« (Fontane an Heyse, 30. April 1859), und auch der Autor selbst war mit seinem Text nicht zufrieden; er war »der Meinung, daß er in allem Detail noch viel zu wünschen übrig lasse, wie ich überhaupt aufrichtig bedaure, daß dieser Einfall mir und nicht lieber Gottfried Keller gekommen ist. Was hätte der für Vorteil daraus gezogen! Indessen ist das nicht zu ändern, und ich selbst sollte nicht so undankbar sein, dem geschenkten Gaul allzu scharf ins Maul zu sehn« (an Fontane, 5. Mai 1859). Trotz dieser Bedenken hat Heyse die Novelle unter dem Titel »Der Centaur« in der »Argo« auf das Jahr 1860 erscheinen lassen, worüber er sich später sehr geärgert hat. An Emanuel Geibel schreibt er am 31. August 1859: »Der Centaur, den ich nun gedruckt gesehen, erscheint mir überaus mager. Ich nähme ihn gern zurück, um ihn reicher, toller, phantastischer auszustatten oder ihn zu vernichten.« So weit ist er dann aber nicht gegangen, denn als er zehn Jahre später Material für einen neuen Novellenband suchte, hat er eine glückliche Lösung gefunden, um die Geschichte zu einer realistischen Novelle umzumodeln, ohne ihren grotesk- phantastischen Kern zu zerstören: Er wendet den um diese Zeit beliebten Kunstgriff der Rahmung an und bettet die eigentliche Handlung in eine Traumsequenz ein, in der dem Erzähler die Tafelrunde einiger längst verstorbener Freunde erscheint. Das gibt Heyse die Gelegenheit, auch noch etwas Münchner Lokalkolorit aufzutragen, indem er seinen Erzähler durch die nächtlichen Gassen der Altstadt streifen und im Weinlokal von August Schimon einkehren lässt, einem aus Ungarn stammenden Gastronomen, der bereits 1834 im »Königlich Bayerischen Polizey-Anzeiger von München« als »bürgerl. Weinwirth« verzeichnet ist und der 1858 das Hotel »Vier Jahreszeiten« eröffnete.

In Heyses Nachlass haben sich einige Briefe von Bonaventura Genelli erhalten, in denen es vornehmlich um Verabredungen zum Besuch der Münchner Weinlokale geht. In einem ohne Jahreszahl auf den 3. Oktober datierten Brief fragt Genelli: »Wie ist Ihnen neulich die Schimon-Gesellschaft und der Schimon-Wein bekommen? Da Rahl diesen Abend wieder dahin kommt so wäre es recht nett und liebenswürdig von Ihnen wenn auch Sie dahin kämen um unsere Gesellschaft beleben zu helfen.« Der Kopfweh bereitende Wein, den es in diesem Etablissement zu trinken gab und den Heyse noch Jahrzehnte später in unguter Erinnerung hatte, mag der Grund dafür gewesen sein, dass er dem Weinhaus Schimon eines Tages ganz fernblieb. Am 2. Juni 1857 erreicht ihn ein Billet von Genelli: »Verehrtester, und wie ich mir einbilde, annoch mir freundlich gesinnter Heise! Da Sie die grausame Consequenz besitzen nicht mehr zu Schimon zu kommen, so wünschte ich Sie ließen Sich überreden heut Abend in Begleitung Ihrer Freunde Hemsen und Grosse, in der Stadt London zu erscheinen. Mich würden Sie von 8 Uhr an jedenfalls dort antreffen.« Im Jahr 1859 wurde Genelli nach Weimar berufen, sein Künstlerstammtisch löste sich auf, und nur in Heyses erzähltem Traum im »Letzten Centaur« bleibt die Erinnerung an seine fröhliche Tafelrunde lebendig.

Bonaventura Genelli
Stahlstich nach einer Zeichnung von Adolf Neumann, um 1863

Der letzte Centaur

Vom Thurm der Frauenkirche schlug es Mitternacht.
Ich kam aus einer Gesellschaft, in der man sich vergebens bemüht hatte, eine sehr lahme und trockene Unterhaltung mit gutem Wein in Fluß zu bringen. Der Kopf war mir immer heißer geworden und das Herz immer kühler. Endlich hatte ich mich weggestohlen in den sommerwarmen Mondschein hinaus und schlenderte ziellos durch die todtenstille, taghelle Stadt, um den Unmuth über die verlorenen Stunden verdampfen zu lassen.

Als ich an der ehrwürdigen Marienkirche vorbei durch das Frauengäßchen in die Kaufingergasse trat, blieb ich plötzlich stehen.

Mir gegenüber lag, seine drei Stockwerke mit den dunklen Fenstern gegen Mitternacht erhebend, ein wohlbekanntes Haus mit vorspringender Ecke und einem blauen Laternchen über dem Eingang, in dem ich vor mehr als einem Jahrzehnt manche unvergeßliche Nacht bei schlechterem Getränk, als heute, aber unter feurigeren Gesprächen zugebracht hatte. Ich las die Inschrift über der zierlich geschnitzten, von zwei Karyatiden gestützten Holzumrahmung des Thorweges:
»*Weinhandlung von August Schimon.*«

Ja wohl, sagte ich vor mich hin, die Zeiten wandeln sich und wir mit ihnen! Das ist noch derselbe Name, der damals Einmal in jeder Woche unsre Losung war. Aber der ihn trug, der behäbige Mann mit dem schwarzen Kraushaar und den verschmitzten kleinen Augen – wo ist er hingekommen? Sein Glücksstern hatte nur über diesem Hause leuchten wollen. Als er es verließ, um in einem prachtvollen Hôtel den Wirth zu machen, war es mit ihm rückwärtsgegangen, bis zu einem traurigen Ende. Seine Gutmüthigkeit soll ihn in unglückliche Speculationen Anderer verwickelt haben, vielleicht auch ein phantastischer Zug zum Großen und Gewagten, den er mit einigen seiner Gäste gemein hatte. Er war eben ein Idealist unter den Gastwirthen, und sein

Andenken ist mir theuer geblieben, trotz seiner Weine, auf die Freund Emanuel damals nach der Melodie des Dies irae die schöne Strophe dichtete:

Sed post Schimonense vinum
Malum venit matutinum,
Luctum quod vocant felinum!

Heutzutage, da die Erben das Geschäft fortsetzen, sollen die Weine sich bedeutend gebessert haben und der alten Firma Ehre machen. Aber können die besten neuen Weine für die gute alte Gesellschaft entschädigen, die nun nicht mehr von ihnen trinkt und den trüben Lethetrank, oder selbst den Nektar der Unsterblichkeit gern hingäbe um ein paar Flaschen jenes dunkelrothen Ungarweines, den wir mit Todesverachtung und »festlich hoher Seele« so manchmal hier »dem Morgen zugebracht«? Wie gern ließ' ich alles morgendliche Nachweh über mich ergehen, könnt' ich noch einmal dich, theurer *Genelli*, hinter dem Tische in dem niedrigen, leichtangerauchten Weinstübchen sitzen sehen, die volle Unterlippe halb freudig, halb trotzig aufgeworfen, während eine göttliche Kinderfröhlichkeit dir aus den Augen blitzte! Damals warst du noch nicht Großherzoglich Weimarischer Professor und Falkenritter; du hattest noch nicht in dem Freiherrn von Schack den Mäcen gefunden, der dich in den Stand setzte, die Entwürfe deiner Jugend endlich nach jahrzehntelangem Hoffen und Harren in Farben auszuführen. Oben in deinem bescheidenen Quartier am Stadtgraben saßest du, und die Gesellschaft deiner Götter und Heroen ließ dich die Welt vergessen, die dich vergaß. Aber wenn du auch oft zu arm warst, um die Bleistifte zu bezahlen, mit denen du, in zarten Linien leicht umrissen, deine Träume von den Göttern Griechenlands auf reinliche Blätter schriebst: nie sah ich den Schatten von Erdennoth und Sorge auf deiner olympischen Stirn, die wie ein Berggipfel über allem Gewölk sich im ewigen Aether sonnte. Und wie auch die Sorge an deinem Herde die Rolle des Heimchens spielen mochte – Einmal in jeder Woche lenktest du den Schritt zu diesem Hause, um den Anflug von Staub und Moder, der sich etwa an deine Seele zu setzen versucht, im Weine wegzuspülen. Ob der wackere Schimon die Ehre zu schätzen wußte, die du ihm anthatest? Ich entsinne mich kaum, daß ich dich deinen Wein hätte bezahlen sehen, wie andere

Erdensöhne. Freilich warst du auch stets der Letzte, der ging, noch ganz aufrechten Hauptes und festen Ganges, gefeit gegen das vielberufene malum matutinum, und auch darum vielleicht unserm Wirth so theuer, weil du den Glauben an die Unverfälschtheit seines rothen Ungar mit der Macht deiner Rede und deines Beispiels vertheidigtest. Schöne, ambrosische Mitternächte, wenn der zweifelhafte Nektar seine Kraft bewies und den Meister über alle Noth der Gegenwart hinweg in seine römische Jugend zurückführte! Dann wurden, während Dichtung und Wahrheit sich traulich in Eins verschlangen, die Schatten der wackeren Vorfahren heraufbeschworen, die in Rom zuerst, nach Winkelmann's und Carstens' Heimgange, der deutschen Kunst eine Freistätte bereitet hatten. Der seltsame Poet und seltsamere Maler, der als *Maler Müller* dem heutigen Geschlecht trotz neuer Ausgaben seiner Schriften nur noch dem Namen nach bekannt ist, und von dem Genelli gern eine Strophe anführte, die er sehr bewunderte, eine Inschrift auf einem Trinkgefäß, folgender Fassung:

> Trinke, Freund, aus dieser Schale,
> Die der Gott der Lust
> Einst geformt bei einem Göttermahle
> Auf Cytherens Brust.

Als Zweiter dann, der nicht minder wunderliche Tyroler *Koch*, von dessen trefflichen Landschaften jedoch weniger gesprochen wurde, als von seiner »Rumford'schen Suppe«, jener mit derbem Witz und bitterem Hohn reichlich überpfefferten Herzensergießung über den Verfall der Kunst, deren Kraftstellen unser Freund mit schmunzelndem Behagen zu citiren liebte. Endlich der alte *Reinhard*, ein wackerer Meister in seiner Art, und doch minder groß und glücklich als Künstler, denn als Jäger. Noch hör' ich Genelli die berühmte Geschichte erzählen, wie der alte Nimrod eines Tags im Zwielicht mit leerer Jagdtasche und den Schuß noch in der Flinte in sein dämmriges Zimmer trat, unwirsch über den verlorenen Tag. Da sieht er auf seinem Tisch etwas sich regen, als ob es davon laufen wolle, und im ungekühlten Jagdtriebe reißt er, ohne sich zu besinnen, das Gewehr von der Schulter, legt an und schießt. Als er hinzutritt, zu sehen, was er geschossen, findet er einen alten Käse, den die Kugel glatt durchbohrt hat, ohne doch das tausendfältige Leben in ihm zu tödten.

Das ist eine von den sogenannten Jagdgeschichten! erlaubte sich, während wir Anderen lachten, ein kleiner, dürrer Mann zu bemerken, der den Kunstkritiker machte, für den Realismus schwärmte, dennoch aber sich häufig an diesem Tisch einfand, wo die idealistischen Spötter saßen. Sie wollen uns doch nicht zumuthen, Genelli, an diese Käsejagd zu glauben?

Der Meister blitzte ihn mit seinem gutmüthigsten Jupiterblicke an.

Ihnen muthe ich überhaupt nicht zu, etwas zu glauben, was Sie nicht sehen, sagte er. Aber wenn diese Geschichte nicht wahr ist, so ist auch die folgende erlogen, die ich doch selbst erlebt habe. Es war in Leipzig; ich stehe eines Abends am Fenster meiner Wohnung und blicke auf den Markt hinunter. Da sehe ich ein kleines altes Weibchen, das langsam mit trippelnden Schritten ihres Weges geht und mit einem Stöckchen auf dem Pflaster etwas vor sich her zu treiben scheint, was ich nicht erkenne. Ich gehe endlich hinunter, um zu sehen, was es ist. Was war es? Eine Heerde kleiner, alter Handkäse, die das Weibchen auf diese Art zu Markte trieb.

Nun fand es auch der kleine Kritiker gerathen, mitzulachen. Er wußte, er durfte die Langmuth des Olympiers nicht zu sehr auf die Probe stellen, wenn er nicht mit einer vollen Ladung Rumford'scher Suppe überschüttet sein wollte. Denn als der einzige Realist unter uns Idealisten hätte er, trotz seiner zweischneidigen Zunge, den Kürzern gezogen.

Nur Einer lachte nicht mit, dessen aschfarbenes, schlechtrasirtes Gesicht ich überhaupt nie habe lachen sehen, obwohl ihm bei Allem, was Genelli that und sagte, in heimlicher Bewunderung das Herz im Leibe lachte: ein langer, hagerer, scheublickender Mann, in sehr schäbigem Rock von veraltetem Schnitt, der in einem kahlen Zimmerchen, wie es hieß, von der Luft lebte und nie etwas anderes that, als daß er, wenn ein tollkühner Kunsthändler sich zu einem solchen Unternehmen aufschwang, Genelli's Entwürfe in leichter Umrißmanier in Kupfer stach. Dies, und das Bewußtsein, Platen's Freundschaft besessen zu haben, waren deine einzigen Lebensfreuden, ehrlicher *Schütz*. »Die Treue, sie ist kein leerer Wahn!« Und du hast sie redlich bis ans Ende bewährt. Als dein Meister zu den Schatten hinabstieg, um sich auf der Asphodeloswiese zu seinen homerischen Helden, seiner Hexe und seinem Wüstling zu gesellen, litt es auch dich nicht länger hier oben in der Sonne. Ein Schatten eines Schattens zu sein, schien dir rühmlicher, als hier noch länger körperlos herumzuwanken.

Ein anderer der Getreuen war schon vorausgegangen: der edle, hochsinnige Holsteiner *Charles Roß*, dessen Landschaften mit Verschmähung der modernen Virtuosenkünste jener certa idea nachstrebten, die einst einen Poussin und Claude begeistert hatte. An seiner stählernen Mannesseele, der es an schneidigen Ecken und Kanten nicht fehlte, hatte die weiblich zarte Hülle vor der Zeit sich zerrieben. Denn außer dem Schmerz, in einer Epoche zu leben, die in der Kunst ganz andere Götter verehrte, als die ihm die wahren schienen, drückte auf ihm der Lebenskummer um die gefesselte und geknechtete Heimat, deren Befreiung und Heimkehr zu den deutschen Stammesgenossen er nicht mehr erleben sollte. Auch ihn, wie Genelli, habe ich nie klagen, wohl aber zürnen und spotten hören, wobei dann seine sanften blauen Augen unter der weißen, von blondem Haar überwallten Stirn seltsam leuchteten, wie vom Wiederschein seiner stählernen Seele. An Genelli hat er in dessen sorgenvollster Zeit mehr gethan, als irgend ein anderer seiner Freunde; er war es auch, der ihm in Baron Schack den hilfreichen Gönner und Freund zuführte und die Bestellung seines Raubes der Europa vermittelte, wodurch dem Einsamen auf der Schwelle des Alters noch einmal die Genugthuung wurde, sein bestes Wollen und Können in einer Reihe großer Schöpfungen auszusprechen, freilich nicht ganz ohne Spuren der langen Vereinsamung, in der er seine kraftvollsten Jahre hingefristet hatte.

Soll ich die Anderen noch aufzählen, die Jüngeren, die sich an jenen Abenden um den Meister schaarten? Sie leben und schaffen noch, und nicht alle sind dem Bekenntniß jener stillen Gemeinde treu geblieben, deren Stolz es war, eine ecclesia pressa zu sein und allem schwächlich dürren und seelenlosen Unwesen des modernen künstlerischen Rationalismus den Rücken zu kehren. Einer aber, der es äußerlich am weitesten gebracht und die Genußkraft des alten Heidenthums nicht blos darum besaß, um desto schmerzlicher zu *entbehren*, sondern in vollen Zügen Lebensfreuden schlürfte, *Carl Rahl*, – auch er ist schon zu jener stillen Schaar versammelt, die er auf Erden nur dann und wann besuchte, aus Italien oder von Wien herüberreisend, um dem alten Freunde die Hand zu schütteln und ein paar Tage aus dem Vollen mit ihm zu leben.

Ich sehe ihn noch, wie er bei einem dieser Besuche auch Abends zu Schimon kam und Alle, die ihn noch nicht kannten, in Erstaunen setzte durch die unerhörten Massen Fleisches, die er ruhig, ohne viel Aufhebens von seinem Appetit oder der Zubereitung zu machen, rein zur Stillung des dringendsten Bedürfnisses zu sich nahm. Er hatte etwas vom Löwen, der mit gleicher Würde und Kraft, ohne Gier und Feinschmeckerei, seine Kost zermalmt. Da begreift man, sagte der Kunstkritiker mir ins Ohr, daß das Fleischmalen seine Force ist, bei solchen Naturstudien! – Aber als er dann satt war und sich nun in die Unterhaltung mischte, konnte man merken, daß der Leib sich nicht auf Kosten des Geistes so heroisch nährte. Denn unmerklich, ohne rhetorische Künste, mit der unscheinbaren Gewalt eines reichen Wissens und hellen Verstandes, der allen Ideen-Stoff sofort in Saft und Blut verwandelte, fing er an das Gespräch zu beherrschen, daß wir alle an seinen Lippen hingen, während es von der kahlen Stirn des geistreichen Satyrgesichts wie eine prophetische Flamme leuchtete. Genelli saß schweigsam neben ihm, verklärt von dem brüderlichen Stolz, seinen Freund aus allen Wortkämpfen als Sieger hervorgehen zu sehen. Er trank an dem Abend für Zwei, während Rahl kaum einmal vom Ungar nippte. So saßen sie wie die Dioskuren beisammen, jeder auf seinen Stern vertrauend, den Stern der Schönheit, der in die dampfumwölkte Gegenwart nur trübe hereinleuchtete, in solchen Nächten aber den Eingeweihten im alten hellenischen Glanz erschien.

Solche Nächte! Wie lange schon waren sie verglüht und verglommen, und wie hell leuchteten sie beim Anblick jenes Hauses in der Erinnerung auf. Vieles hatten die Jahre seitdem gebracht, redliche Kämpfe und fröhliche Siege, heitere Tage und Nächte genug mit alt' und jungen Freunden – solche Nächte nicht wieder!

Eine feierliche Wehmuth überkam mich; ich ließ den Kopf auf die Brust sinken und vertiefte mich eine Weile in den Abgrund dieses geheimnisvollen Erdendaseins. In die Thür mir gegenüber war ich, seitdem die stille Gemeinde in alle Winde zerstreut war, nie wieder eingetreten. Was hatte ich dort auch zu suchen? Heute fühlte ich einen unwiderstehlichen Trieb, wenigstens in den langen Flur hineinzuspähen, durch den uns sonst der kleine schwindsüchtige Kellner, Karl, der nun auch längst einen bessern Schlaf genießt, hinauszuleuchten pflegte, um das Hausthor hinter uns zu schließen. Ich versuchte den Thürgriff, und obwohl die Polizeistunde schon längst vorüber war, gab die Thür dennoch willig und geräuschlos nach. Es mußten noch Gäste drin beim Weine sitzen.

Aber um keinen Preis der Welt hätte ich's übers Herz gebracht, fremde Gesichter an der geweihten Stätte zu sehen.

Ich setzte mich, um nur noch einen Augenblick in der Stille meinen Erinnerungen nachzuhängen, auf eines der leeren Fässer, die an der Wand standen, und sah den tiefen Hausgang hinunter, aus dessen Hintergrunde eine schläfrig rothe Laterne mich vertraulich anblinzte. Es war im Hause todtenstill, und eine seltsame Moderkühle, mit Weingeruch gemischt, wehte mich aus Flur und Kellertreppen an. Dann und wann hörte ich draußen einen Nachtschwärmer vorbeitrappen und konnte an seinem gleichen oder ungleichen Schritt erkennen, ob es ihm kühl oder schwül unterm Hute war. Durch die halboffene Thür fiel ein armsdicker gleißender Strahl des Mondlichtes herein, auf den ich unverwandt starren mußte, als sollte mir von daher, wie weiland Jakob Böhme durch den Sonnenstrahl auf seiner zinnernen Schüssel, eine mystische Offenbarung zu Theil werden. Ich wartete aber umsonst – und über dem Harren und Sinnen wollten mir endlich eben die Augen zufallen – –

Da kam ein schlurfender Schritt aus der Tiefe des Hausgangs auf mich zu, jener bekannte schlaftrunkene Kellnerschritt in ausgetretenen Hausschuhen. Ich dachte, man komme mich hier wegzuweisen, damit das Haus geschlossen werden könnte, und fuhr in die Höhe. Erschrocken sah ich die wohlbekannte Gestalt des kleinen Karl vor mir stehen.

Sie sind es? sagte ich. Wie kommen Sie denn wieder hieher? Sind Sie denn nicht längst –

Er sah mich aus seinen müden, gerötheten Augen so wunderlich an, daß mir das Wort in der Kehle stecken blieb.

Die Herren schicken mich, sagte er in schläfrig-leisem Ton, um zu sehen, ob Sie denn noch nicht kommen. Es sei schon sehr spät, und sie würden nicht mehr lange bleiben.

Welche Herren? fragte ich, während ich von meiner Tonne herunterstieg.

Sie kennen sie ja wohl, erwiederte der Kleine und wendete sich schon, um wieder hineinzugehen. Uebrigens, wie Sie wollen. Die Herren meinten nur –

Damit ging er mir voran, und ich besann mich nicht länger, der seltsamen Einladung zu folgen. Auch fühlte ich, wunderbarer Weise, nicht den leisesten unheimlichen Schauer. Ich könnte fast glauben, dies sei ein Traum, sagte ich so für mich hin; aber ich habe doch die Augen weit offen und sehe die rothe Laterne und höre das Hüsteln des kleinen Karl. Nun, was es auch sei und wen ich auch sehen werde, – in diesem Haus und unter so guten Freunden brauche ich mich nicht zu fürchten.

Und doch, als wir uns der Thür der Weinstube näherten, mußte ich plötzlich stehen bleiben. Das Herz klopfte mir heftig, und eine tiefe Rührung überschauerte mich. Denn aus dem Innern hörte ich nun deutlich eine unvergeßliche Stimme, die mir zum letzten Male so wehmüthig Lebewohl zugerufen hatte auf dem verschneiten Schiller- und Göthe-Platz zu Weimar.

Er soll nur hereinkommen, erscholl die Stimme wieder, mit der alten freudigen Kraft und Frische. Per Bacco! er wird doch den Wein nicht abgeschworen haben und unter die Wasserdichter oder Bierphilister gegangen sein? Guten Abend, Freund! Setzen Sie sich zu uns. Der Schütz wird ein wenig Platz machen. Oder wollen Sie sich lieber bei Charles Roß niederlassen? Karl, noch einen Spitz! Man lebt nur Einmal – hätt' ich beinah gesagt.

Ich war eingetreten, und ein rascher Blick hatte mir gezeigt, daß ich unter lauter Bekannten war. Auf seinem gewöhnlichen Platz an der Wand mein alter Genelli, neben ihm, etwas magerer und blasser und, wie es schien, in trübseliger Laune, sein Dioskurenzwilling, gegenüber die beiden schon Genannten, die auseinanderrückten, um mir einen Platz in ihrer Mitte frei zu machen. Sie nickten mir alle zu, und Freund Roß murmelte etwas, das ich nicht verstand. Keiner aber bot mir die Hand, und auch sonst war ein Zug von Fremdheit, Ernst und Kummer in ihren Mienen, der mich nachdenklich machte. Vor einem Jeden stand eine halbvolle Flasche und ein Glas mit rothem Wein, aus dem sie dann und wann in bedächtiger Stille einen langen Zug tranken. Dann glühten für einen Augenblick die bleichen Wangen und matten Augen, und es fuhr ein Zucken durch ihren Körper, als wollten sie eine Last abschütteln. Gleich darauf saßen sie wieder starr und stumm und senkten die Blicke ins Glas.

Ich konnte, obwohl keine Gasflamme brannte, jede Miene in diesen vertrauten Gesichtern deutlich erkennen, denn der Mond schien mit blendender Klarheit durch ein Seitenfenster herein und erleuchtete gerade unsern Tisch, während die Winkel des Gemachs dunkel blieben. Nun regte sich da hinten noch eine Gestalt und näherte sich mir, mich zu begrüßen. Ich erkannte den schwarzen, schon etwas mit Silber angesprengten Krauskopf unseres Wirths und wunderte mich über mich selbst, daß mich dieses Wiedersehen fast lebhafter erschütterte, als das der trefflichen Freunde.

Sie bemühen sich in Person, Herr Schimon, rief ich, als ich ihn Glas und Flasche vor mich hinstellen sah. Wahrhaftig, ich hätte mir nicht träumen lassen, daß ich noch einmal das Vergnügen haben würde – Wieder brachte ich den Satz nicht zu Ende, denn ich sah plötzlich alle Blicke auf mich gerichtet, als fürchte man, daß ich etwas Ungeschicktes sagen möchte.

Unser Herr Wirth darf doch nicht fehlen, wenn wir uns einmal wieder eine gute Stunde gönnen! fiel mir Genelli ins Wort. Setzen Sie sich zu uns, Herr Schimon. Ihr Wein will heute nicht recht wärmen. Und was haben Sie sich für eine sparsame Gasbeleuchtung angeschafft? Gleichviel! wo solche Leute beisammen sitzen, können sie ihr eigenes Licht leuchten lassen. Aber mit dem Rahl ist nichts anzufangen. Celesti dei! wie kann man sich gewisse unvermeidliche Dinge dermaßen zu Herzen nehmen! Der Mensch lebt nicht von Fleisch allein, und der ganze übrige Bettel – pah!

Er rümpfte, wie er es gerne that, wenn ihm wohl war von trotzigem Selbstgefühl, die volle Unterlippe, und leerte sein Glas auf Einen Zug. – Niemand sprach ein Wort; der kleine Karl schlich mit einer vollen Flasche heran und setzte sie vor den Meister hin. Ich sah jetzt, daß Genelli der Einzige war, dessen Augen kein Hauch von Trübsinn und Müdigkeit verschleierte, und daß der mächtige Kopf auf dem Stiernacken noch so ungebeugt sich bewegte, wie je in seinen lebensfrohesten Tagen.

Nun sagen Sie, wandte er sich wieder zu mir, wie läuft die Welt? Was treiben Sie? Was macht das große Irrlicht? Nährt es sein windiges Flämmchen noch immer aus dem Sumpfboden der faulen Zeit und seiner eigenen Nichtsnutzigkeit? Ich habe Ihnen einmal die Karrikaturen gezeigt, die ich auf diesen großen impostor gemacht habe; sie sind freilich noch nicht zeitgemäß, aber auch *ihre* Zeit wird kommen, wenn überhaupt noch ein Hahn nach ihm kräht, sobald er das Zeitliche gesegnet hat. Pah! der wird sich wundern, wenn er an einen gewissen Fluß kommt und übergesetzt sein will und der alte Fährmann ihm erst den Paß revidirt. Aber wir wollen uns den Wein nicht verderben. Es lebe, wer's ehrlich meint!

Jeder erhob sein Glas, ich wollte mit Charles Roß anklingen, merkte aber, daß es nicht angebracht war! Er trank stillschweigend, nickte mir schwermüthig zu und setzte das Glas lautlos wieder hin.

A proposito »wer's ehrlich meint!« fing Genelli wieder an, was macht denn unser Kunstvogt, der Kritikus? Warum haben Sie ihn heute nicht mitgebracht? Wissen Sie, so recht konnte ich eigentlich nie ein Herz zu ihm fassen, aber ein ehrlicher Kerl ist er doch. Er streckte sich eben nach seiner Decke, die manchmal verdammt kurz war. Davon bekam er dann selbst eine Ahnung, wenn ihm die Zehen froren, und dann sah er sich nach was Besserem, Größerem und Breiterem um, und in solchen Stunden verstanden wir uns ganz gut. Hernach aber kroch er doch wieder ins Enge zurück, da das nun einmal Mode ist in dieser bettelhaften, pauvren Zeit. Haben Sie ihn lange nicht gesehen?

Das letzte Mal, erwiederte ich, haben *Sie* uns wieder zusammengeführt. Ich traf ihn vor Ihrer Omphale in der Schack'schen Galerie. Er wußte nicht genug den Bacchantenzug unten in der Predelle zu loben. Solche Centauren, sagte er, haben selbst die Alten nicht zu Stande gebracht, solch verwünscht leibhaftiges, liederliches Gesindel von Manngäulen oder Roßmenschen, und nun erst die Weiberstuten, zumal die eine da oben, die an der Rose riecht, die sind so mit Händen zu greifen, daß keinem einfällt, zu fragen, ob man mit zwei Mägen, zwei Herzen und sechs Gliedmaßen auch vor der gestrengen Wissenschaft der Anatomie bestehen könne. Sie wissen, setzte er hinzu, ich bin sonst ein Anhänger des entschiedensten Realismus und glaube, daß die Zeit der Götter, Helden und Centauren vorbei ist. Aber vor diesen Genelli'schen Fabelwesen muß man den Hut abziehen, die haben Race; es kommt mir manchmal vor, als müsse er dabei gewesen sein, als könne kein Mensch sich solch verteufeltes Heidenzeug aus den Fingern saugen.

Er *ist* auch dabei gewesen! sagte der Meister nun, und sein fröhlicher Blick wurde fast feierlich. Und was insbesondere die Centauren betrifft, warum soll ich es läugnen, daß ich wirklich diese merkwürdige Schichte der antiken Gesellschaft in einem Musterexemplar studirt habe, daß ich so glücklich gewesen bin, den letzten der Centauren persönlich kennen zu lernen?

Alle Augen richteten sich jetzt auf ihn, der die seinigen aber durchaus nicht niederschlug, wie man sonst wohl zu thun pflegt, wenn man auf einer Münchhausiade nicht gleich ertappt zu werden wünscht.

Ich will Ihnen die Geschichte erzählen, fuhr er fort, sich heiter im Kreise umblickend. Es scheint ohnehin heute kein rechter Discurs zu Stande kommen zu wollen. Der Rahl, seitdem er vom Fleisch gefallen, ist unter die Trappisten gegangen; seine jetzige Diät – sie ist freilich miserabel genug – schlägt ihm weder geistig noch leiblich an. Freund Roß, glaub' ich, denkt an Weib und Kind, und der Schütz war nie ein großer Redner. Abgedankte Leute, wie wir, sollten allerdings stille liegen und den Mund nur aufthun zu einem Kyrie oder Peccavi. Aber wie sagt Falstaff? Hol' die Pest alle feigen Memmen! Karl, noch einen Spitz! Und nun will ich euch sagen, wie das mit dem Centauren sich ereignet hat.

Es war im ersten Sommer, als ich mich in München niedergelassen hatte, das Jahr hab' ich vergessen. Juni und Juli waren kühl gewesen, dafür brach im August eine solche Mordhitze herein, daß man hier in der Stadt wie im Fegefeuer nach Luft schnappte und ich's wahrhaftig bei der Arbeit nicht aushielt, außer in dem paradiesischen Kostüm, in dem Freund Rahl damals in Rom in seinem Atelier herumging, zum Staunen der schönen Nachbarinnen gegenüber, die durchs offene Fenster hereinsahen, und zu großem Aergerniß ihrer signori mariti, die endlich den Herrn Pfarrer des Viertels an ihn abschickten, um ihn zu christlich ehrbarer Zucht und Bekleidung zu ermahnen. Wie der Schalk da dem Biedermann um den Bart gegangen, ihm mit guten Schinken aufgewartet und mit Orvieto so lange eingeheizt hat, daß auch dem Pfarrer endlich die Glut zum Dach herausschlug und er sich zureden ließ, eines seiner Gewänder nach dem andern abzulegen, bis er in derselben einfachen Sommertracht, wie sein Wirth, auf den kühlen Fliesen herumspazierte, – das habt ihr, denk' ich, noch in guter Erinnerung. Genug, ich hielt es zuletzt nicht länger aus und beschloß, mir im Gebirge einen besser gelüfteten Schattenwinkel zu suchen, als meine Dachkammer war. So fuhr ich mit dem Stellwagen eine Strecke ins Land hinein gegen den Inn zu und wanderte dann von der ersten Station, wo mir die Gegend gefiel, mit meinem leichten Ränzel bergan.

Obwohl aber dort das Flußthal hinunter »ein guter Luft« ging, wie die Tiroler sagen, merkte ich doch bald, daß ich des Steigens in der Mittagssonne ungewohnt war, und war froh, nach zwei sauren Stunden ein großes Dorf aus dichtem Wallnußlaub mir zuwinken zu sehen, recht fett und bequem auf der sanftansteigenden Halde hingelagert. Gegen Westen stieg der Berg jählings in die Höhe, bis endlich auch den Tannen und Föhren der Athem ausging und sie ihm nicht mehr nachklettern konnten. Da oben hinter den kahlen Gipfeln mußte die Sonne selbst im Hochsommer frühzeitig verschwinden und der Bergesschatten eine angenehme Kühle über den Abhang ergießen.

Also war ich rasch entschlossen, hier Rast zu machen, obwohl es für heute nicht sehr ruhig herzugehen versprach. Es war eben Kirchweih und das einzige Wirthshaus gestopft voll von trinkenden, kegelnden und juhschreienden Bauern. Ueberdies waren ein paar Kauf- und Schaubuden dicht neben dem Wirthsgarten aufgeschlagen, zwischen denen sich ein buntes Gedränge hin und her trieb, besonders vor der Bude eines Italieners, der ein ausgestopftes Kalb mit zwei Köpfen und fünf Füßen für ein paar Kreuzer sehen ließ. Ich versparte mir diesen Genuß für den Abend, da ich vor Allem nach einem kühlen Trunk lechzte, schlug mich auch endlich durch Flur und Treppe durch bis auf die obere Laube, wo ich hinter dem Geländer des Altans ganz in der Ecke einen Sitz auf der Bank und ein Seitel rothen Tiroler eroberte. Den Wein stellte ich vor mich auf die hölzerne Brustwehr, streckte mich nach Herzenslust aus und sah, während ich langsam mich verkühlte, über das Bauerngewühl unten um die Tische, über den Gartenzaun und die nächsten Hütten hinweg in die prachtvolle Gebirglandschaft hinaus.

Kaum eine halbe Stunde mochte ich so geruht haben, da sah ich auf dem breiten Feldwege, der zu dem nächsten höher gelegenen Dörfchen führte, einen ganz seltsamen Schwarm sich heranbewegen.

Ich glaubte im ersten Augenblicke, der Wein, den ich etwas hastig getrunken, werfe so wunderliche Blasen in meiner Phantasie, daß ich am hellen Tage einen fabelhaften Traum träumte. Auch war die wunderliche Gruppe noch so ferne, wohl drei Büchsenschüsse von meinem Luginsland, daß ich meinen Augen wohl mißtrauen durfte. Aber obwohl sich's in ruhigem Schritt fortbewegte, kam es doch unaufhaltsam näher, und nun konnte ich endlich nicht mehr zweifeln, daß ich in Wirklichkeit »sah, was ich sah, und hörte, was ich hörte«.

Stellt euch vor, in der goldigsten Herbstsonne kam auf der weißen, staubenden Bergstraße ein riesenhafter Centaur dahergetrabt, in einem würdevollen, beschaulichen Vierviertaktakt, wie der alte Schimmel, der im Wilhelm Tell mitspielt und den Landvogt in die hohle Gasse tragen muß. Hinter ihm drein, aber in scheuer Entfernung, etwa um einige Pferdelängen, zottelte und trottelte ein lautloser Haufen alter Mütterchen, lahmer und preßhafter Männlein und ganz junger Kinder, Alles nämlich, was von jenem abgelegenen Dorf entweder zu alt oder zu jung gewesen war, um die nachbarliche Kirchweih mitzufeiern. Der riesige fremde Gast mochte sich mit Gutem oder Bösem so in Respekt gesetzt haben, daß man ihm ohne jede Anfechtung, weder durch Geschrei, noch thätliche Neckereien, das Geleit gab. Aber je näher der abenteuerliche Zug dem Kirchweihdorfe kam, desto deutlicher sah ich besonders die Weiblein bemüht, die Aufmerksamkeit der noch ahnungslosen Nachbarn schon von Weitem zu erregen durch Winke mit den dürren Armen, Krückstöcken und Kopftüchern, auf die freilich über der Tanzmusik und dem Festtreiben rings um mich her keine Menschenseele aufmerksam wurde.

So konnte sich das heidnische Ungethüm unbeschrieen der Dorfmark nähern, und erst, als es bei den letzten Hütten vorbeitrabte und nun gerade auf das Wirthshaus lossteuerte, wurden die Bauern inne, daß sich etwas ganz Unerhörtes begab. Nun war freilich der Effect, den dies einzige Intermezzo machte, um so gewaltiger. Im Nu stob Alles auseinander, was unten im Wirthsgarten und um die Schaubuden sich zusammengedrängt hatte. Wie Ameisen durcheinander wimmeln, wenn man mit dem Stock in ihren Bau stößt, so stürzten Männer und Weiber in wilder Flucht vom Wirthshaus weg, und Jedes suchte eine Thür, einen Zaun oder einen Baum zu erreichen, hinter denen man vor dem ungefügen vierbeinigen Mirakel auf den ersten Anlauf sicher wäre. Eben so hastig aber fuhren Alle, die in den Häusern und oberen Räumen der Schenke waren, an die Fenster und starrten entsetzt nach dem Scheuel und Gräuel hinaus. Auf den Lärm des ersten Aufruhrs folgte eine tiefe Stille; selbst die Hunde, die erst wüthend losgebellt hatten, zogen sich, als sie die mächtigen Hufe des Ankömmlings gewahrten, vorsichtig mit bangem Winseln zurück, und nur die kleinen Bauernpferde, die an ihren Krippen schmaus'ten, begrüßten ihn mit zutraulich gastfreundlichem Wiehern, da er jedenfalls, so weit er zu ihnen gehörte, ihrem Geschlecht alle Ehre machte.

Ich war vielleicht der Einzige, der nicht den Kopf verlor, zunächst als ein alter eingeteufelter Heide, der ich war, und in der ganzen fabelhaften Naturgeschichte wohl bewandert, dann aber auch, weil das Entzücken über die ungemeine Schönheit des Fremdlings keine Furcht aufkommen ließ.

Was ich selber hernach an solchen Zwiegeschöpfen gemalt, oder Freund Hähnel in seinem Dresdener Theaterfries gemeißelt hat, würde sich gegen diesen göttlichen Burschen in Fleisch und Bein ausgenommen haben, wie Halbblut gegen Vollblut.

Obgleich freilich an das, was man heutzutage Vollblut nennt, nicht gedacht werden darf, wenn man sich einen Begriff machen will von der Gaulhälfte des wundersamen Kirchweihgastes. Denkt an den Bucephalus, oder das trojanische Pferd, oder meinethalben an den prachtvollen Streithengst, der den Großen Kurfürsten auf der langen Brücke trägt, und nun stellt euch vor, daß der ganze heroische Gliederbau von der glattesten silbergrauen Decke überzogen war, unter der man jede Muskel spielen und bei jedem Fältchen, das sie warf, die Sonne wie auf hochgeschorenem Sammet schimmern sah. Aus diesem mächtigen Gestell wuchs ein Menschenleib hervor, der sich mit dem thierischen wohl messen konnte – Arme, Brust, Schultern wie vom Farnesischen Herkules gestohlen, so recht in der Mitte zwischen fett und hager, die Haut sanft angebräunt und ebenfalls hie und da stark behaart, wie denn auch von dem mächtigen dunklen Schopf, der ihm Stirn und Haupt umwallte, noch eine wehende Mähne bis tief auf den Rücken hinunterwucherte, übrigens, gleich dem lang nachschleppenden kohlschwarzen Roßschweif, dem Anschein nach wohlgepflegt. Es war überhaupt nicht zu verkennen: das Fabelwesen hielt etwas auf sein Aeußeres. Keine Spur von tausendjährigem Staub und Unrath, der Bart am Kinn zierlich gestutzt und gekräuselt, und wie ich mich erst getraute, ihm näher in das ernsthaft treuherzige Gesicht zu sehen, das nur etwa so wild war, wie ein Bube, der aus Verlegenheit trotzig dreinschaut, bemerkte ich, daß er einen kleinen Rosenzweig, eben frisch, wie es schien, vom Strauch gebrochen, in das dichte Haar hinters Ohr gesteckt hatte.

So kam das schöne Ungeheuer gemächlich in den Hof der Dorfschenke getrabt, aus dem sofort auch der letzte Gast, den Maßkrug an die Brust gedrückt, mit lautem Geschrei ins Haus oder in die nahen Wirthschaftsgebäude flüchtete. Der Schwarm von alten Weibern und Bauernkindern, der ihm das Geleit gegeben, blieb draußen auf der Dorfstraße stehen, und über der Verwegenheit des hohen Reisenden, sich so leichtbekleidet mitten in die Kirchweih zu begeben, schien Allen das Wort in der Kehle zu erstarren. Wenigstens hörte man ringsum nur ein verhaltenes Summen und Schwirren, aus dem nur dann und wann ein paar Naturlaute des Schreckens und der Angst hervorkreischten. Alle erwarteten das Entsetzlichste, und wohl nur Wenige mochten sein, die den Spuk nicht gerade für den leibhaften Gottseibeiuns hielten, der gekommen sei, das sämmtliche halbbetrunkene Gesindel recht in seiner Sünden Kirchweihblüte in die Hölle abzuführen.

Der alte Heide aber zeigte sich trotz seiner höllischen Pferdefüße als ein ganz zahmer, menschenfreundlicher Kamerad. Er sprengte geradewegs auf die hohe Laube zu, auf der ich saß, und sah mit einer höflichen Miene, wie einer, der gerne mit einem Fremden anbinden möchte, mir ins Gesicht, der ich ihm ebenso artig zunickte. Dann aber richtete er seine großen glänzenden Augen auf das Schenkmädchen, das neben mir stand, zwei offene Flaschen voll Tirolerwein in den Händen. Sie hatte sie für Gäste heraufgetragen, die das Hasenpanier ergriffen hatten, und stand nun, da sie, obwohl mit dem Dorfschneider verlobt, ein munteres, couragirtes Frauenzimmer war, ohne Scheu neben mir auf dem Altan, um die Wundergestalt in aller Arglosigkeit zu betrachten. Dem Fremdling mochte die saubere Dirne – man hieß sie die schöne Nanni – ebenfalls einleuchten, nicht minder auch der rothe Wein, den sie trug. Mit so viel Lebensart, wie man solchem Roßmenschen kaum zutrauen sollte, nahm er den Rosenzweig hinterm Ohre hervor, roch erst daran und überreichte ihn dann ohne Mühe, da Haupt und Schultern noch über die Brüstung der Laube hinausragten, dem schönen Kinde, das etwas geschämig that, die Blumen aber doch nicht ausschlug, sondern in ihren Brustlatz neben den silbernen Löffel steckte. Zugleich schien sie gemerkt zu haben, worauf die ganze Huldigung abzielte.

Ohne Zaudern reichte sie ihrem Verehrer die beiden vollen Flaschen hinaus, die er auch mit freundlichem Kopfnicken ergriff und dann in so raschen Zügen leerte, wie unsereins zwei Gläser Champagner hinunterstürzt.

Ein beifälliges Murmeln unter den Kopf an Kopf gedrängten Zuschauern begleitete diese ganze trauliche Scene, und ein paar kecke Bursche wagten sogar ein »Wohl bekomm's!« oder »Gesegn' es Gott!« zu rufen, wurden aber gleich von den Vorsichtigeren niedergezischt.

Aber auch dem fremden Gast schien der Wein die Zunge gelös't zu haben. Er sagte erst dem Mädchen einige Artigkeiten, die sie aber nicht verstand und nur mit Kichern und Kopfschütteln erwiederte. Dann wandte er sich an mich, fragte mich, wo er sich hier befinde, und wie das wilde Volk heiße mit den Pelzhauben und der ohrenzerreißenden Musik, unter das er, er wisse selbst nicht wie, gerathen sei. Ich antwortete –

Erlauben Sie, Herr Genelli, unterbrach ihn der Wirth, der gleich uns Anderen begierig gelauscht hatte, in welcher Sprache unterhielten Sie sich mit dem antiken Herrn?

Im reinsten Griechisch, Herr Schimon; Sie mögen es nun glauben oder nicht. Er sprach es natürlich etwas fließender, als ich, aber mit einem Anflug an den jonischen Dialekt, der mir hie und da das Verständniß erschwerte. Indessen, es ging. Noth bricht Eisen und lehrt radebrechen. Sie werden selbst schon erlebt haben, daß Sie im Traume ganz correct Ungarisch oder Spanisch sprachen, was Ihnen sonst sauer werden möchte. Aber unterbrechen Sie mich nicht wieder; lassen Sie mir lieber einen neuen Spitz Karlowitzer kommen. Wo war ich denn stehen geblieben? Richtig, wo ich den Spieß umdrehte und ihn fragte, wie es im Homer steht:

Wer er sei und woher, wo er wohnt und wer die Erzeuger.

Da kamen denn curiose Dinge heraus.

Stellt euch vor, der arme Bursche war vor so und so viel tausend Jahren hoch oben durchs Gebirge geritten, in Geschäften, wie er sagte, da er als Landarzt – Kreisphysikus würde man's heute nennen – einen gewaltig großen Bezirk zu versehen hatte, lauter wildes, armes Volk, Hirten, Bärenjäger, Pfahlbauern und so weiter. Nun war's gerade ein heißer Tag, und er hatte bei seiner Praxis überall scharf gezecht, hineingegossen, was die Leute ihm gerade vorsetzten, da er sie meist um ein Glas Wein oder Enzianbranntwein curirte, und wie er Mittags an eine Gletscherhöhle kommt, denkt er, du willst ein Schläfchen machen, streckt sich in der dämmerigen blauen Eisspelunke hin und schläft richtig ein. Was weiter geschehen, wußte er freilich nicht zu sagen, und auch ich konnte ihm nur die Vermuthung aussprechen, daß Schnee- oder Eismassen um ihn zusammengestürzt und heute erst wieder aufgethaut sein müßten, so daß er, wie jenes Mammuth-Ungethüm im Polareise, frisch und ohne jeden Hautgoût sich in seinem Eiskeller conservirt habe, nur mit dem Unterschiede, daß auch sein Geist, Dank dem vielen genossenen Spiritus, durch den unmäßigen Winterschlaf hindurch keinen Schaden gelitten und er nun als ein vorsündflutliches mythologisches Räthsel auf vier gesunden Beinen in unsere entgötterte Welt hineinsprengen könne. Ich suchte ihm in aller Kürze, so gut es ging, über die ungeheure Kluft hinwegzuhelfen, die sein Erwachen von seinem Einschlafen trennte. Aber ich merkte bald, daß die summarische Weltchronik, die ich vor ihm aufrollte, ihn sehr wenig interessirte. Er schüttelte nur den Kopf, als ich ihm erzählte, die Götter Griechenlands seien ein überwundener Standpunkt, und mit dem kleinen Luther'schen Katechismus wußte er eben so wenig anzufangen, wie mit dem heiligen Augustin oder Pius IX. Auch die politischen Umwälzungen der letzten dreitausend Jahre ließen ihn völlig kalt. Als ich endlich schwieg, seufzte er so recht vom Grunde seiner ehrlichen Centaurenseele auf und sagte: er werde von Allem, was ich ihm da vorgefabelt, aus dem Zehnten nicht klug, und das sei ihm auch ganz gleichgiltig. So viel merke er, daß ihm ein recht hämischer Possen gespielt worden sei mit jener Aufbewahrung im Eiskeller; inzwischen sei Alles anders geworden und nur er derselbe geblieben, wessen er sich eben nicht schäme, denn nach den wenigen Proben scheine ihm die Welt viel lumpiger, schäbiger und nicht einmal gescheidter geworden zu sein, die Wälder dünner, der Wein saurer, die Weiber – bis auf seine Freundin »Nannis oder Nannidion« (wie er sich das Nannerl ins Griechische übersetzte) – plumper und einfältiger. Nun erzählte er, was er seit seinem Erwachen für Erfahrungen gemacht hatte.

Kaum war ihm nämlich sein Gletschermantel von den Schultern geschmolzen und er hatte sich die letzten Nebel des Schlafs aus den Augen gerieben, so war er ins Freie hinausgetrabt, ärgerlich über die, wie er wähnte, lange Versäumniß von vierundzwanzig Stunden, da er einen schweren Patienten eine Stunde tiefer im Thal zu besuchen hatte. Als er sich aber umsah, schien ihm Alles so wunderlich, daß er noch fortzuträumen glaubte. Dichte Wälder, durch die er sich sonst pfadlos hindurchzuwinden hatte, waren verschwunden; auf Wiesen, wo sonst nur der Ur und der wilde Steinbock gegras't, sah er Heerden buntfarbiger Kühe weiden; hie und da stand ein Blockhaus am Wege, hoch hinauf mit Heu angefüllt, und nicht selten sah er kleine Steige gebahnt, oder Balken über Gießbäche gelegt, die er früher mit einem mächtigen Satz hatte überspringen müssen. Kopfschüttelnd hielt er still und überlegte bei sich, wie sich das Alles über Nacht verwandelt haben möchte. Da er aber kein Freund von überflüssigem Nachsinnen war, beschloß er eine benachbarte Waldnymphe um Aufschluß zu bitten, mit der er auf vertraulichem Fuße stand. Er rief ihren Namen in die Schlucht hinunter, aus der noch wie damals die mächtigen Edeltannen heraufragten. Sonst war sie gleich oben im Wipfel erschienen, da sie sehr einsam lebte und gerne eine Ansprache hatte. Heut zeigte sich nur ein altes Weib, das Enzian sammelte und beim Anblick des vierbeinigen Ungeheuers mit heiserem Jammergeschrei und heftigem Kreuzschlagen sich ins Dickicht verkroch.

Also trabte er immer nachdenklicher seines Weges weiter, und da es gerade ein Sonntag war und die Kirchweih Alles, was eine saubere Jacke und ein paar Kreuzer in der Tasche trug, in das Dorf hinuntergelockt hatte, begegnete er auch keiner Menschenseele, als ein paar Hüterbuben, die eben so hastig vor ihm Reißaus nahmen, wie das Kräuterweib. Nun sah er auch unten die ersten kleinen Häuser, die mit ihren weißgetünchten Wänden und blanken Fensterchen als ein neues Räthsel ihm entgegenschimmerten. Hier hatten sonst nur verfallene Hütten der wilden Ziegenhirten gestanden, elende Pferche zwischen Gestrüpp und Klippen. War eine Stadt aus der Ebene ausgewandert und hatte sich in die Berge verstiegen? Ein seltsames Gebäude mit hohem Dach und spitzem Thurm ragte aus den Schindeldächern in die Lüfte, und oben, aus den schwarzen Thurmluken, drang ein unerklärliches Summen und Schallen hervor, das er nie gehört hatte, und das in seiner feierlichen Eintönigkeit ihn vollends bestürzt machte.

Das Grauenhafteste aber in dem ganzen Märchen, das ihn an seinen gesunden Sinnen zweifeln ließ, begegnete ihm, als er den ersten Hütten des oberen kleinen Dorfs sich näherte. Unter einem spitzen, rothgetünchten Bretterdach hing da ein Mann mit ausgebreiteten blutrünstigen Armen an ein Kreuz genagelt, aus einer Seitenwunde blutend, die Stirn von großen Blutstropfen überquollen, die unter den spitzigen Stacheln eines dicken Dornenkranzes hervordrangen. Gleichwohl schien der Gemarterte noch am Leben. Er hatte die Augen weit geöffnet nach oben gekehrt, und der kundige Blick des Centauren fand auch an den nackten Gliedern noch nicht die Farbe der Verwesung.

Er redete den armen kleinen Mann mit seiner freundlichsten Stimme an, fragte, um welches Verbrechen man ihn so schwer büßen lasse, ob er ihm vielleicht von seinem Marterholz herunterhelfen und die Wunden verbinden solle. Als er keine Antwort erhielt, berührte er sacht die Brust des stummen Dulders. Da merkte er, daß es nur ein hölzernes Bild war. Ein Rosenstrauch war neben den Stamm des Kreuzes gepflanzt. Von dem pflückte er einen kleinen Zweig, roch daran, wie um wieder etwas Liebliches zu genießen, und verließ dann die Stätte mit immer unheimlicherem Staunen.

Im Dorf hatte gerade der Pfarrer, ein altes Männlein, das den Kirchweihfreuden längst abgestorben war, für die anderen zu Hause gebliebenen Invaliden einen Vespergottesdienst begonnen, zu dem die kleinen Buben das Geläut besorgten. Wie nun der Fremdling, dem Alles, was ihm links und rechts in die Augen fiel, ein Räthsel war, an die offene Kirchenthüre kam, hielt er an und spähte neugierig in das halbdunkle Innere. Ein Sonnenstrahl fiel durch das kleine Seitenfenster neben dem Altar und beleuchtete das Bild einer wunderschönen Frau mit goldenen Haaren in blau und rothem Gewand, die einen Knaben auf dem Arm und eine Lilie in der Hand trug. Sie hatte die großen, sanften Augen gerade auf ihn gerichtet, als wolle sie ihn einladen, näher zu treten. Zu ihren Füßen, ihm den Rücken zuwendend, stand der kleine Pfarrer im Ornat, und die sämmtliche Gemeinde kniete jetzt, gleich ihm, vor der schönen Frau. Du solltest doch hineintreten und sie dir etwas näher betrachten, sagte der Fremde zu sich selbst. Und gedacht, gethan. Er trabt, ohne an etwas Arges zu denken, durch das Portal und geradewegs über die Steinfliesen, die von seinem mächtigen Hufschlag dröhnten, auf den Altar zu.

Welch einen Spektakel das gab, kann man sich denken. Im ersten Augenblick freilich versteinerte der Schrecken über diese Tempelschändung durch ein so unerhörtes, geradewegs der Hölle entstiegenes Ungeheuer die ganze andächtige Gemeinde sammt ihrem Seelsorger. Dann aber besann sich dieser, der trotz seiner achtzig Jahre durchaus kein Don Abbondio war, daß der Eindringling Niemand anders als der leibhaftige Satan sein könne, erhob was er gerade Geweihtes in der Hand hatte und rief, es gegen den Versucher schwingend, mit lauter Stimme sein »Apage! Apage! und nochmals Apage!« – Beim Zeus, sagte der Centaur, das freut mich, endlich einem redenden Menschen zu begegnen, der noch dazu griechisch spricht. Du wirst mir nun wohl auch sagen können, Alter, wer diese schöne Frau ist, ob sie noch lebt, was ihr hier treibt, und wie sich überhaupt Alles seit gestern so fabelhaft verändert hat. – Den Pfarrer überlief es eiskalt, als er sich von dem bösen Feinde anreden hörte, noch dazu in einer Sprache, die ihm natürlich Griechisch war. Wieder erhob er seinen Ruf und schlug ein Kreuz über das andere, wich aber doch ein wenig vom Altar zurück, da ihn die Unbefangenheit des hohen Fremden einschüchterte, und hätte sich dieser nicht umgesehen, wer weiß, wie es abgelaufen wäre. Jetzt aber kam die Reihe, sich zu fürchten, an unsern Roßmenschen. Denn wie er die vom Schreck verstörten Wackelköpfe der alten Männer und die verwelkten Gesichter der greisen Weiblein unter ihren hohen Pelzhauben sämmtlich ihn anstarren sah, überkam ihn plötzlich die Furcht, er möchte in ein Conventikel von Hexen und Zauberern gerathen sein und Strafe leiden, wenn er ihr geheimes Wesen noch länger störe. Also machte er, nachdem er der schönen Blauäugigen noch einen verehrungsvollen Blick zugeworfen, auf einmal Kehrt und stob mit gewaltigen Sätzen, den Schweif wie zur Abwehr böser Geister hoch um den Rücken schlagend, über das hallende Pflaster zur offenen Thür hinaus.

Werther Freund, sagt' ich, als er mir das Alles treuherzig gebeichtet und meine Aufklärungen nur halb verstanden hatte, Ihr seid in einer verwünschten Lage. Wie Ihr da geht und steht, möchte es schwer halten, Euch in der modernen Gesellschaft einen Platz ausfindig zu machen, der zu Euren Gaben und Ansprüchen paßte. Wäret Ihr nur ein paar Jahrhunderte früher aufgethaut, so etwa im Cinquecento, so hätte sich Alles machen lassen. Ihr hättet Euch nach Italien begeben, wo damals alles Antike wieder sehr in Aufnahme kam und auch an Eurer heidnischen Nacktheit kein Mensch sich geärgert haben würde. Aber heutzutage und unter dieser engbrüstigen, breitstirnigen, verschneiderten und verschnittenen Lumpenbagage, die sich die moderne Welt nennt – ich fürchte, mio caro, Ihr werdet es sehr bedauern, nicht lieber bis an den jüngsten Tag im Eise geblieben zu sein! Wo Ihr Euch sehen laßt, in Städten oder Dörfern, werden Euch die Gassenbuben nachlaufen und mit faulen Aepfeln bewerfen, die alten Weiber werden Zeter schreien und die Pfaffen Euch für den Gottseibeiuns ausgeben. Die Zoologen werden Euch betasten und begaffen und dann erklären, Ihr wäret ein unorganisches Monstrum und könntet nichts Besseres thun, als Euch einer kleinen Vivisection unterziehen, damit man sähe, wie Euer Menschenmagen sich mit Eurem Pferdemagen vertrage. Seid Ihr aber der Scylla der Naturforscher entronnen, so fallt Ihr in die Charybdis der Kunstgelehrten, die Euch ins Gesicht sagen werden, daß Ihr ein schamloser Anachronismus, eine todtgeborene und nur galvanisch belebte Reliquie aus der Zeit des Parthenonfrieses seid, und die Künstler, die nur noch Hosen und Wämmser und kleine witzige Armseligkeiten malen können, werden sich in ihren tugendhaften Armenversorgungsanstalten, genannt Kunstvereine, zusammenrotten und bei der Polizei darauf antragen, daß Ihr ausgewiesen werdet, als der öffentlichen Moral im höchsten Grade gefährlich. Daß Ihr Praxis bekommen könntet, auch nur als Pferdearzt, ist vollends undenkbar. Man hat jetzt ein ganz anderes Naturheilverfahren, als zu Euren Zeiten, der vielen anderen gelehrten Systeme zu geschweigen, und daß ein Doktor seine Equipage vors Krankenbette mitbringt, ist unerhört. Bliebe also nichts als der Cirkus oder die Menagerie, um Euer Brod zu verdienen, und fern sei es von mir, einem Mann von so guter Familie, wie Ihr, eine solche Erniedrigung zuzumuthen. Nein, Bester, bis uns etwas Gescheidteres einfällt, will ich selbst mein bischen Armuth mit Euch theilen. Wenn ich es recht bedenke, bin ich ja nicht viel besser daran, als Ihr, muß mir auch von Gassenbuben und bigotten Vetteln, Aesthetikern und meinen eigenen werthen Collegen die größten Schnödigkeiten gefallen lassen, und seht, ich lebe noch und fühle mich in meiner Haut tausendmal wohler, als all das Gewürm und Gesindel, das mir nicht das Leben gönnt. Coraggio! animo, amico mio! Dieser rothe Wein ist zwar nur ein säuerlicher Rachenputzer, aber Ihr werdet Euch auch nicht zu oft in Nektar gütlich gethan haben, und corpo della Madonna! wenn zwei rechte Kerls miteinander Brüderschaft trinken, so adeln sie den ordinärsten Tropfen.

Damit reichte ich ihm meine Flasche, welche die Nanni wieder gefüllt hatte, und klang, das Glas erhebend, mit ihm an, wozu er als zu einem ganz neuen Brauch ein verdutztes Gesicht machte. Ich winkte dann dem Mädel, für neue Zufuhr zu sorgen, und so schwammen wir bald im Ueberfluß und wurden guter Dinge. Nach und nach machte unsere Cordialität auch das Bauernvolk vertraulich. Einige der Beherztesten wagten sich wieder in den Hof und zogen, da ihnen nichts zu Leide geschah, bald die Anderen nach sich. Sie besahen nun den Fremdling sorgfältig von allen Seiten. Der Jude Anselm Freudenberg, der mit Pferden handelte, erklärte laut, daß um tausend Louisd'ors ein solcher Hengst halb geschenkt wäre, stünde nur nicht das unnatürliche Vordertheil im Wege. Denn trotz der großen Fortschritte beim Militär habe man noch nirgends Kavalleriepferde eingeführt, denen ihre Reiter angewachsen wären. Eine vorwitzige Dirne wagte das Wunderthier zu berühren und das sammetweiche Fell am Bug zu streicheln. Das ermuthigte den Schmied des Dorfes, behutsam den linken Hinterfuß aufzuheben, was der Centaur, der eben das siebente Seitel an die Lippen setzte, in aller Gutmüthigkeit geschehen ließ. Es fiel ungemein auf, daß die starken, lichtbraunen Hufe keine Spur irgend eines Beschlages zeigten, und da auch sonst so vieles ganz anders war, als bei anderen Reitpferden, erhob sich die Frage, welcher Race er angehöre. Endlich, nachdem man lange gestritten, that der Schulmeister den Ausspruch, da alle übrigen Kennzeichen fehlten, werde es wohl die kaukasische Race sein, wogegen selbst der Jude Freudenberg nichts einzuwenden wußte.

Während aber so die öffentliche Meinung sich eben mit dem Heidengräuel auszusöhnen schien und er wenigstens, was man einen succès d'estime nennt, davontrug, war eine bösartige Verschwörung gegen den arglosen Fremdling im Gange. An der Spitze stand natürlich die hochwürdige Geistlichkeit, die es für das Seelenheil ihrer Pfarrkinder sehr nachtheilig fand, sich mit einem gewiß ungetauften, völlig nackten und wahrscheinlich sehr unsittlichen Thiermenschen näher einzulassen. Eben so aufgebracht, wenn auch aus anderen Gründen, äußerte sich der Italiener, der Besitzer des ausgestopften Kalbes mit zwei Köpfen und fünf Beinen. Seit der Fremde erschienen war, hatte er mit seiner Mißgeburt schlechte Geschäfte gemacht. Den Roßmenschen sah man gratis, er war lebendig und trank und schwatzte, und wer wußte, ob er sich nicht noch bewegen ließ, einige Kunstreiterstückchen zum Besten zu geben, wozu das Kalb durchaus keine Miene machte. Das konnte der Italiener nicht so ruhig mit ansehen. Es sei ein Unterschied, setzte er dem Pfarrer auseinander, zwischen einem zünftigen, von der Polizei approbirten Naturspiel und einer ganz unwahrscheinlichen, nie dagewesenen Mißgeburt, die ohne Paß und Gewerbeschein das Land unsicher mache und ehrlichen fünfbeinigen Kälbern das Brod vorm Maule wegstehle. Wenn das erst Sitte würde, daß solche Mondkälber sich ohne Entrée sehen ließen, so wäre es ja gar nicht mehr der Mühe werth, mit einem Kopf zu wenig oder ein paar Gliedmaßen zu viel auf die Welt zu kommen.

Der Hitzigste aber war der Dorfschneider, der Bräutigam der schönen Nanni.

Er hatte sich zwar, als das Ungethüm herantrabte, Hals über Kopf von der Laube ins Haus geflüchtet und seinen Schatz, der sich nicht fürchtete, im Stich gelassen. Aber durchs Fenster sah er desto grimmiger mit an, wie vertraulich das Blitzmädel mit dem hohen Herrn schäkerte, seine Rosen annahm und ihn wohlgefällig betrachtete, während er sich ihren Wein schmecken ließ. Was von dem Fremden über die Brustwehr hervorragte, war wohl dazu angethan, den etwas schief gedrechselten kleinen Schneider im Hinblick auf seine eigene dürftige Person eifersüchtig zu machen. Zudem hatte ihn die Nanni, als er ihr das Unanständige ihres Betragens vorwarf, schnippisch genug abgefertigt und erwiedert: sie verbitte sich's, daß er den Fremden einen unverschämten Kerl, eine nackte Bestie, eine Satansmähre schimpfe. Er sei manierlicher und anständiger, als manche Menschen, von denen Dreizehn aufs Dutzend gingen, und Andere könnten froh sein, wenn sie sich *weniger* zu schämen brauchten, sich nackt zu zeigen. – Das stieß dem Faß den Boden aus. Zwar dem Mädel gegenüber hüllte sich der Beleidigte in ein naserümpfendes Stillschweigen, ließ aber sein Mundwerk desto zügelloser laufen gegenüber dem Herrn Pfarrer, dem er seine Noth klagte: die neue Mode, die der Unbekannte eingeführt, müsse das ganze Schneiderhandwerk ruiniren und überdies alle Begriffe von Anstand und guter Sitte über den Haufen werfen.

Von diesen Kabalen wußten wir natürlich nichts, sondern ließen uns durch die wachsende Vertraulichkeit der übrigen Kirchweihgäste immer mehr in die fröhlichste Feststimmung einwiegen. Der reichlich genossene Wein that das Uebrige, und so wenig meinem neuen Dutzbruder das Volk um uns her in den hohen Hüten und Hauben, mit schwerfälligen Stiefeln, kurzen Jacken und vielfältigen Röcken gefiel, war er doch wohlgesittet genug, sich's nicht merken zu lassen und keinen zurückzuweisen, der ihm das volle Glas hinaufreichte. Nachgerade aber stieg ihm der Spuk zu Kopfe, seine Augen fingen an zu glänzen, er ließ einige Naturlaute hören, die zwischen dem landüblichen Juhschreien und gewöhnlichem Pferdegewieher die Mitte hielten, und als jetzt die Musikanten, die lange pausirt hatten, frisch zu einem Schleifer einsetzten, langte unser Freund, ohne ein Wort zu sagen, mit beiden Armen über die Brüstung, umfaßte die schöne Nanni und setzte sie mit einem leichten Schwung sich auf den Rücken, indem er sie durch Zeichen anwies, sich in seiner wallenden Mähne festzuhalten. Dann begann er nach dem Takte der Musik sehr zierlich sich in Bewegung zu setzen und in dem engen Raume zwischen Tischen und Bänken in den gewandtesten Courbetten seine Kunst zu zeigen, während die muntere Dirne, ihre Arme fest um seinen Menschenleib geschlungen, dann und wann mit der Ferse ihres kleinen Schuhes ihm in die Seite stieß, um ihn zu einem rascheren Tempo anzufeuern. Das Schauspiel sah sich so allerliebst mit an, daß alle anderen Tänzer mit ihren Dirnen herauskamen und sich, um zuzuschauen, in einem dichten Kreis um das Paar herumstellten. Ich ärgerte mich nur, daß ich mein Skizzenbuch vergessen hatte und nirgend einen Fetzen Papier auftreiben konnte. So mußte ich mich begnügen, mit den Augen zu studiren, und wahrhaftig, ich konnte mich nicht satt sehen an den hundert wechselnden Wendungen und Gruppirungen, wie sie der immer übermütiger und wilder herumwirbelnde Tanz an mir vorübergaukeln ließ.

Als es aber etwa eine Viertelstunde gedauert hatte, nahm die Herrlichkeit plötzlich ein Ende mit Schrecken. Zufällig sah ich einmal über den Hof hinaus ins Thal hinunter und bemerkte eine bedenkliche Cavalcade, die sich auf der Straße vom Thal herauf dem Dorf näherte: ein halb Dutzend reitender Landgensdarmen und mitten unter ihnen, mit eifrigen Geberden nach der Schenke hinaufdeutend, zwei Civilisten auf kleinen Bauernkleppern, in denen ich, als sie näher kamen, die beiden verbissenen Kabalenmacher, den Italiener und den Dorfschneider, erkannte. Ich rief meinem Freunde und Dutzbruder in meinem besten Griechisch zu, er möge auf der Hut sein; es sei auf ihn abgesehen. Man wolle sich, wie es scheine, todt oder lebendig seiner Person bemächtigen und die ganze Rache der Philister an seiner Simsonsmähne auslassen. Aber es war umsonst. Sei es, daß die Musik meine Warnung übertäubte, oder daß der Rausch des bacchantischen Tanzes den Trefflichen gegen jede Anwandlung von Furcht gefeit hatte, genug, er hielt erst einen Augenblick inne, als die bewaffnete Macht – die Denuncianten blieben weislich im Hintertreffen – am Hofthor erschien, das dichtgedrängte Publikum erschrocken zurückwich und nun der Anführer der Schergenbande, ein schnurrbärtiger Corporal mit dickem Bauch, im allergröbsten Ton die Aufforderung an ihn ergehen ließ: auf der Stelle seinen Paß oder sein Wanderbuch vorzuweisen, widrigenfalls er nach der Frohnveste unten im Städtchen gebracht und gründlich visitirt werden würde.

Der gute Bursch verstand natürlich keine Silbe, konnte auch den feindseligen Sinn der Worte nicht ahnen, da er aus seiner heroischen

Welt andere Begriffe von Gastfreundschaft mitgebracht hatte. Also sah er sich mit einem drolligen Ausdruck von Rathlosigkeit nach mir um, und erst, als ich ihm erklärt hatte, daß diese breitmäuligen Herren Jäger seien und er das Wild, und daß man im Sinne habe, ihn in einen Stall zu sperren, wo er bei schmalem Futter über die Wohlthat der Gesetze und die Fortschritte der Kultur nachdenken könne, ging ein verächtliches Lächeln über sein ehrliches Gesicht. Er antwortete nur mit einem Achselzucken, setzte sich dann, als beachte er diesen Zwischenfall nicht im Geringsten, langsam wieder in Galopp, wobei er die Hände des Mädchens, die sich vor seiner Brust verschränkten, sanft an sich drückte, und so, immer rascher und rascher im engen Kreise herumsprengend, ersah er plötzlich die Gelegenheit, nahm einen kecken Anlauf und setzte mit einem prachtvollen Sprung – ungelogen wohl zwölf Schuh hoch und zwanzig weit – über die Köpfe der Bauern weg, daß nur den Letzten, die draußen standen, die Hüte von den Schädeln flogen. Und während die Weiber laut aufschrieen, die Gensdarmen fluchten und mit gezogenem Seitengewehr ihm nachsetzten, auch ein paar unschädliche Pistolenkugeln ihm nachknallten, sprengte er über Wiesen und Felder bergan, das entführte Mädchen sicher auf seinem Rücken haltend, wie ein Löwe, der ein Lamm aus einer Schafhürde geraubt hat und es unter dem Schreien und Drohen der nachjagenden Hirten in seine Höhle trägt.

Als er oben angekommen war, wo eine tiefe Schlucht den Abhang durchschneidet, hielt er still und wandte sich zu seinen Verfolgern um, die noch tief unter ihm in ohnmächtiger Wuth die Steile hinaufkeuchten. Ich konnte sein Gesicht, selbst durch mein kleines Fernrohr, nicht mehr deutlich erkennen, sah aber, daß er sich zu dem Mädchen zurückwandte und nun, wahrscheinlich von ihrer Angst und ihrem kläglichen Flehen gerührt, ihre Hände losließ, so daß sie sacht von seinem Rücken auf die Wiese niedergleiten konnte. Ihre Lage war allerdings nicht die angenehmste. So sehr ihr die ritterliche Huldigung des Fremden geschmeichelt hatte, und eine so traurige Figur ihr Schatz neben ihm spielte, – eine solide Versorgung konnte sie von diesem reitenden Ausländer nicht erwarten. Als sie daher merkte, daß aus dem Spaß Ernst werden sollte, behielt ihre praktische Natur die Oberhand, und sie wehrte sich entschieden gegen alle Entführungsgelüste. Wie eine gejagte Gemse vor dem Treiber, sprang sie von Stein zu Stein den Abhang hinunter ihrem Schneider wieder in die Arme.

Der Centaur sah ihr eine Weile nach, und meine Phantasie malte sich deutlich den Ausdruck eines göttlichen Hohnes aus, der durch seine Mienen blitzte und dann einer erhabenen Schwermuth wich. Als die wilde Jagd mit Toben und Kreischen ihm auf die Weite eines Steinwurfs nahe gekommen war, winkte er noch einmal mit der Hand hinunter – einen Gruß, den ich wohl mir allein aneignen durfte, – schwenkte dann gelassen, mit einer fast herausfordernden Wendung seines Hintertheils, nach rechts ab und verschwand unseren nachstarrenden Blicken in der pfadlosen Kluft, um nie wieder aufzutauchen.

Wir hatten alle andächtig zugehört, nur Rahl schien zu schlafen, wenigstens blinzelten seine geschlitzten Satyraugen verdächtig in den Mondschein. Als der Erzähler jetzt schwieg, that er einen tiefen Seufzer und erhob sich vom Sitz, an der Wand herumtastend, wie um seinen Hut vom Haken zu nehmen.

Accidente! wollt Ihr schon aufbrechen? sagte Genelli. Hol' die Pest alle feigen Schlafmützen! Wir sind eben im besten Zuge – die Geschichte hat mir die Zunge ausgedörret – noch einen Spitz, Herr Schimon! Auf die Gesundheit aller revenants, die Centauren mit einbegriffen. Sie haben zwar keine bleibende Stätte in diesem miserabeln neunzehnten Jahrhundert und müssen sich wieder hinausmaßregeln lassen. Aber sagt selbst: wenn man zu wählen hätte zwischen dem Schneider, der das Glück hat und die Braut heimführt, und jenem armen Burschen – ich wenigstens, so lange noch ein rother Tropfen – aber corpo di Bacco! Schimon, wo bleibt mein Carlowitzer?

Der Wirth näherte sich mit ehrerbietiger, geheimnißvoller Miene. Sie wissen, Herr Genelli, raunte er ihm zu, wenn es auf mich ankäme – aber beim besten Willen – die Instruktionen sind erst neulich verschärft worden, und ich habe einen Wischer bekommen, weil ich hier oben noch eine halbe Minute nach Eins –

Ah so! murmelte der alte Meister und stand unwillig auf. Immer die ewigen Schereien. Die Nacht ist ja noch lang genug, und ob wir's hier oben einmal mit der Polizeistunde nicht so genau nehmen, wem

schadet's? Aber man ist ein armer Tropf, und der selige Achilleus hat Recht:
Lieber ein Tagelöhner im Licht, als König der Schatten!
Geben Sie mir die Hand, Schütz. Es ist hier so verwünscht dunkel, oder sollte mir die Geschichte zu Kopf gestiegen sein? Wo ist der kleine Karl, uns heimzuleuchten? Felice notte!
Damit ging er leicht auf den Arm des hageren Freundes gelehnt voran, ganz mit seinem alten rüstigen Schritt und aufrechter Haltung, aber barhaupt, und so folgten ihm die Andern. Der kleine Karl schwankte, ein Kellerlämpchen hoch über seinem Kopf haltend, voran, Schimon war der Letzte und wartete an der Thür auf mich, als wolle er hinter mir abschließen. Er that es aber nicht, sprach auch kein Wort zu mir, sondern sah mich nur mit einem wehmüthigen Zwinkern seiner kleinen schwarzen Augen an, als wollte er sagen: wir haben bessere Zeiten erlebt! – Während wir durch den langen düsteren Hausgang schritten, fiel es mir auf, daß ich keinen Fußtritt hörte. Und dann wollte auch der Gang kein Ende nehmen, so hastig wir hindurchgingen. Ich sah noch deutlich über die Scheitel der Anderen weg Genelli's graues Haupt durch das Zwielicht ragen, von dem Lämpchen roth angeschienen. Es fiel mir aufs Herz, daß ich ihm noch so viel zu sagen hatte, vor Allem ihn fragen wollte, wann er hier wieder zu treffen sei. Ich sputete mich, ihm nachzukommen, und in der That trennten mich von ihm nur wenige Schritte. Aber je rascher ich ging, desto unerreichbarer blieb er mir. Endlich trat mir der kalte Schweiß auf die Stirn, der Athem stockte mir, ich fühlte meine Füße wie von Bleigewichten an den Boden gezerrt. – Nur ein paar Augenblicke will ich hier ausruhen, Herr Schimon! sagte ich und sank auf eines der Fässer, die an der Wand standen. – Sagen Sie es den Herren – sie sollen draußen auf mich warten!
Es kam keine Antwort. Statt dessen fuhr ein scharfer Luftzug durch die offene Thür, verlöschte die Lampe des kleinen Karl und wehte mir in das heiße Gesicht. In demselben Augenblick dröhnte es *Eins* vom Frauenthurm, und ich hörte eine Stimme neben mir:
Das Haus wird geschlossen. Ich muß schon bitten, Herr, daß Sie sich eine andere Schlafstelle suchen.
Erstaunt sah ich auf und starrte einem ganz unbekannten, vierschrötigen Hausknecht ins Gesicht.
Verzeiht, guter Freund, stammelte ich, ich habe mich hier nur einen Augenblick – die Herren sind ja auch eben erst gegangen.

Ja so, sagte er, Sie gehören zu der geschlossenen Gesellschaft, die hier einmal in der Woche Tarok spielt. Wenn ich Sie etwa nach Hause bringen soll –

Ich erhob mich rasch und trat auf die Straße hinaus. Meine Stirn war kühl geworden, das Herz desto wärmer, und wie ich gegen den Mondhimmel sah, an dem leichtes Gewölk in phantastischen Streifen hinzog, summte ich leise die Worte:

Wolkenzug und Nebelflor
Erhellen sich von oben;
Luft im Laub und Wind im Rohr –
Und alles ist zerstoben.

IV

LIEBE, JAGD UND EISENBAHN

Wie »Der letzte Centaur« ist die Novelle »Vroni« eine Rahmenerzählung, und auch hier hat der Rahmen ein eigenes Gewicht, indem er auf doppelte Weise die Glaubwürdigkeit der Geschichte verbürgt. Zum einen spielt die Handlung in einer topographisch genau geschilderten Landschaft, die Paul Heyse von mehreren Sommeraufenthalten vertraut war, und es werden wirklich existierende Ortsnamen und örtliche Besonderheiten genannt, wie beispielsweise das Kohlebergwerk im oberbayerischen Hausham, das dort seit 1860 existierte; zum andern legt der Erzähler des Rahmens die Quelle für die eigentliche, die Binnenhandlung offen, indem er das Gespräch referiert, das er mit einem flüchtigen Bekannten bei einer zufälligen Begegnung in Miesbach geführt hat. Damit sind die Leserinnen und Leser allerdings angehalten, den Wahrheitsgehalt gleich zweier Erzähler zu überprüfen: Man kann weder sicher sein, ob der namenlose Rahmenerzähler alles mitteilt, was er im Miesbacher Weinstübchen gehört hat, noch weiß man, ob der Forstrat, aus dessen Mund wir die Binnengeschichte erfahren, ein zuverlässiger Erzähler ist. Immerhin ist er derjenige, der die Hauptrolle in der Tragödie um Vroni und ihren braven Ehemann spielt, und auch wenn er sich einigermaßen reuig zeigt, erwecken seine Aussagen über Vroni und Sepp doch Zweifel an der Ehrlichkeit seiner späten Einsicht. Verdächtig ist jedenfalls die nur durchsichtig verschleierte Sexualsymbolik in der Schilderung seiner Begegnungen mit Vroni: Von ihrem »kurzen Röckchen« schwärmt er ebenso wie von ihrem »vollen, weichen Mund« und dem »rosigen Züngelchen«; das Spiel mit den Beeren zwischen ihren Lippen und dem geraubten Kuss schildert er ebenso breit wie das Hantieren mit seiner »Büchse«, die später mit dem »Feuerrohr« aus »Jägers Abendlied« von Goethe verglichen wird und aus der er später bei einer Wiederbegegnung mit Vroni gar einen Schuss abfeuert. Nimmt man die tiefe

Verstörung ernst, mit der Vroni – ein siebzehnjähriges Mädchen – auf den für sie völlig unvorhersehbaren erotischen Übergriff des älteren und mit seiner Uniform als Respektsperson gekennzeichneten Mannes reagiert, liegt es nahe, die Erzählung des Försters als eine notdürftig kaschierte Vergewaltigungsgeschichte zu lesen. So »rätselhaft«, wie der Forstrat im letzten Satz meint, erscheint die »Schauergeschichte« dann auf einmal gar nicht mehr. Was aus dem armen Bahnwärter geworden ist, dessen Ehe und Lebensglück der Forstrat zerstört hat, verrät er nicht, und folglich kann es auch der Zeuge seiner Beichte nicht mitteilen. Er bleibt stumm, und der Rahmen um die Geschichte bleibt offen.

Vroni

Der Sommer war kalt und unfreundlich gewesen. Aber ein milder, sonniger Herbst schien alles Ungemach der grauen Regenmonate vergüten zu wollen. Der leichte Reif, der in der Frühe die Wiesen überflimmerte, wurde von den kräftigen Sonnenstrahlen eilig aufgesogen, so daß die dichtsprossenden Zeitlosen nur wie von einem gelinden Thau erquickt desto üppiger blühten. Um Mittag webte eine zauberhafte Milde und Stille um die Waldwipfel, aus denen schüchterner Vogelgesang herabklang, als gälte es schon wieder den Frühling anzukündigen. Hie und da aber taumelte ein rothes oder gelbes Laub aus den stark gelichteten Zweigen durch die windstille Luft, und bei allem Leuchten und Glänzen zwischen Himmel und Erde ging jener Hauch einer süßen Schwermuth durch die Welt, der das letzte Aufglühen jeder Lebensflamme zu begleiten pflegt.

Die Tage aber waren von diesem Johannistriebe der Natur so verklärt und die frischen Nächte so sternhell, daß es unmöglich schien, in die Stadt zurückzukehren, ehe man die Neige dieses seltenen Nachsommers ausgenossen hätte. Zum ersten mal hielt uns unsre ländliche Wohnung über den ganzen October fest, und es war mir nicht unlieb, auch einmal den Allerseelentag »am Land«, wie man sich hier ausdrückt, zu erleben.

Denn die städtischen Friedhöfe entbehren an diesem Tage nur allzusehr der weihevollen Stille, die einem Fest der Todten gebührt. Nicht als ein schlichtes Liebesopfer werden Kränze und Blumen auf die Grabhügel niedergelegt, sondern Jeder sucht den Nachbar durch eine reichere »Decoration« zu überbieten, eine zahllose Menge wogt in den schmalen Pfaden schaulustig wie in einer Blumenausstellung auf und ab, und die Ruhestätte müder Menschen, die aller Weltthorheit entrückt sein sollten, ist in einen Markt der Eitelkeit verwandelt.

Draußen in dem bäuerlichen Marktflecken, der im hügeligen Vorland des Gebirges zwischen weitgestreckten Wiesen und tiefen Waldungen ruht, wurde die fromme Sitte noch ohne Prunk und Schein gepflegt. Als ich am Morgen den Friedhof betrat, drangen mir aus der niedrigen Kirchenthüre die Orgeltöne entgegen, die den kunstlosen Gesang der Andächtigen begleiteten. Bei den Gräbern waren nur Wenige zurückgeblieben, damit beschäftigt, ihre bescheidenen Blumengaben, Kränze von Fichtenzweigen, hie und da mit Astern und Malven durchwirkt, oder aus Papierblumen und künstlichen Ranken hergestellt, auf die überras'ten Hügel niederzulegen. Hin und wieder leuchtete eine Sonnenblume aus dem dunkeln Grün eines Epheukranzes hervor, und selbst die blaue Distel war nicht verschmäht worden, am Wegrain gepflückt, um das Grab irgend eines Armen zu zieren. Dürftige Spenden freilich. Hier aber fiel es Niemand ein, den Gräberschmuck schon am Abend wieder wegzutragen, wie man sich so vielfach in der Stadt beeilt, die vom Gärtner gelieferten Palmen, Tracänen und Kamellien zurückzugeben. Was diese armen Hügel heute bunt und lustig machte, durfte getrost den Winter über liegen bleiben und unter der Schneedecke gleich Denen, die damit geehrt werden sollten, vermodern.

Schon wollte ich, nachdem ich einen nachdenklichen Rundgang gemacht, den stillen Bezirk wieder verlassen, als mein Blick auf eine hohe Männergestalt fiel, die drüben an der niedrigen Mauer stand und in Betrachtung eines eingesunkenen Grabhügels vertieft schien. Kein Stein mit vergoldeter Inschrift, kein Säulchen mit einem Weihwasserbecken, nur ein unscheinbares schwarzes Holzkreuz, nachlässig in die Erde gesteckt und mit der Zeit vornübergebeugt, war für den Todten, der hier ruhte, zum Denkmal hinreichend befunden worden. Und auch heute hatte Niemand daran gedacht, auch nur den bescheidensten Kranz um das morsche Kreuz zu hängen.

Daran wäre nun nichts Besonderes gewesen. Wie viele längst Verschollene lagen hier bestattet, deren Nachkommen alle ihnen nachgestorben, oder in die weite Welt verzogen waren. Mit dem Grabe aber drüben an der Mauer mußte es eine eigene Bewandtniß haben. Denn der Mann, der dort eine stille Andacht verrichtete, schien sich nicht davon trennen zu können. Er hatte mir den Rücken zugekehrt, und ich konnte aus seiner Haltung nur erkennen, daß er mit den gefalteten Händen den Hut an die Brust drückte. Es war nichts Auffallendes an dieser Geberde und der ganzen Erscheinung; doch konnte ich die Augen nicht von dem stillen Beter abwenden. Irgendwo, dacht' ich, mußt du ihm schon begegnet sein. Da wandte er den Kopf ein wenig zur Seite – auf einmal wußte ich, wen ich vor mir hatte.

Vor Jahren, in einer Kaltwasserheilanstalt des Fichtelgebirges, war ein Forstmann mein Tischnachbar gewesen, der nach einer schweren Krankheit Urlaub erhalten hatte, in Ruhe und guter Pflege sich vollends wiederherzustellen. Ein auffallend schöner und stattlicher Mann, über sechs Fuß hoch, mit feurigen, doch etwas trübsinnigen Augen und blanken Zähnen unter dem kurzgehaltenen braunen Bart, sehr schmuck und sauber in seiner halb weidmännischen Tracht, so daß man ihn für einen aristokratischen Jagdliebhaber halten mochte, bis man aus dem Fremdenbuch erfuhr, daß man es mit einem bürgerlichen Forstrath aus dem Württembergischen zu thun hatte. Unsre Tischgenossenschaft brachte mich bald mit ihm in ein freundliches Verhältniß, das durch gemeinsame Streifzüge in den unabsehlichen Wäldern fast täglich befestigt wurde. Obwohl aber sonst das nahe Zusammenleben in einem Badeort und der Mangel an neuen Erlebnissen die Leidensgefährten dazu verleitet, sich völlig gegeneinander aufzuschließen, so daß man oft in wenigen Wochen eines solchen Aufenthalts mehr von den persönlichen Verhältnissen und Schicksalen erfährt, als gute Freunde in der Stadt in langen Jahren einander mittheilen, – von meinem mir so lieb gewordenen Tischnachbarn erfuhr ich nur, daß er ein geborener Bayer sei und schon in jungen Jahren, da die Familie seiner Mutter aus Schwaben stamme, in württembergische Dienste übergetreten sei. Nur noch sein Junggesellenthum konnte ich erforschen. Von dem aber, was ihn bei aller Wärme der Empfindung, die vielfach zu Tage kam, einsam und offenbar von Herzen unfroh gemacht hatte, ließ er mich nie auch nur ein andeutendes Wort erfahren.

So waren wir, nachdem er in den drei Wochen unseres Beisammenseins seine Kraft und Frische wiedererlangt hatte, als sehr gute Freunde von einander geschieden, doch ohne die Hoffnung, uns auch fernerhin im Auge zu behalten; und wirklich war ein Dutzend Jahre verstrichen, ohne daß Einer dem Andern ein Lebenszeichen gegeben hätte.

Jetzt aber, bei seinem unerwarteten Anblick, flackerte die Erinnerung an jene Tage so hell wieder auf, daß ich unwillkürlich halblaut seinen Namen rief und schon im Begriff war, zu ihm hinzueilen, als mich der Gedanke noch zur rechten Zeit zurückhielt, wer könne wissen, in welcher schmerzlichen Allerseelenstimmung er sich befinde, in der er wünschen müsse, sich selbst überlassen zu bleiben. Und in der

That, im nächsten Augenblick wandte er das Gesicht nach der Seite, wo ich stand; ich konnte nicht zweifeln, daß sein scharfes Jägerauge mich erkannt hatte. Doch mit einer hastigen Wendung kehrte er sich wieder von mir ab und verließ langsam, aber mit weitausgreifenden Schritten, durch das gegenüberliegende Pförtchen den Friedhof.

* *
*

Es war klar, daß er mir ausweichen wollte, um irgend einem Kummer ungestört nachzuhängen. Denn da wir damals an einander Gefallen gefunden hatten und seitdem nichts Feindliches zwischen uns getreten war, konnte ich in seiner Zurückhaltung nichts Verletzendes sehen und dachte nicht weiter darüber nach.

Am Nachmittag aber, als ich von einem weiten Spaziergang in früher Dämmerung heimkehrte und mein Weg mich an der Kirche vorüberführte, kam mir das morgendliche Begegnen wieder in den Sinn, und die Neugier regte sich, das Grab zu beschauen, vor dem der menschenscheue Freund seine Andacht verrichtet hatte.

Ich hatte mir die Stelle wohl gemerkt, und als ich den Friedhof betrat, fiel mir das schiefgesunkene schwarze Kreuz an der Mauer sogleich ins Auge. Von der Inschrift darauf, mit weißer Farbe aufgetragen, hatte der Regen nur noch wenige Buchstaben verschont. Nur so viel konnte ich entziffern, daß *zwei* Namen darauf gestanden hatten, wie denn auch ein Doppelhügel sich darunter wölbte. Jetzt aber nicht mehr schmucklos. Ein großer, schöner Kranz aus Epheu, mit Astern durchstickt, am unteren Ende mit einer breiten Florschleife umwunden, war gegen den Stamm des Kreuzes gelehnt und breitete seine dunkelglänzenden Ranken gleichmäßig nach beiden Seiten über das Zwillingsgrab.

Wessen Hand dies Todtenopfer hier niedergelegt hatte, war mir nicht zweifelhaft.

Ich fragte ein altes Mütterchen, das den Rosenkranz zwischen den Händen an einem der nächsten Hügel kauerte, wer hier begraben sei. Sie schüttelte mürrisch den Kopf und zuckte die Achseln. Ob sie es nicht wußte, oder nicht Rede stehen wollte, da ich sie in ihrer Litanei gestört hatte, konnte ich nicht errathen.

Inzwischen war die frühe Novembernacht hereingebrochen, der sonst so klare Himmel überzog sich mit einem leichten Dunst, im

Wetterwinkel stand eine schwere Wolkenwand, die für den folgenden Tag nichts Gutes verhieß und das Ende des goldenen Nachsommers ankündigte. Als ich vom Friedhof weg über den Marktplatz schlenderte, waren schon alle Schenkstuben in den fünf oder sechs Wirthschaften erleuchtet und voll Bauern aus den umliegenden Gehöften, die der Feiertag in den Marktflecken gelockt hatte. Vor den Thorwegen der Bräuhäuser und der Post standen die kleinen Bauernwagen angeschirrt, und hin und wieder rollte eines der leichten Gefährte mit sausendem Lärm davon und die steile Straße hinauf, die am hochgelegenen Landgericht vorbei gegen den Wendelstein zu läuft.

Auch ich wandte mich nach dieser Richtung, meiner Landwohnung auf der luftigen Anhöhe zusteuernd, und überlegte, daß auch unseres Bleibens hier nun nicht länger sein würde. Als ich aber an dem kleinen Springbrunnen anlangte, der in der Mitte des Platzes zwischen vier jungen Bäumen in sein flaches Becken hinabplätschert, und so verloren aufblickte, um nochmals die bedrohlichen Himmelszeichen zu observiren, traf mein Auge auf eine hohe Männergestalt, die ebenso achtlos mir entgegengeschritten war und in demselben Moment auch meiner ansichtig wurde, – mein guter Freund aus Alexandersbad.

Nun konnte er mir nicht ausweichen, schien auch kein Verlangen mehr danach zu verspüren.

Wir traten aneinander heran und schüttelten uns herzlich die Hände. Ich fragte, was ihn hergeführt habe. Er sei in Geschäften von seiner Regierung nach München geschickt worden und, nachdem er sie abgethan, heute Morgen herausgefahren, um alle die Stätten wiederzusehen, an die ihn vielfache Jugenderinnerungen knüpften. Er glaube mir schon einmal erzählt zu haben, daß er seine Laufbahn als Forstmann in bayrischen Diensten begonnen habe. Sein Vater, ein bayrischer Beamter, habe nur widerstrebend, nach einigen juristischen Semestern, der unbezwinglichen Neigung des Sohnes nachgegeben und ihn zum Forstfach übergehen lassen. Die Passion für den Wald und die Jagd habe ihm ein Großvater mütterlicherseits vererbt, der in Württemberg Forstmann gewesen. Nur habe sein Alter darauf bestanden, daß er erst ein Jahr lang den praktischen Dienst als Volontär erproben sollte, ehe er die Forstakademie in Aschaffenburg besuchte. So sei er einundzwanzigjährig als Forstgehülfe zu dem Schlierseeer Revierförster gekommen, der als ein tüchtiger, wenn auch bärbeißiger Herr bekannt gewesen sei. Die stille Hoffnung aber, die Strapazen des Dienstes, zumal im Winter, würden das verwöhnte Stadtkind abschrecken, sei nicht in Erfüllung gegangen, wie Figura zeige. Er habe es wahrlich nicht immer leicht gehabt, und auch sonst – es sei mancherlei hinzugekommen – und doch – an diesen Wäldern und Wiesen hänge noch immer sein Herz – und darum habe er nicht widerstehen können, heute früh –

Er verstummte, in sichtbarer Beklommenheit, als ob er mir nicht die ganze Wahrheit gestehen könne, und da ich selbst an seinen Frühbesuch auf dem Friedhof denken mußte, entstand eine kleine unbeholfene Stille zwischen uns.

Endlich fand er wieder das Wort, daß er sich freue, mich so zufällig hier getroffen zu haben. Er wisse zwar, daß ich seit einigen Jahren diese Gegend zu meiner Sommerfrische gewählt hätte, doch habe er nicht denken können, mich noch hier zu finden, da alle andern Stadtleute sich bereits wieder in ihre Winterquartiere zurückgezogen hätten; sonst würde er sich's nicht versagt haben – und so weiter.

Ich forderte ihn auf, da er bis zum Abgang des letzten Zuges noch anderthalb Stunden zu warten habe, in mein Haus mit mir hinaufzugehen und die Bekanntschaft meiner Frau zu machen, der ich viel von ihm erzählt hätte. Er lehnte das aber freundlich, doch mit einer gewissen hastigen Verlegenheit ab: er sei weder in einem Aufzuge, noch in einer Stimmung, um sich Damen vorzustellen, und hoffe, wenn wir selbst schon so bald in die Stadt zurückkehrten, dort vielleicht noch das Vergnügen zu haben. Dabei sah er, seine Unruhe zu verbergen, nach der Uhr und schien wieder nach einem Vorwand zu suchen, sich von mir loszumachen.

Nein, werther Freund, sagte ich, so leichten Kaufs entkommen Sie mir nicht. Ich habe mich Ihnen heute früh nicht aufdrängen wollen, da ich Sie an einem geweihten Ort eine Pflicht der Pietät erfüllen sah, und auch jetzt, wenn Ihnen nicht danach zu Muth ist, fremde Gesichter zu sehen, will ich Ihnen keinen Zwang anthun. Aber statt daß Sie eine öde Wartezeit unten in dem unwirthlichen Bahnhof verbringen, müssen Sie mir schon den Gefallen thun, in Erinnerung an manche trauliche Stunde auf der Luisenburg ein Glas Wein unter vier Augen mit mir zu trinken. Sie kennen das stille Weinstübchen gleich drüben zur linken Hand. Die Gastwirthschaften und Bräuhäuser sind überfüllt. Dort aber werden wir sicher allein sein, und der rothe Tiroler, den die alten Damen ausschenken, ist gerade in diesem Jahre sehr trinkbar.

Er sah, daß er mir nicht entrinnen konnte, und ergab sich mit guter

Manier in sein Schicksal. Auch fanden wir es in der That so heimelig unter dem niederen Dach des bescheidenen Weinhäuschens, und der etwas herbe, aber kühle Trunk in der offenen Flasche, den die ältliche Wirthin uns vorsetzte, machte meiner Empfehlung so völlig Ehre, daß der Freund nicht bereute, mir gefolgt zu sein. Wir Beide hatten eine weite Wanderung hinter uns und waren einer Erquickung bedürftig. So erschien bald die zweite Flasche auf dem sauber mit rothkarrirter Decke verhangenen Tisch, während wir alte Alexandersbader Zeiten wieder heraufbeschworen und sonst von unwichtigen Dingen plauderten.

Die Wirthin, die eine Weile mit ihrem Strickzeug am Fenster gesessen hatte, wurde abgerufen. Wir waren auf einmal still geworden und sahen beide nachdenklich auf die weiße Glocke der kleinen Petroleumlampe oder in den funkelnden Rubin in unsern Gläsern. Seine Cigarre war ihm ausgegangen, er machte keine Anstalten, sie wieder anzuzünden.

Was werden Sie gedacht haben, fing er plötzlich an, als ich heute Morgen vor Ihnen die Flucht ergriff! Ich hatte immer nur Freundliches von Ihnen erfahren, und jetzt, statt mich des günstigen Zufalls zu freuen, der mir zu einem Wiedersehen verhalf, – glauben Sie mir, den ganzen Tag ist mir das peinliche Gefühl nachgegangen, Sie gekränkt zu haben, da Sie's doch wahrlich nicht um mich verdient hatten. Ich würde Ihnen geschrieben und mich zu entschuldigen gesucht haben, wenn der Zufall uns nicht wieder zusammengeführt hätte.

Ich sagte ihm, wie ich mir sein Ausweichen gedeutet hatte, und daß ich ihn keinen Augenblick im Verdacht einer feindseligen Gesinnung gehabt hätte.

Ja, sagte er, so ungefähr war es auch. Der Anblick jenes Grabes hatte mich so erschüttert – meinem leiblichen Bruder hätte ich in jener Stunde nicht ins Gesicht sehen mögen. Und doch bin ich einzig und allein zu dem Zweck, mich wieder mit dem Grauen dieser Erinnerung zu sättigen, heute Morgen herausgefahren. Ein seltsamer Trieb im Menschen, in alten Wunden zu wühlen, so daß sie nie recht vernarben können. Wie ich dann über Tag hier in der Umgegend herumstrich, begleiteten mich gewisse Schatten auf Schritt und Tritt, und selbst Ihre freundliche Gesellschaft kann sie nicht verscheuchen. Mehr als einmal, als wir noch in den Fichtenwäldern um die Luisenburg mitsammen herumstiegen, hatte ich schon die Lippen geöffnet, Ihnen zu erklären, was mich verdüsterte, doch immer wieder biß ich die Zähne zusammen. Heute aber ist's, als hätten sich die Gräber geöffnet und ihre Todten herausgelassen, die Lebendigen zu ängsten. Mir ist zu Muth, als könnte ich sie nicht wieder zur Ruhe bringen, wenn ich nicht eine Beichte ablegte und einen Freund befragte, ob man wirklich noch mit grauen Haaren den Fluch einer Jugendsünde tragen müsse, die einem so lange Jahre jeden reinen Tropfen Lebensglück verbittert hat.

* *
*

Ich verhielt mich schweigend, und er erwartete auch keine Antwort. Jetzt aber fiel mir auf, daß er seit unsrer ersten Bekanntschaft völlig ergraut war, Haar und Bart gelichtet, das alte Feuer seiner schwarzen Augen wie durch einen Nebel gedämpft. Doch die kräftigen, regelmäßigen Züge seines Gesichtes erschienen nur noch edler und fast ehrfurchtgebietend.

Glauben Sie nicht, fing er endlich wieder an, daß ich vor fünfundzwanzig Jahren es mit gewissen Thorheiten, die zu Verbrechen werden können, leicht genommen hätte. Ich hatte freilich allerlei zärtliche Verhältnisse, wie so ein junger Fant sie zu haben pflegt. Aber aus zwei Gründen wurde ich vor ernstlicheren Verirrungen bewahrt. Einmal, weil ich von früh an eine ritterliche Schwärmerei für meine liebe und schöne Mutter hatte, mit der verglichen mir die meisten Weiber sehr wenig liebenswerth erschienen. Und dann, obwohl ich nicht eben ein eitler Geselle war, wußte ich doch, daß die Mädel an meinem Gesicht und meiner schlanken Figur Gefallen fanden und mir gern auf halbem Wege entgegenkamen. Das hatte zur Folge, daß ich mich kostbar machte und die Schönsten und Stolzesten gerade gut genug für mich hielt.

Nur einmal, da ich oft nach Würzburg hinüberkam, lief ich ernstlich Gefahr, mich in ein Abenteuer zu verstricken, bei dem ich Schaden an meiner Seele genommen hätte. Eine sehr reizende und noch weit kokettere Dame, die Frau eines höheren Offiziers, an den ich empfohlen war, hatte ihre Augen auf mich geworfen, den jüngsten und unbedeutendsten unter ihren Verehrern. Wer weiß, wohin dies sträfliche Spiel mit dem Feuer geführt hätte. Da aber rettete mich noch zur rechten Zeit mein guter Papa, der nach Ablauf meiner Dienstzeit darauf bestand, daß ich nun mein Probejahr bei dem Revierförster absolviren müsse.

So kam ich, ein wenig angebrannt, doch die edleren Theile noch heil und unversehrt, im Hochsommer hier an und empfand es, nachdem die ersten Trennungsschmerzen sich verblutet hatten, als eine Erquikkung, der ungesunden Schwüle jenes leidenschaftlichen Verhältnisses entrückt zu sein und in der reinen Waldluft mir alle frevelhaften Romane aus dem Sinn zu schlagen.

Heiß genug fand ich es freilich auch hier.

Als ich am dritten Tage, da ich nach einer guten Karte mein Revier beging, gegen Mittag vom Stadelberg herunterkam, über den Floigerhof zu den beiden Gehöften hinab, die unten in dem hübschen kleinen Thälchen liegen, hätte ich viel um einen frischen Trunk gegeben. Die Thüren aber waren verschlossen – die Leute mochten bei der Heuernte sein – das Wasser, das aus dem Brunnenrohr floß, war lauwarm, es blieb mir nichts übrig, als die Halde auf der andern Seite hinaufzusteigen, wo ein schmaler Wiesenpfad dem Walde zulief. Jenseits desselben blickten der Kirchthurm und die Dächer Miesbach's herüber, aus allen Schornsteinen dampfte es mittäglich einladend, und das Bier aus der berühmten Brauerei drunten zu würdigen, hatte ich schon in Schliersee Gelegenheit gehabt.

Miesbach
Holzstich nach Gustav Otto Dietrich, 1895

Das Gitterthürchen oben neben der kleinen Laube war unverschlossen, so trat ich in den schattigen Wald, aus dem mir in dieser brütenden Dämmerung ein würziger Geruch von wildem Thymian, gemischt mit dem Arom von Himbeeren, entgegenquoll. Ich war aber zu ermüdet und verlechzt, um mich mit dem Naschen mühsam gesammelter Beeren aufzuhalten. Die Büchse, ein etwas schwerfälliger Zwilling, noch ein Erbstück vom Großvater, drückte mich, ich verwünschte meine Thorheit, die hohen Kamaschen angezogen zu haben, und hatte in meinem Mißmuth kaum ein Auge für die Lieblichkeit des Weges – Sie kennen ihn – unter den kräftigen Buchen längs des Waldrandes, zur Linken die Wiese, die sich sacht hinabsenkt, drüben die schönen Bäume an der Straße nach Agatharied und in der Ferne die Höhen der Tegernseer Landstraße. Verdrossen schlich ich fürbaß und schämte mich zugleich, daß ich die erste Probe in meinem selbstgewählten Berufe so schlecht bestand, wenn ich auch freilich schon seit sechs Uhr auf den Beinen war. Es war auch gar zu dumpf und beklommen hier unter den dichtverwachsenen Büschen. Alle Augenblicke verstrickte ich mich in Brombeergerank, und der Aerger darüber schoß mir heiß in die Stirne. Nun vollends wetterte ich ingrimmig in mich hinein, als ich an eine Stelle kam, wo plötzlich der Weg durch einen hohen, festen Verhau verrammelt war, während rechts und links ein starker Lattenzaun den Ausweg aus der Sackgasse verhinderte.

Indem ich aber noch darüber nachsann, wo ich am bequemsten durchbrechen könnte, hörte ich auf einmal drüben aus dem Walde eine helle Weiberstimme singen, eine Weise, die ich nicht kannte, in so hohen, scharfen Tönen, daß es mehr wie ein Vogelschrei, als wie ein Lied aus einer Menschenkehle klang. Auch brach der Gesang alle paar Tacte lang ab, um nach einer Pause von Neuem anzuheben. In der tiefen Stille ringsum, da kein Vogel sich hören ließ, kein Blatt in der regungslosen Luft rauschte, nahm sich dieser seltsame Gesang fast unheimlich aus.

Ich war an den Verhau getreten und lugte durch einen Spalt in dem Gestänge hinaus. Da sah ich ein weibliches Wesen den Waldpfad daherkommen, der sich jenseits des Zaunes wieder lichtete, langsamen Schrittes, und ebenso wie ihre Melodie auch ihren Gang beständig unterbrechend, um niederzuducken und sich am Boden etwas zu schaffen zu machen.

Als das singende Wesen auf zwanzig Schritte herangekommen war, ohne zu ahnen, daß es belauscht wurde, sah ich, daß es eine Beerensammlerin war, höchstens siebzehnjährig, schlank aufgeschossen und schmiegsam wie eine Eidechse, ein blutarmes Ding offenbar. Denn sie ging barfuß, und selbst von weitem konnte ich sehen, daß ihr kurzes Röckchen vielfach geflickt und von Regen und Sonne ausgeblichen war. Um den Kopf hatte sie ein rothkarrirtes Tüchlein geknüpft, das war ihr aber bei dem häufigen Bücken und Wiederaufschnellen in den Nacken zurückgeglitten. Am Arm trug sie einen kleinen Korb, in den sie die Beeren warf. Vom Gesicht, über das die Sonnenlichter hinspielten, sah ich nichts deutlich, als ein Paar sehr hell schimmernder Augen.

Da sie nun näher kam, zog ich mich behutsam ein paar Schritte zurück und stellte mich hinter einen dicken Buchenstamm auf den Anstand. Ich verlor sie freilich zunächst aus dem Gesicht, doch an ihrem Singen, das plötzlich aufhörte, konnte ich merken, daß sie dicht an den Verhau herangekommen war und nun offenbar bedachte, wie sie da hinüberkommen sollte. Sie wird umkehren, dacht' ich. Dann mußt du dich sputen, durch den Zaun zu brechen, um sie einzuholen. Warum mir daran lag, ihr zu folgen, wußte ich nicht.

Aber während ich noch hierüber grübelte, sah ich ihren Kopf plötzlich über der hohen Stangenbarrikade auftauchen, gleich darauf die ganze leichte Gestalt, so mühelos, als sei sie das Klettern von lange her gewohnt. Es war aber merkwürdig, wie sorgsam sie sich bemühte, daß ihr Röckchen sich nicht in die Höhe streifte, selbst hier in der Waldeinsamkeit, wo sie sich völlig unbelauscht glauben mußte. Ihr Korb, während sie sich mit den Händen an den vorspringenden Stangen festhielt, hing sicher am linken Arm, ohne daß irgend etwas verschüttet wurde, und sogar in ihrem Singen fuhr sie munter fort. Noch ein kleiner Sprung, dann stand sie unten und zupfte die Falten der losen braunen Jacke und des Röckchens zurecht. Es war eigentlich ein alter, sehr verschossener seidener Unterrock, den eine mildthätige Sommerfrischlerin dem armen Kinde einmal geschenkt haben mochte.

Nun, da sie ein paar Minuten still stand, um Athem zu schöpfen, konnte ich sie genauer betrachten.

Sie war von mittlerer Größe, aber so zierlich gewachsen, daß sie eher groß erschien, zumal ihr Kopf auffallend klein war, trotz des dichten braunen Haares, das nachlässig um ihre Schläfen hing; eine Strähne fiel ihr über das linke Auge, so oft sie sie auch mit der Hand zurückstrich. Auch die Augen waren nicht groß, aber von einer sonderbaren

Helligkeit, wenn sie die Wimpern weit öffnete. Dann schwammen die lichtbraunen funkelnden Sterne in dem bläulichen Weiß wie halbreife Brombeeren in Milch. Sonst war nichts Auffallendes an dem schlichten runden Gesichtchen, als höchstens die trotz des Sonnenbrandes bleiche Farbe. Aber wenn sie den vollen, weichen Mund öffnete, wie eben jetzt, um tief aufzuathmen, sah man die beiden blanken Zahnreihen und das rosige Züngelchen, wie bei einem jungen Hunde nach einem raschen Lauf.

Sie fuhr sich mit dem Rücken der rechten Hand über die Stirne, um den Schweiß wegzuwischen. Dabei sah ich, daß ihre Finger blau und roth gefärbt waren, wie auch ihre nicht eben kleinen, aber wohlgebildeten Füße bis an die Knöchel die Farbe der Heidelbeeren trugen, in deren Kraut sie heute wohl schon stundenlang herumgestapft waren.

Als sie jetzt aber ihren Weg fortsetzen wollte, trat ich sacht aus meinem Hinterhalt vor. Sie stieß einen kleinen Schrei aus, nickte mir dann aber unverlegen zu und machte Miene, an mir vorbeizuwandern.

Halt! rief ich und streckte den Büchsenlauf wie einen Schlagbaum über den Weg. Hier passirt man nicht, ohne sich auszuweisen. Wer bist du, und was hast du hier im königlichen Forst zu suchen? – Ich wußte nicht einmal genau, ob der Wald nicht der Gemeinde gehörte. Aber sie konnte mich schwerlich berichtigen.

Was ich hier suche? wiederholte sie und lachte ganz unbefangen. Da sehen's ja, was ich gesucht hab'!

Sie hielt mir ihren Korb hin, in welchem zwei tiefe irdene Töpfe standen, zur Hälfte gefüllt, einer mit Heidelbeeren, der andere mit Himbeeren.

Weißt du nicht, sagte ich und bemühte mich, eine möglichst strenge Amtsmiene zu machen, daß Niemand aus den königlichen Forsten ohne besondere Erlaubniß etwas holen darf? Hast du einen Erlaubnißschein zum Beerensammeln? Wenn nicht, so werde ich dich anzeigen müssen, da ich königlicher Forstgehülfe bin.

Sie hatte mich während dieser feierlichen Rede von Kopf bis Fuß gemustert, ohne sich im Geringsten eingeschüchtert zu zeigen. Jetzt lachte sie hell auf.

Gehn's weiter, Herr! sagte sie. Sie wollen mich bloß stimmen[*]. Sie sind ja gar kein Jagdgehülfe, Sie sind irgend so ein verkleideter Baron oder

---

[*] Zum Besten haben.

Graf und laufen nur so zum Vergnügen mit dem Stutzen umeinand, jetzt, wo gar keine Jagdzeit ist. Oder wollen Sie Eichkatzeln schießen? Und wieder machte sie Anstalten, an mir vorbeizuschlüpfen.

Ich faßte sie aber an dem mageren braunen Aermchen, das noch wie ein Kinderarm aus der ausgewachsenen Jacke hervorkam, und sagte: Ob ich ein richtiger Jagdgehülfe bin, das sollst du bald erfahren, wenn ich dich zu dem Herrn Revierförster führe. Aber da der Weg ein bissel weit ist und jetzt die heißeste Zeit, will ich dich einstweilen frei lassen. Nur aufschreiben muß ich dich, um zu wissen, du Waldfrevlerin, wer du bist und wo man dich finden kann.

Da lachte sie wieder.

O, sagte sie, wenn's weiter nichts ist, mich kennt ja jedes Kind, ich bin die Vroni, und mein' Mutter ist die alte Burgei, und wir wohnen da drüben, schauen's nur über die Wiese 'nüber – und sie deutete mit dem blauen Zeigefingerchen zwischen den Stämmen durch in den Grund hinab – das Häuserl können Sie jetzt nicht sehen, es liegt hinter dem hohen gelben Haus, aber ein Jeder kann Sie hinweisen, und daß ich drum gestraft werden soll, weil ich Beeren gebrockt hab', das werd' ich nimmer glauben, bis ich's seh', und nun lassen Sie mich durch, Herr – Forstgehülfe! Mein' Mutter wartet auf mich mit dem Essen.

Ich hatte mein Notizbuch herausgezogen und mich gestellt, als ob ich ihre Aussage zu Protokoll nähme.

Wer ist deine Mutter, Vroni? fragte ich.

Wer sie ist? Ha, sie ist eben die alte Burgei, mein Vater war im Bergwerk drüben in Hausham, ich bin halt – ein lediges Kind, setzte sie mit leiserer Stimme hinzu. Und wie mein Vater die Mutter hat heirathen wollen, ist er verstorben, er hatt' es so schwer auf der Brust; ich war noch ein kleinwinzigs Ding, als er starb, und die Mutter hatte nichts zum Leben, sie hatte auch im Bergwerk gearbeitet, bis es sie so arg mit der Gicht gefaßt hat, da hat die Gemeinde hier für sie sorgen müssen, und sie selbst hat das Korbmachen gelernt, und ich hab's ihr abgesehen, und da machen wir halt Körbe, und im Sommer geh' ich in den Wald nach Thaubeeren und Schwammerlingen und was sonst so wachs't, und das kaufen mir die Damen ab, die unten in der Sommerfrische sind, und die Körbe schicken wir nach München. Ja, und kein Mensch hat uns je was dreingered't, und ich glaub's auch nicht, daß es jetzt anders sein soll, weil ein neuer Forstgehülfe gekommen ist. Gelt, Sie haben mich bloß zum Narren haben wollen?

Sie sah mir so lustig und treuherzig zugleich in die Augen, daß ich's nicht übers Herz brachte, die Komödie weiterzuspielen.

Wenn du deiner armen Mutter damit hilfst, sagte ich, so werde ich dich nicht anzeigen. Aber ein bischen gepfändet mußt du werden. Schau, ich hab' einen Mordsdurst, du mußt mir von deinen Himbeeren geben. Willst du?

Gern! sagte sie, eifrig nickend, warf einen Blick umher und riß dann ein paar große Blätter aus dem nächsten Strauch. Halten Sie die Hände auf, Herr Forstgehülfe, sagte sie, legte mir die Blätter darauf und ließ mir aus dem Himbeertopf vorsichtig so viel Beeren in die kleine Höhlung rollen, bis sie gefüllt war.

Nein, sagte ich, das ist zu viel. Ich kostete nur ein paar der sehr reifen und würzigen Früchte und schüttete die übrigen wieder in den Topf.

Sie sind gut, nicht wahr? fragte sie ernsthaft, wie eine Handelsfrau, die stolz ist auf ihre Waare. Ich kenn' jeden Fleck im Wald, wo sie wachsen, aber es ist eine rechte Sünd', wie die Schulkinder aus dem Ort sie halbreif brocken, grad wie auch die Haselnussen. No, es giebt ihrer immer noch, die sie nicht finden. Heuer sind sie besonders gut gerathen.

Ja, sagte ich, sie sind röther als gewöhnlich. Aber deine Lippen, Vroni, sind doch noch röther.

Sie lachte unverlegen. Gehn's, sagte sie, Sie machen sich nur lustig über mich. Da ist ja gar kein Drandenken.

Wollen wir einmal die Probe machen? sagte ich und nahm eine besonders große hochrothe Beere aus dem Korb. Halt' sie einmal zwischen den Lippen, daß ich vergleichen kann.

Sie gab sich arglos dazu her, zwar mit Achselzucken, wie über eine Kinderei, aber ohne sich zu wehren. Einen Augenblick hielt sie die purpurne Beere still zwischen ihren Lippen, die allerdings eine hellere Farbe hatten. Ihre Augen fragten mich, wie der Vergleich ausfalle. Dann aber hatte ich, ehe sie sich's versah, ihren Kopf zwischen meine beiden Hände genommen und ihr die Beere vom Munde weggeküßt.

Dein Mund ist doch röther, Vronerl, rief ich lachend, und jedenfalls süßer.

*　*
*

Aber das Lachen verging mir.
Sie war zurückgeschnellt, wie wenn eine Natter sie in die Lippe gebissen hätte. Ihr weißes Gesicht war plötzlich mit dunkler Röthe übergossen, die Augen weit aufgerissen, ihre Lippen zitterten leise. Sie sprach kein Wort, warf mir nur einen Blick zu, nicht zornig, nur erschrocken und traurig, so daß ich verwirrt zu Boden blickte. Dann knüpfte sie mit hastigen Händen das Kopftüchlein wieder fest, nahm den Korb auf, den sie einen Augenblick ins Haidekraut gestellt hatte, und wollte, ohne mich weiter anzusehen, an mir vorbei.

Es ging mir nun doch gegen die Manneswürde, von einem barfüßigen armen Ding mich so abtrumpfen zu lassen.

Vroni, sagte ich, du bist mir böse, ich habe dich gekränkt. Aber du bist eine Närrin, daß du gar keinen Spaß verstehst. Mit meiner Forstgehülfenschaft hat es seine Richtigkeit, aber dich zu pfänden hatt' ich kein Recht, du kannst Beeren suchen, so viel du willst. Und da ich dir welche abgekauft habe, muß ich sie dir auch bezahlen.

Ich griff in die Tasche und holte ein blankes Guldenstück hervor.

Da sah ich, wie sie plötzlich wieder ganz blaß wurde. Ihre Augen öffneten sich mit einem fast drohenden Ausdruck und sahen mich starr an. Dann sagte sie kaum hörbar: Ich will nichts von Ihnen. Lassen Sie mich gehen! Und indem sie rasch an mir vorüberschritt, stieß sie mit dem Ellbogen an meine ausgestreckte Hand, in der ich das Geldstück hielt, so daß es zur Erde fiel. Damit entfernte sie sich, ohne nach mir umzublicken.

Ich aber stand und sah dem schmächtigen Figürchen unverwandt nach, bis die blauen Füße und das rothe Kopftuch hinter dem Gestrüpp verschwunden waren. Ein heißer Aerger über meine plumpe Aufführung stieg in mir auf. Daß ich sie geküßt hatte, nahm ich mir nicht übel. Den süßen Himbeerduft dieses Kusses hatte ich noch auf den Lippen. Aber ihr Geld anzubieten und es dann fallen zu lassen, statt es ihr unbemerkt in den Korb zu stecken, – es war zu einfältig.

* *
*

Eine Viertelstunde später saß ich am Mittagstisch der Post. Das Essen war nicht schlecht, das Bier frisch und gut. Ich konnte mir aber den Unmuth nicht damit von der Seele spülen. Auch die Zuthulichkeit der

Kellnerin, die mich auffallend begünstigte, verfing nicht bei mir. Sie war ohne Frage viel hübscher als das dürftige junge Waldkind mit den blauen Händen und Füßen, eine dralle, schwarzäugige Person. Ich sah aber immer nur die kinderhaft lachenden und dann wieder traurig erstaunten Augen, die ich so gekränkt hatte. Nicht besser gelang es mir, die Erinnerung an die schöne Frau in Würzburg zu Hülfe zu rufen gegen diesen sonderbaren Spuk. Ich war nichts weniger als verliebt in das arme Mädchen. Aber ich mußte mich beständig mit ihr beschäftigen, und als es Abend wurde, ließ es mir keine Ruhe, ich beschloß, sie noch einmal aufzusuchen und Alles daranzusetzen, sie mir zu versöhnen.

Die Gegend, wo ihre Mutter wohnte, hatte ich mir gut gemerkt. Das Häuschen befand sich am äußersten Ende des Orts gegen das Ufer der Schlierach zu, wo damals nur erst einzelne Gebäude und niedere Schuppen standen. Als ich hinunterkam, lag schon ein unsicheres Zwielicht über dem Thalgrunde. Aber das gelbe Haus, das mir das Mädchen gezeigt hatte, war nicht zu verfehlen, und dahinter – mein Gott, in dieser Hütte, die kaum einer menschlichen Wohnstätte glich – ein schiefgesunkenes Dach über einem verfallenen Mauerwerk, von dem der Bewurf in großen Brocken abgesprungen war, schwarze Fensterlöcher mit zerbrochenen Scheiben verwahrt, daneben ein kleiner, mit einem kniehohen Steckenzaun eingefriedigter Platz, auf dem eine Ziege, an einen Pfahl angebunden, an alten Kohlblättern nagte – in dieser verwahrlos'ten Umgebung sollte ich mein Waldkind wiederfinden?

Doch blieb ich nicht lange im Zweifel, daß sie wirklich unter diesem allerarmseligsten Dache haus'te. Ich war von der Rückseite herangekommen. Doch während ich noch stand und mit einiger Herzbeklemmung überlegte, wie ich mich am besten bei der Mutter einführen könnte, hörte ich plötzlich die Stimme wieder, wie Mittags im Walde, ganz hell und munter, so daß ich mich tröstete: sie hat den kleinen Aerger längst vergessen. Vorsichtig, wie man sich an ein scheues Wild heranbirscht, schlich ich an der Mauer entlang und spähte um die Ecke.

Da saß sie vor dem einzigen Fenster neben der niederen Thür auf einem Bänkchen, ohne das Kopftuch und statt der braunen Jacke ein altes gelbes Tuch lose um die Schultern geschlagen. Auf ihrem Schooß lag ein schwarz und weiß geflecktes Kätzchen und blinzelte schläfrig aus den gelben Augen. Seine Herrin aber hatte keine Zeit, es zu streicheln. Die kleinen, noch immer blau und roth gefärbten Hände waren eifrig damit beschäftigt, einen länglichen Marktkorb zu flechten, zu dem sie die geglätteten Weidenruthen neben sich auf der Bank liegen hatte. Ihr Gesicht hatte wieder seinen kindlich vergnügten Ausdruck, der nur manchmal sich kurz verfinsterte, wenn ihr das Haar gar zu lästig über Stirn und Augen fiel. Dann schüttelte sie es zurück und ließ sich in ihrem Flechten und Singen nicht stören.

Ich weiß nicht, wie lange ich dagestanden und sie in ihrem stillvergnügten Wesen belauscht hätte. Aber ein paar Buben kamen des Weges hinter mir her, von denen wollte ich mich nicht auf meinem Späherposten ertappen lassen. Ich bog also um die Ecke und ging gerade auf das Mädchen zu.

Guten Abend, Vroni! sagte ich. Noch so fleißig?

Sofort aber bereute ich mein plötzliches Hervortreten. Denn mit einem halb unterdrückten Schreckensruf fuhr sie in die Höhe, der Korb und die Weidensprossen glitten ihr aus den Händen, die Katze rollte kopfüber auf die Erde herab, und mit weitaufgerissenen Augen, wie wenn sie ein Gespenst erblickte, sich fest an die Mauer drückend und die Hände wie flehend gegen mich ausgestreckt, starrte das wunderliche Kind mich an.

Was hast du nur, Vroni? sagte ich und trat näher. Bist du so schreckhaft? Ich bin ja dein guter Freund und wollte nur einmal nachsehen –

Weiter kam ich nicht. Denn sie machte eine hastige Bewegung mit der Hand, als wolle sie mich beschwören, eilig fortzugehen. Ihr Gesicht wurde mit Glut übergossen, ihre junge Brust athmete schwer unter dem gelben Tuch, aber kein Wort kam von ihren Lippen.

Indem hörte ich aus der Hütte eine dünne, scharfe Weiberstimme: Wer ist da, Vroni? Mit wem redst du? – Ich konnte nicht zweifeln, daß es die Mutter war, die nach ihr rief, und war schon im Begriff, in die Thür zu treten, die halb offen stand, als ein wiederholtes, noch ängstlicheres Fortwinken des Mädchens mich erkennen ließ, es wäre gerathener, auf die Bekanntschaft der Alten heute Abend noch zu verzichten. So nickte ich der Kleinen nur freundlich zu und entfernte mich.

Als ich eine Strecke weiter mich nach der Hütte umsah, war das Mädchen verschwunden. Nur die Katze saß auf der Bank, und mir schien, als ob sie mir schadenfroh nachblinzelte.

* *
 *

Nach dieser unzweideutigen Abweisung mußte ich die Hoffnung wohl aufgeben, zu den Bewohnerinnen der Hütte in ein hausfreundliches Verhältniß zu treten. Da mir aber an der Mutter nichts lag und ich sicher darauf rechnen konnte, bei dem Geschäft der Tochter, das sie auf den Wald anwies, ihr unfehlbar dort wieder zu begegnen, so nahm ich mir die heutige Niederlage nicht sehr zu Herzen. Ich hatte wenigstens, wie ich glaubte, meinen guten Willen gezeigt und konnte mich vorläufig dabei beruhigen.

In den nächsten Tagen aber, obwohl ich die Plätze im Walde sorgsam aufgespürt hatte, wo eine reichliche Beerenernte zu gewinnen war, fand ich keine Spur von den blauen Füßen. Einmal nur glaubte ich in der Ferne zwischen hohen Ginsterbüschen das rothe Kopftuch auftauchen zu sehen. Doch verschwand die Erscheinung sofort wieder, vielleicht weil ich unbesonnen genug war, Vroni! zu rufen, vielleicht war's nur eine Luftspiegelung oder eine Hallucination meiner aufgeregten Sinne gewesen.

Nach und nach schwand in mir die eigensinnige Begier, das arme Wesen wiederzusehen. Der Eindruck verwischte sich, und ich war froh darüber, da ich überhaupt nicht recht wußte, was ich daraus machen sollte.

Da trat ich am nächsten Sonntag in die Kirche während der Frühmesse. Man ist hier sehr fromm, wie Sie wissen, und das geräumige Schiff war Kopf an Kopf gefüllt, so daß ich nur nahe bei der Thür noch einen Platz unter der andächtigen Menge fand. Ich bin nicht katholisch; aber so eine stille Messe in einem hohen, mit sanften Farben geschmückten, von Weihrauch durchdufteten Gotteshause stimmt mich immer andächtig, wenn ich dann auch anderen Betrachtungen nachhänge, als die gläubige Gemeinde, und unter den Knieenden aufrecht stehen bleibe. Als die Wandlung durch das Glöckchen angezeigt wurde und alle Köpfe sich tief auf die Brust senkten, ließ ich meine Augen so verloren in dem dunkeln Raum unter der Orgel herumgehen, der ganz voll knieender Weiber war, der ärmsten unter den Bewohnerinnen des Marktes. Da sah ich aus dem Hintergrunde neben der verschlossenen Pforte zwei helle Punkte, zwei offene Augen auf mich gerichtet, nur einen blitzartigen Moment, denn die Augen wurden sofort niedergeschlagen. Ich wußte aber auf der Stelle, wer dort kniete und einen Augenblick der Andacht vergessen hatte, um nach mir herüberzuspähen.

Ich konnte mir's nicht versagen, als die Messe vorüber war, mich draußen auf dem Friedhof aufzupflanzen, um jenen hellen Augen wenigstens aus der Ferne einen freundlichen Gruß zuzuwinken. Nach und nach leerte sich die Kirche, die Weiber und Mädchen schritten alle an mir vorbei, zuletzt kamen schon die wackligen alten Mütterchen und bresthaften Männlein, die sich nur langsam fortschleppen konnten, – ich hatte die Hoffnung fast aufgegeben, meinen Zweck zu erreichen, und sagte mir, sie wird durch die andre Thür weggegangen sein, obwohl dies hier der nächste Weg für sie wäre, – da erschien sie doch noch in dem dunkeln Thürrahmen. Sie trug heute ein dunkles, ebenfalls schon ausgewachsenes Kleidchen, das bis hoch an den Hals geschlossen war, ein altes schwarzes Strohhütchen, Schuhe und Strümpfe und in den schlicht zusammengelegten Händen ein abgegriffenes Meßbüchlein in schwärzlichem Leder. Sowie sie die Schwelle betrat, sah sie sich schüchtern nach beiden Seiten um, und da sie mich erblickte, der ich halb abgewendet neben einem Grabstein stand, zauderte sie einen Augenblick, als ob sie wieder in die Kirche zurückflüchten wollte. Dann aber schritt sie tapfer über die Schwelle und, ohne weiter aufzublicken, den kurzen Weg bis zur Pforte des Friedhofs, stieg die Stufen hinab und tauchte in den kühlen Schatten der nächsten Gasse unter.

Ich blieb meinem Vorsatz treu, sie hier auf der offenen Straße nicht anzureden. Auch hatte sie mir heute in dem unkleidsamen Sonntagsgewand und dem Hut mit dem Aufputz abgetragener künstlicher Blumen bei weitem nicht so gefallen, wie in dem losen Aufzug, wie sie mir am ersten Tage begegnet war. Nur ein tiefes Mitleiden mit der hülflosen Armuth fühlte ich und sagte mir, wie das verkümmerte junge Pflänzchen aufblühen würde, wenn ihm ein bischen Sonnenschein vergönnt wäre. Was aber sollte ich dazu thun? Ein Jagdgehülfe, der von seinem Vater eine nicht eben glänzende monatliche Apanage erhielt, woher sollte er die Mittel nehmen, das Kind der alten Burgei reichlicher zu nähren und besser zu kleiden?

* *
*

Ich verlor sie nun ein paar Wochen lang aus den Augen und aus dem Sinn. Ueberdies war die Zeit der Beeren vorüber, nur die Brombeerranken reiften in der stillen Augustsonne ihre Früchte, die aber nicht so viel Liebhaber finden, als sie verdienten. Ich hatte Anderes zu thun, als barfüßigen Waldläuferinnen nachzugehen; mein Vorgesetzter nahm mich ernstlicher in Anspruch, dann ging auch die Jagd auf, und die war von früh an meine Passion gewesen.

Nun ist leider der Hochwildstand in diesem Revier nur gering, und ich kam nur selten einmal zu Schuß. Und so war ich wieder einmal eines Nachmittags von einem Birschgang ohne Beute zurückgekehrt und schlenderte unlustig den schönen schattigen Weg durch das Waldthal von Parsberg herüber. Mein Hündchen, ein kleiner schwarzer Teckel, zottelte auf seinen krummen Beinen langsam hinter mir her.

Da sah ich, als ich an den Zaun kam, hinter welchem der Weg zum Stadelberg durch den Wald steil hinanführt, nur etwa fünfzig Schritte vor mir das wohlbekannte rothe Kopftuch, das sich ebenfalls nur langsam vorwärts bewegte. Der Kopf darunter war nachdenklich auf die Brust gesenkt, die Arme, diesmal ohne Korb, hingen regungslos herab. Da aber gab mein Dachsel Laut, das Kopftuch flog herum, ein rascher Blick traf mich, und, wie eine junge Rehgais vor einem Fuchs oder Wolf, mit einem hastigen Satz sprang das aufgeschreckte Mädchen linksab durch das Gatterthürchen in den Wald hinein und den steilen Weg hinauf, ohne einen Laut von sich zu geben.

Ich ihr nach, Dachsel kläffend hinterdrein, und ich rufe ihr zu, sie soll stehen bleiben, ich hätte ihr was zu sagen. Aber sie schwang sich nur behender den Abhang hinan, bog vom Wege ab zwischen die Stämme, überkletterte wie eine Gemse die Steine und Baumstümpfe, zwischen denen das Farnkraut wucherte, und ich merkte, daß meine langen Beine in den hohen Stiefeln dem Wettlauf mit den nackten blauen Füßen nicht gewachsen waren. Ich glühte vor Zorn und Aerger und hetzte den Hund, der noch mühseliger bergan keuchte. Steh, oder ich schieße! rief ich wüthend der Flüchtigen nach, und da die Drohung ihre Flucht nur noch beschleunigte, so daß sie mir in den nächsten Minuten vollends entschwinden mußte, riß ich den Stutzen von der Schulter und feuerte einen Schuß nach oben, natürlich hoch über ihren Kopf weg in die Wipfel der alten Eichen.

Das Echo rollte weit um zwischen den Bergwänden, ein Ast, den die Kugel getroffen, splitterte mit einem leisen Krachen vom Stamme ab und taumelte langsam zu Thal, dann war's plötzlich todtenstill. Hoch über mir sah ich den Flüchtling stehen, das Gesicht nach mir umgewendet, mit einem todblassen, entgeisterten Ausdruck.

Das Herz pochte mir stark, als ich nun langsam, die Büchse wieder über den Rücken werfend, zu ihr hinaufstieg. Ich war noch voll Aerger und Ingrimm über die lächerliche Jagd, zu der sie mich gezwungen hatte. Als ich sie aber erreicht hatte und ihre Augen mit einem rührend ergebenen Blick auf mich gerichtet sah, als erwarte sie, nun auf der Stelle eine Kugel ins Herz zu erhalten, wurde ich völlig entwaffnet.

Sei ganz ruhig, sagte ich. Es geschieht dir nichts. Es war nur ein Schreckschuß, damit du endlich das dumme Hinaufkraxeln ließest. Auch küssen werde ich dich nicht wieder. Ich küsse kein Mädchen, das ein Gesicht dazu macht, als hätt' ich sie vergiften wollen. Ich will nur zwei Worte mit dir reden, dann magst du gehen, wohin du willst, und vor mir sollst du Friede haben in alle Ewigkeit.

Sie war auf einen moosigen Felsblock gesunken, die Kniee schienen sie nicht länger zu tragen nach der Aufregung und dem hastigen Klettern. Sie sah immer noch stumm zu mir auf.

Höre, Vroni, fing ich wieder an und bemühte mich, meiner Stimme einen möglichst rauhen Ton zu geben, obwohl ich das verschüchterte Ding am liebsten umarmt und mit Liebkosungen beruhigt hätte, was hat das dumme Wesen zu bedeuten? Warum erschrickst du vor mir, wie wenn ich der Pelzemärtel wär' oder der böse Feind, damals vor eurem Häusel und wo du mir sonst beggegnest? Was glaubst du daß ich dir thun würde? Hab' ich dir nicht gesagt, es thue mir leid, an jenem ersten Tag mir den Spaß mit dir gemacht zu haben, den du mir so übel genommen hast? Antworte! Ich will erfahren, was du gegen mich hast. Hernach magst du vor mir davonlaufen oder nicht, ich werde mich nie mehr nach dir umschauen.

Sie brachte noch nicht sogleich ein Wort hervor, ihre Brust arbeitete schwer, sie fuhr sich mit beiden Händen über die Stirne und strich das Haar zurück; dann, die Augen ins Farnkraut gesenkt: Meine Mutter hat's verboten, ich soll nimmer wieder mit Ihnen sprechen, oder sie schlagt mich todt. Sie hat Sie gesehen, wie Sie vorbeigekommen sind, als ich auf der Bank gesessen bin. Sie hat mich gefragt, woher Sie mich kennen. Ich hab's ihr sagen müssen, ich kann nicht lügen, und da – Herr Forstgehülfe, lassen Sie mich gehen, ich bin ein arms Dirndl – die Mutter sagt, so ein vornehmer Herr, wie Sie, wenn der Unsereins anschaut ...

Ich mußte an mich halten, sie nicht zu streicheln, so sehr ging mir der kindlich flehende Blick zu Herzen, mit dem sie jetzt, sich nach und nach beruhigend, zu mir aufsah. Sie war mir nie so reizend erschienen, wie hier in der grünen Waldnacht, wo die spielenden Sonnenlichter ihr weißes Gesicht überflogen. Du bist eine rechte Gans, Vroni, sagte ich, daß du mir was Schlimmes zutrauen kannst, und deine Mutter – nun, ich will sie nicht schelten, sie kennt mich nicht. Aber jetzt ein für allemal: ich will nichts von dir, und deine Mutter mag meinetwegen ruhig schlafen. Ich hätt' es ihr gern selbst gesagt, das werd' ich nun bleiben lassen. Du aber bestell es ihr, hörst du? Sie wird dich nicht schlagen, wenn sie hört, daß ich den Hund auf dich gehetzt habe, bloß um den dummen Span zwischen uns endlich einmal aus der Welt zu schaffen. So, und jetzt steh auf und komm ruhig mit mir hinunter. Wir gehen noch ein Streckchen zusammen, dann sind wir so fremd für einander, als hätten wir uns nie gesehen.

Dachsel hatte sich an sie gedrängt und seinen Kopf mit der langen spitzen Schnauze auf ihr Knie gelegt. Sie streichelte ihm die glatte Stirn und sah ihn nachdenklich eine Weile an. Dann stand sie ruhig auf, strich ihr Röckchen zurecht und nickte mir ernsthaft, aber nicht mehr unfreundlich zu, wie wenn sie sagen wollte, sie sei damit einverstanden, und so sei es das Beste. Während des beschwerlichen Hinunterklimmens sprachen wir kein Wort. Erst als wir unten bei dem Gatter wieder angelangt waren und nun auf dem ebenen Weg durch das Wiesenthal fortgingen, fragte ich, woher sie heute gekommen sei und ob sie noch Beeren sammle.

Nein. Es wüchsen jetzt nicht mehr viel, da lohne sich's nicht. Sie sei in Parsberg gewesen, die Wirthin dort habe einen Korb gebraucht, den habe sie abliefern müssen.

Ich fragte dann nach dem Korbgeschäft, wie viel es eintrage, ob das Flechten schwer sei und dergleichen mehr, was mir sehr gleichgültig war. Aber es lag mir daran, sie vertraulich zu machen. Auch sah ich, daß sie sich nichts Arges mehr zu mir versah, und sogar ihr altes Lachen glänzte wieder auf in den hellen Augen, während sie mir ganz verständig Bescheid gab und ihren Schritt durchaus nicht beschleunigte. Endlich aber hatten wir doch die Stelle erreicht, wo das Thal sich breiter öffnet und man die Häuser von Miesbach herüberblicken sieht. Da stand ich still.

Nun magst du allein weitergehen, Vroni, sagte ich. Wenn uns Leute begegneten, die könnten schwätzen, und du weißt am besten, daß

nichts daran ist, du bist ein braves Mädel, und ich hab' dich gern; aber obwohl nichts Schlimmes dabei ist – deine Mutter ist ein alter Drach, der will ich nicht Ursach geben, daß sie dir in die Haare fährt. Und so pfüet Gott, Vronerl! Und höre, wenn du einmal was brauchen solltst ...
Sie schüttelte heftig den Kopf.

Ich meine, wenn etwa deine Mutter noch kränker werden sollt', und ihr könnt nichts mehr verdienen, und der Doctor und Apotheker wollen auch bezahlt sein – denk daran, Vroni, daß du nicht ganz verlassen bist auf der Welt, sondern einen guten Freund hast in Schliersee. Versprich mir das, Vronerl!

Ich hielt ihr die Hand hin. Sie bedachte sich erst einen Augenblick, dann nickte sie mir mit einer rührend treuherzigen Miene zu, gab mir zutraulich ihre kleine, kühle Hand, die ich freundschaftlich zwischen meinen beiden drückte, und entfernte sich eilig auf dem schmalen Pfad am Weiher entlang, ohne sich noch einmal umzuschauen.

* *
*

Seit jenem Tage vergingen viele Wochen, in denen das rothe Kopftuch mir nicht wieder begegnete.

Ich hatte nun viel in meinem neuen Beruf zu thun, mein Vorgesetzter verschickte mich dahin und dorthin, damit ich Land und Leute und die verschiedenen Reviertheile kennen lernte, gelegentlich wurde ich auch zu Jagden in den Nachbarrevieren zugezogen und hatte Kopf und Hände voll zu thun. Dazwischen dachte ich freilich hin und wieder an das liebe Ding, aber mit aller Seelenruhe, wie an eine gute kleine Freundin, mit der ich gern zuweilen ein Stündchen verplaudert hätte, ohne alle Verliebtheit, so unvergeßlich mir das Gesicht mit den hellen Augen vorschwebte.

Da war es an einem rauhen Novembernachmittag, der Wald stand schon völlig entlaubt, die Wege waren nach langem Regen verschlammt, am nächsten Morgen aber sollte eine Jagd stattfinden, zu der ich einen Freund meines Alten in Hausham eingeladen hatte. Nun ging ich ohne an etwas Arges zu denken die Fahrstraße über Agatharied nach Miesbach, um dort dem Herrn Landrichter dieselbe Botschaft zu bringen, als ich auf einmal stutzte, da ich ein seltsames Paar mir entgegenkommen sah, einen untersetzten, schwarzbärtigen Mann in dem Anzug eines Eisenbahnbeamten oder Bahnwärters, der den linken Fuß stark nachschleppte und eifrig in eine weibliche Begleiterin hineinsprach. Er hatte, wie es die Bauern mit ihren Mädchen machen, den kleinen Finger seiner rechten Hand in den gleichen ihrer linken eingehakt und schlenkerte im Gehen ihren Arm langsam hin und her. Schon von weitem erkannte ich seine Gefährtin, obwohl sie heute weder ihr Kopftuch trug, noch das häßliche Strohhütchen von jenem Sonntag, auch sonst ganz neu, wenn auch äußerst bescheiden gekleidet war. Sie hatte, während sie still neben ihm her ging, die Augen auf den schmutzigen Boden geheftet, und wie sie näher kam, sah ich, daß ein schwermüthig gespannter Zug, der ein Lächeln bedeuten wollte, um ihren blassen Mund spielte. So vertieft, wie sie war, wäre sie wohl auch achtlos an mir vorbeigegangen. Mein Dachsel aber erinnerte sich seiner Freundin, die er von unsrer Birsch her in Affection genommen hatte, sprang auf sie zu und zerrte mit vergnügtem Winseln an ihrem Kleide.

Da sah sie flüchtig auf, erkannte mich, da ich nur sechs Schritte von ihr entfernt war, und vor Bestürzung stieg ihr das Blut in die Wangen. Einen Augenblick blieb sie stehen und warf mir einen beschwörenden Blick zu. Ich verstand sofort ihre stumme Bitte. Gleichgültig, als wäre sie mir so unbekannt wie ihr Begleiter, ging ich an ihr vorbei, rief meinem Hund, der sie gern eine Strecke begleiten zu wollen schien, und setzte meinen Weg, ein Liedchen pfeifend, fort.

Mir war aber gar nicht wohl zu Muthe. Wer Teufel konnte das gewesen sein, der meine kleine Vroni so vertraulich, wie nur ein Liebster oder Bräutigam, am kleinen Finger hatte? Sie hatte mir doch gesagt, sie habe keine Verwandten, außer einem Bruder, der in München beim Militär war. Und dieser schwärzliche hinkende Teufel, der so vertraut mit ihr that und ihr wer weiß was für verliebte Dinge zuraunte, – und sie, die sich sonst so scharf alle Zärtlichkeiten vom Leibe zu halten wußte, heute ganz demüthig und wehrlos –

Ich mußte stillstehen, ein heißer Ingrimm stieg in mir auf. Ich sah mich nach den Beiden um; richtig, da gingen sie noch immer in traulichster Nähe, ja er hatte sogar ihre Hand losgelassen und den Arm um ihre Schulter gelegt, ohne daß sie ihn abschüttelte!

Eine Bäuerin kam des Wegs vom Markt daher, die fragte ich, wer das Paar sei, das da eben vorbeigegangen. Das Mädel habe ja einen kuriosen Geschmack, daß sie sich einen so alten und krüppelhaften Schatz ausgesucht.

O, erwiderte die Frau, Die kann noch von Glück sagen, daß Der sie nimmt. Sie ist ein ganz armes Ding und hat eine harte alte Mutter und keinen Vater dazu. 's ist die Vroni von der alten Burgei, übrigens ein rechtschaffens Dirnl, der's Jeder gönnt, daß sie von der grantigen Mutter und ihrem Hungerleben weg zu einem braven Mann kommt. Denn das ist der Grubenseppel, das muß man ihm lassen, und wenn er auch nicht der Jüngste und Sauberste ist, es nähm' ihn noch Manche, die eine bessere Aussteuer zu erwarten hätt' als die Vroni. Der Grubensepp nämlich, fuhr sie eifrig fort, sei ein Bergwerksarbeiter gewesen und sehr gut angeschrieben bei seinen Vorgesetzten, habe auch schon dicht am Obersteiger gestanden. Da aber sei im Schacht ein Unglück vorgekommen, ein Bruch im Gestein oder in der Verschalung, sie wußte es nicht genau, und mit Andern sei der Seppel verschüttet worden. Sie hätten ihn freilich bald wieder herausgeschaufelt und zu sich gebracht, aber das linke Bein sei gebrochen gewesen, und an der linken Hand habe man ihm drei Finger abschneiden müssen. So sei er verschandelt gewesen für sein Leben, und die Herren von der Gewerkschaft hätten ihn aus der Knappschaftskasse entschädigen müssen mit einem ganz schönen Jahrgeld. Da er aber an der rechten Seite noch heil geblieben und nicht über vierzig Jahr alt sei, habe er nicht so als Tagedieb herumlungern wollen, sondern ein leichtes Geschäft übernehmen, wozu man einen soliden und gewissenhaften Mann brauche. Da habe ihm trotz seines Gebrechens die Eisenbahnverwaltung – damals noch die Bergwerksbesitzer selbst – die Stelle als Bahnwärter zwischen Miesbach und Agatharied gegeben, die habe er nun zwei Jahre lang pünktlich und ohne Tadel versehen. Aber am End' sei's ihm doch zu einsam geworden in dem abgelegenen Bahnwärterhäusel, und da er die Vroni kennen gelernt, die ja auch vom Bergwerk herstamme und, wenn sie ihrem Beerensuchen drüben nachgegangen, ihm manchmal Grüß' Gott! gesagt habe, so habe er um das Mädel gefreit, und wie gesagt, sie wär' eine Närrin gewesen, wenn sie sich daran gestoßen hätte, daß ihr Bewerber nur einen gesunden Arm habe und kein heuriger Has mehr sei. Er habe kürzlich auch noch eine kleine Erbschaft gemacht, und nun brauche sie nicht mehr Thaubeeren zu suchen, und die Alte könne sich auch ein bissel mehr gute Zeit vergönnen.

*   *
*

Wie diese überraschende Eröffnung auf mich wirkte, können Sie sich vorstellen. Wenn auch von Verliebtheit in das Mädel keine Rede war, ich hatte doch ein zu warmes Interesse an ihr, um ihr nicht ein besseres Loos zu wünschen, als ihr in der Enge und Einsamkeit jenes Bahnwärterhäuschens, an der Seite dieses ihr an Jahren so ungleichen Menschen blühte, der mit seinen weißen Zähnen zwischen dem schwarzen Bartgestrüpp wie ein Nußknacker aussah, wenn auch seine Augen und seine Stimme einen kreuzbraven Gesellen verriethen.

Und seltsam genug – oder nein, für einen Psychologen, wie Sie, nur ganz natürlich und nothwendig – seit ich gesehen hatte, daß ein Andrer den Arm um sie schlang und Besitz von ihr ergriff, regte sich in mir ein Neidgefühl, das der Liebe täuschend ähnlich war und sich über Nacht in eine brennende Eifersucht verwandelte.

Ein paar Tage trug ich mich mit dem ingrimmigen Bewußtsein, daß mir hier Etwas verloren gegangen war, was von Rechts wegen mir gehört hätte. Bei der Jagd am nächsten Morgen, bei der ich in meiner Geistesabwesenheit mir wenig Ehre machte und zuletzt sogar eine Gais statt eines Bockes schoß, summten mir, wo ich ging und stand, die Verse aus Goethe's »Jägers Abendlied« im Ohr:

Im Felde schleich' ich still und wild,
Gespannt mein Feuerrohr –

der Schluß aber wollte schlecht auf mich passen: kein stiller Friede kam auf mich, höchstens die mit Bitterkeit getränkte Hoffnung, ein so unsinniges Fieber werde nicht lange dauern und sei überhaupt nur entstanden, da mein einundzwanzigjähriges Herz hier sonst keine Beschäftigung gefunden habe und Müßiggang aller Thorheit Anfang sei.

Und wirklich war ich schon wieder ziemlich kühl und vernünftig geworden, als ich einige Tage nach dieser Entdeckung spät Abends den unteren Weg von der Haidmühle gegen Agatharied zu wanderte, wo ich wieder etwas zu bestellen hatte. So schön es sich dort spazieren läßt an Sommertagen oder hellen Mondnächten, die hohen Bäume zur Linken, rechts in die Wälder hineinwachsend die stillen Wiesengründe, auf denen die Pferde aus den umliegenden Gehöften frei zu weiden pflegen, so unhold war's an jenem Abend. Der Regen zwar hatte aufgehört. Der Mond aber, über den ein eisiger Sturm die zerrissenen Wolkenfetzen jagte, spiegelte sich in den großen schwarzen Lachen, und in den kahlen Aesten, die noch von den schweren Güssen trieften, krächzten die Krähen. Ich ging meines Weges still und wild, aber gedankenlos, ohne weder rechts noch links zu schauen. Auf einmal aber stutzte ich und blieb unwillkürlich stehen; ein jähes Herzklopfen versetzte mir den Athem.

Dicht am Wege, auf einer der regennassen Bänke, die wahrlich nicht zum Ausruhen einluden, saß eine weibliche Gestalt, ganz in sich zusammengebückt, ein großes schwarzes Tuch über Kopf und Schultern geschlagen, die Hände regungslos im Schooß. Von Gesicht und Wuchs war bei der tiefen Dämmerung nichts zu erkennen. Aber ich wußte auf der Stelle: sie war's!

Meine Schritte schien sie überhört zu haben. Als ich aber ganz dicht vor ihr stehen blieb, schreckte sie auf. Sie machte eine unsichere Bewegung, als ob sie sich erheben und fliehen wollte. Aber ob ihr die Glieder schwer waren, oder sie erkannte, daß es zur Flucht zu spät wäre, – sie blieb wieder sitzen, wandte das Gesicht zu mir empor und starrte mich mit stillen Augen an, die feucht waren und sich gleich wieder senkten.

Wo kommst du her, Vroni? fragte ich in möglichst gleichgültigem Ton.

Sie wandte den Kopf ohne zu sprechen nach der Gegend, wohin ich wollte – wo das Bahnwärterhäuschen liegt.

Wie kannst du hier in der Nässe sitzen? Du wirst dich auf den Tod erkälten, Vroni.

Sie zuckte die Achseln; ein verächtlicher Zug ging über ihren festgeschlossenen Mund, als ob ihr Alles gleich wäre.

Höre, Vroni, fuhr ich fort, ich weiß, woher du gekommen bist. Du warst bei deinem Schatz. Ich weiß ja, daß du Braut bist. Ich gratulire dir. Wann wirst du Hochzeit halten?

Immer dasselbe Schweigen.

Ich setzte meinen Kopf darauf, es zu brechen. Die Starrheit des armen Wesens, das ich so ganz anders kennen gelernt hatte, that mir weh. So ließ ich mich ohne weiteres neben ihr nieder, und sie machte auch keine Geberde, als ob sie mir's wehren möchte. Das Umschlagetuch war ihr vom Kopf geglitten, und die eine herabfallende Strähne verdeckte mir einen Theil ihres blassen Gesichtchens.

Vroni, sagte ich ganz dicht an ihrem Ohr, ich habe den Mann gesehen, den du heirathen willst. Er ist nicht schön, aber es soll ein guter

Mann sein. Wo hast du ihn denn kennen gelernt, und wie lang ist's schon her?

Sie sah immer stumm und steinern vor sich nieder. Aber nach und nach fing es in den Augen und Lippen wunderlich an zu zucken, die Flügel des stumpfen Näschens zitterten, und plötzlich brach sie in ein so heftiges Weinen aus, wobei sie die Hände leidenschaftlich vors Gesicht schlug, daß ich in meinem ganzen Leben nie ein ähnliches verzweifeltes Sichauflösen in fassungslosen Schmerz erlebt habe.

Ich war tief erschüttert. An nichts Anderes dacht' ich, als wie ich das unglückselige Kind beruhigen könnte, dem ich eine so starke Empfindung gar nicht zugetraut hatte. Man weiß ja, wie die Heirathen auf dem Lande in der Regel geschlossen werden, und daß eine gute Versorgung das Hauptziel nicht nur der Mutter, sondern auch der Tochter zu sein pflegt. Nun, und hatte die Frau nicht Recht, wenn sie sagte, das Kind der alten Burgei könne von Glück sagen, daß der wackere, wohlversorgte Mann es zur Frau haben wolle?

Ich legte meinen linken Arm erst leise, dann, da sie sich mir nicht entzog, recht fest und warm um ihre schmächtige Schulter und zog mit der rechten Hand ihr die Hände von den Augen, aus denen noch immer eine heiße Thränenflut stürzte.

Vroni, flüsterte ich, sei vernünftig, hör auf, so herzbrechend zu weinen und zu schluchzen. Ich bin ja dein guter Freund, weißt du das nicht?

Sie nickte fast unmerklich, die Thränen fingen an, mäßiger zu fließen.

Nun, siehst du, Herzerl, es geht eben in der Welt nicht immer, wie man's gern haben möcht'. Wir Zwei – daß ich dich gern hab', weißt du, nicht wahr? Und ich glaube, auch du hast mich ein bischen gern. Du hast mir's nie gesagt, aber ich hab' es dir doch angemerkt. Ich möchte wohl gern dein Schatz sein, und du hättest auch nichts dagegen, der meinige zu sein. Brauchst dich nicht zu schämen, so was kommt, ohne daß man's will und weiß.

Dabei hatte ich meinen Mund dicht an ihr kleines Ohr gedrückt und küßte es leise. Meine Hand hatte die ihre gefaßt, die in ihrem Schooß lag, und bei dieser unschuldigen Liebkosung fühlte ich, daß ihre kalten, feuchten Finger den Druck der meinen erwiederten.

Das wäre nun Alles gut und schön, fuhr ich fort, wenn wir uns haben könnten. Aber da ist kein Drandenken. Ich werde so bald noch keine Frau nehmen können, ich muß erst lange und viel mich plagen und studiren, und wer weiß, ob ich in zehn Jahren schon so weit bin.

Bis dahin könntet ihr Zwei, dein Mutterl und du, verkümmern und verkommen, und ich könnt' nicht helfen. Nun kommt da dieser brave Mensch, und sie sagen Alle, er sei so redlich und gutthätig, und das Mädel, das er möcht', wär' gut bei ihm aufgehoben. Denk, Vronerl, der liebe Gott hab's so gewollt; Ehen werden im Himmel geschlossen, heißt's ja. Ein Mann braucht nicht schön zu sein, wenn er nur ein rechter Kerl ist, und dein Bräutigam – ist er's nicht?

Sie nickte nachdenklich vor sich hin. Die Thränen waren versiegt.

Siehst du, Herz, du wirst ihn gewiß noch einmal rechtschaffen gern haben, wenn du merkst, wie gut er's mit dir meint, und deine Mutter Freud' dran hat, und alle Leut' im Ort dich respectiren, weil du eine so brave kleine Hausfrau bist, und wenn du Kinder hast – hättest du nicht gern welche?

Da nickte sie viel nachdrücklicher, und zum erstenmal sah sie mit einer Art von wehmüthiger Freude wieder auf. Dies schien das Tröstlichste von Allem, was ich ihr gesagt hatte.

Ich zog sie näher an mich heran, und sie litt es nicht nur, sondern drückte sich so fest in meinen Arm, als ob sie Schutz suche gegen unheimliche Gefahren. Aber mich anzusehen konnte sie sich nicht überwinden.

Mein liebes, armes Herzerl, sagte ich, mit der Linken ihr die Wange streichelnd, während ich mit der Rechten ihre Hände immer zärtlicher drückte, wir müssen uns nun trennen. Wir wollen uns nie wiedersehen, dies soll das letzte Mal gewesen sein, du gehörst bald ganz einem Andern. Aber daß wir uns so gern gehabt haben, das war keine Sünd', und du brauchst's Niemand zu beichten, weder dem Herrn Pfarrer, noch deinem Mann. Und nun behüt' dich Gott, Vronerl, und er mach' dich so glücklich, wie ich dir's wünsche, und denk fein manchmal an mich, ohne Kummer, und auch ich, du magst's glauben, nie werd' ich dich vergessen.

Da neigte ich mich dicht zu ihr und küßte sie, auf Schläfe, Auge und Wange, und sie hielt leise erschauernd und mit einem Seufzer, der nicht unglücklich klang, meiner Zärtlichkeit still, aber den Mund kehrte sie mir nicht zu, und als ich ihr Gesicht meinen sehnsüchtigen Lippen entgegenwenden wollte, bückte sie sich rasch, hob meine Hand ein wenig von ihrem Schooß empor, drückte einen raschen Kuß darauf und hatte sich im nächsten Augenblick von der Bank auffahrend meinem Arm entwunden.

Noch einmal nickte sie mir zu, mit einem unbeschreiblich holden, innigen Blick, dann lief sie, ehe ich zur Besinnung kam, auf dem Weg nach der Haidmühle davon und entschwand mir in der Finsterniß, die inzwischen hereingebrochen war.

* *
*

Sie brauchte nicht zu fürchten, daß ich ihr nacheilen und versuchen würde, sie zurückzuhalten.

Alles, was ich soeben gesprochen, hatte ich ganz ernst gemeint, den Abschied für immer, die Hoffnung, daß es das Beste für sie wäre, wie's eben gekommen war. Zwar fühlte ich ein bischen Herzweh, und die Vertraulichkeiten, die ich mir erlaubt, hatten mein Blut in Wallung gebracht. Aber die Befriedigung überwog, daß ich mich als Ehrenmann betragen und ihr so tapfer Muth und Ergebung vorgepredigt hatte.

So schlief ich diese Nacht den Schlaf des Gerechten. Und ich hielt mein Gelübde, ihr nicht wieder vor die Augen zu kommen. Ein paarmal sah ich sie aus der Ferne und schlug mich rasch seitwärts von der Straße in den Wald. Ihren Namen hörte ich niemals nennen. Wer sprach von der Tochter der alten Burgei in den Kreisen, wo ich verkehrte? Wenn ich aber im Stillen die Honoratiorentöchter, mit denen ich bei den sparsamen winterlichen Gelegenheiten zusammenkam, mit meinem armen verlorenen Liebling verglich, schien mir Keine nur von fern so begehrenswerth, und ein leiser Neid auf ihren Zukünftigen glomm heimlich in mir fort.

Ganz zufällig erfuhr ich den Tag ihrer Hochzeit: ein Samstag nahe vor Weihnachten. Es war klarer Frost, Wald und Wiesen tief in Schnee vergraben. Von früh an strich ich mit meiner Büchse und dem Hunde herum, die Unruhe in meinem Blut durch die körperliche Ermüdung zu betäuben. Das Wild aber, das an mir vorbeiwechselte, hatte guten Frieden vor mir. Ich hatte gehört, die Trauung solle am Nachmittag zwischen zwei Bahnzügen stattfinden, da man dem Hochzeiter nicht länger Urlaub geben wollte. Es waren immerhin vier oder fünf Stunden, denn im Winter fiel der eine Personenzug nach Schliersee aus.

Ich hütete mich wohl, der Kirche nahe zu kommen, ehe ich bestimmt wußte, daß Alles vorüber und die Hochzeitsgesellschaft beim Mahl versammelt sei. Dann aber konnte ich der Versuchung nicht widerstehen, einen letzten Abschied aus verstohlener Ferne von dem lieben Gesicht zu nehmen. Es war ganz nächtig auf dem Marktplatz. Vor dem bescheidenen Gasthaus »Zur Alpenrose« stand der Schlitten, in welchem der Bräutigam am Nachmittag die Braut und ihre ganz in Decken eingemummte alte Mutter zur Kirche gefahren hatte. Die Pferde waren natürlich während des Hochzeitsmahles ausgespannt, wenige Neugierige standen auf dem Treppchen vor den niedrigen Fenstern und spähten hinein; zu denen gesellte ich mich. Da aber die Scheiben befroren waren und nur zum geringsten Theil abgethaut, konnte ich draußen zu keinem rechten Einblick gelangen und stahl mich in den Flur hinein, der von Kindern und neugierigen Weibern voll stand.

Die Kellnerin kam aus der Gaststube mit geleerten Krügen, um sie wieder füllen zu lassen, sie erkannte mich und fragte, ob ich nicht hinein wolle, das Brautpaar werde sich's gewiß zur Ehre rechnen. Ich schüttelte den Kopf und legte den Finger auf den Mund, postirte mich dann in den dunklen Hintergrund, doch so, daß ich das Zimmer überblicken konnte, so oft die Thür sich öffnete. Es mochte zum Ersticken heiß drinnen sein, da der Ofen glühte und Bier und Wein das Uebrige thaten. Die Braut aber – ich sah sie gerade mir gegenüber mitten am Tisch an der weißgetünchten Wand zwischen Mutter und Bräutigam sitzen – trotz der Schwüle um sie her war ihr Gesicht unter dem Myrtenkranz und dem weißen Schleierchen todtenblaß. Ihr Hochzeiter blinzelte aus den kleinen grauen Augen stolz und seelenvergnügt um sich her. Er sah übrigens recht wacker aus in seiner sonntäglichen Dienstkleidung, eine Kriegsmedaille auf den Rock geheftet, einen Strauß von gemachten Blumen im Knopfloch. Auch die Schwiegermutter hatte sich, offenbar auf seine Kosten, anständig herausgemustert, in einem buntgeblümten bäuerlichen Kleide mit einer seltsamen großen Haube. Die junge Frau aber, die ein einfaches schwarzes Kleid trug, schien die Einzige am Tische, die nicht mit festlichen Gedanken bei der Sache war. Sie bemühte sich, pflichtschuldigst ein Lächeln auf ihre bleichen Lippen zu bringen, wenn ihr Mann oder einer der Gäste – etliche Collegen des Hochzeiters von der Bahn und ein paar ältere Freunde vom Bergwerk – ein scherzendes Wort an sie richtete. Gleich darauf verfiel sie wieder in ein theilnahmloses Vorsichhinbrüten, und wenn ihr Mann ihr den frisch gefüllten Krug reichte, daß sie ihm Bescheid thun sollte, netzte sie kaum die Lippen und ließ auch das vollgeschenkte Weinglas, das vor ihrem Teller mehr zum Staat paradirte, unberührt.

Sie können sich denken, in welcher Stimmung ich in dies kümmerliche Freudenfest hineinstierte. Lange ertrug ich's auch nicht. Aber wie ich mich eben losreißen wollte, sah ich die Braut zusammenzucken, als ob ein Herzkrampf sie befallen hätte. Die Gäste fuhren von ihren Holzstühlen auf, der Hochzeiter bückte sich unter den Tisch, gleich darauf erscholl ein klägliches Hundegebell und Gewinsel, und aus der Thür, von einigen der Gäste hinausgejagt, flüchtete mit eingezogenem Schwanz mein Dachsel.

Er hatte sich mir nach in den Flur geschlichen, dann durch die offene Thür in die Hochzeitsstube; ich weiß nicht, ob er in der Braut seine alte Freundin vom Walde erkannte, jedenfalls war er unter dem Tisch zu ihr hingekrochen, und indem sie aufschrak, hatte sie auch mich draußen im Flur stehen sehen. Ich rief den Hund erschrocken leise zu mir heran und stahl mich aus der dumpfen Enge ins Freie. Daß ich gegen meinen Willen dazu beigetragen hatte, dem armen jungen Opfer das Herz noch schwerer zu machen, ging mir tagelang als ein quälender Vorwurf nach.

* *
*

In solcher Jugend aber hilft leichtes Blut, und daß man so Vieles und Bedeutsames zum ersten Mal erlebt, über noch tiefere Herzensnöthe hinweg.

Ich hatte strengen Dienst und mußte mich tummeln, ihn zur Zufriedenheit meines wackeren, aber grilligen Vorgesetzten zu versehen. Der jungen Frau begegnete ich kein einziges Mal, und Niemand sprach mir von ihr. Wen konnte es interessiren, ob der Honigmond einer Bahnwärtersfrau durch etliche Wermuthstropfen verbittert wurde.

Im nächsten Frühling, als ich gegen den Wunsch meines Vaters die Probe redlich bestanden und meinen Beruf zum Forstfach hinlänglich an den Tag gelegt hatte, durfte ich nach Aschaffenburg auf die Forstakademie. Ich blieb dort drei Jahre, von denen ich nichts Denkwürdiges zu berichten hätte. Ich trieb es so ziemlich wie alle meine Kameraden. Nur, wenn so etwas wie eine flüchtige Liebschaft an mich herankam, tauchte regelmäßig auf einen Augenblick das nachdenkliche

Schattenbild der Vroni vor mir auf, wurde aber von den leibhaftigen lachenden und rothwangigen Rivalinnen ohne Mühe verscheucht. Zu einem ernsthafteren leidenschaftlichen Verhältniß kam es nicht.

Als ich eben meinen vierundzwanzigsten Geburtstag gefeiert und mein Examen mit gutem Erfolg absolvirt hatte, kehrte ich zum Vater nach München zurück und wartete, in welcher Stellung und an welchem Ort man mich zunächst zu verwenden gedächte. Um mir die Langeweile zu kürzen, fuhr ich eines Morgens zu Anfang September hier heraus. Ich wollte mich meinem alten Revierförster im Glanz meiner Aspirantenwürde vorstellen, ein paar gute Bekannte begrüßen und all die Orte wiedersehen, an die sich mir liebe Erinnerungen knüpften.

Unterwegs beschäftigte mich natürlich auch der Gedanke, ob ich wohl der Vroni begegnen und wie ich sie finden würde. An einer gewissen Unruhe, die sich dabei in mir regte, merkte ich, daß immer noch ein Funke des alten zärtlichen Gefühls unter der Asche glomm. Doch nahm ich mir vor, sie nicht aufzusuchen, sondern es dem Zufall zu überlassen, ob ich ihr wieder begegnen würde.

So benutzte ich den nächsten Vormittag, meine Besuche hier in Miesbach zu machen, beim Landrichter, dem Bezirksarzt und einigen anderen Honoratioren, mit deren Töchtern ich getanzt hatte, und machte mich Nachmittags auf den Weg, auch in Agatharied einen Jagdfreund zu begrüßen.

Es war ein milder, stiller Tag, ein weicher Duft über den Wiesen, der das Herannahen des Föhns ankündigte, am leichtverschleierten Himmel aber noch kein Wölkchen. Wie ich so dahinschritt auf dem heiteren Wege, an Bauernwäglein vorbei, von denen herab mancher gute Bekannte mich treuherzig begrüßte, hin und wieder mit einem Weibe, das vor der Hausthür stand, ein paar Worte des Wiedererkennens wechselnd, war mir so vergnügt zu Muthe, als gehörte mir die ganze Welt und nur aus Gnade ließe ich auch anderen guten Menschen ihr Theil daran. Ich bog seitwärts in den kleinen Waldpfad ein, der, wie Sie wissen, eine Strecke neben dem Fahrweg hinläuft, da die offene Straße eben von einer Viehheerde eingenommen war. Da ging ich so im halben Traum dahin, dachte an meinen Dachsel, den ich nicht mehr im Forsthause vorgefunden, an einen jungen Fuchs, den ich hier herum geschossen hatte, nicht von fern an Vroni. Inzwischen war die Heerde vorübergewandelt, ich wollte mich eben wieder auf die Landstraße schlagen, da es unter den Bäumen schwül und feucht war, als ich nur etwa zwanzig Schritte vor mir die Gestalt einer schwarzgekleideten bäuerlichen Frau bemerkte, die langsam, wie wenn sie sich müde vorwärts schleppte, auf dem schmalen Wege hinschritt. Der Korb aber, den sie am Arm trug, konnte ihr nicht sehr zur Last fallen. Ich sah unter dem weißen Tüchlein, das darüber gebreitet war, allerlei Grünzeug und den Hals einer Flasche vorschauen. Einen Augenblick fuhr mir nun doch der Gedanke an die Frau des Grubensepp durchs Hirn. Aber nein, Diese war größer, wohl um zwei Zoll, hatte gewölbtere Schultern und einen ganz andern Gang. Nur wie sie einmal halb zur Seite schaute – das kleine Ohr unter dem schwarzen Kopftuch, der braune Streif des Haars, der sich vorschob – ich beschleunigte meinen Schritt und erreichte sie und sah ihr hastig ins Gesicht – Vroni! ist's möglich! Du bist's? Sie sind's?

Wir standen Beide plötzlich still. Ich konnte vor Herzklopfen nicht sogleich ein passendes Gespräch anknüpfen, und sie – mit der Hand fuhr sie nach der linken Brust, wie wenn sie dort einen Stich fühlte. Ja, sie war's! Und doch – eine Andere, in deren Gesicht und Gestalt ich mich erst zurechtfinden mußte.

Wirklich, sie war noch gewachsen in der Ehe, aus dem hageren, kaum entwickelten Ding war eine rüstige Frau geworden, von anmuthiger Fülle; auch die Hände hatten sich gerundet und trugen nicht einmal Spuren rauher Arbeit, sondern waren nur etwas gebräunt, aber von jenem bleichen Braun, das man in südlichen Ländern findet. Das Gesicht war weiß geblieben, nur seltsam verändert, die kleine stumpfe Nase schlanker geworden, die Augen tiefer gesunken, um den Mund, der immer noch roth und schwellend war, gleichwohl ein scharfer Leidenszug. Alles in Allem: diese drei Jahre hatten aus dem unansehnlichen Wildling ein Weib gemacht, an dem Niemand vorübergehen konnte, ohne den Eindruck von etwas nicht Alltäglichem zu empfangen.

Ich war so in ihren Anblick versunken, daß sie zuerst von ihrer Ueberraschung sich erholte und mit einem leichten Nicken, während ihr das Blut in die Wangen stieg, hevorstammelte: Sie sind wieder hier? Werden Sie hier bleiben?

Ich faßte mich und erzählte ihr, wie es mir seither ergangen sei und was mich hier herausgeführt habe. Es ist schön, Vroni, fuhr ich fort, daß ich Ihnen gleich am ersten Tage begegne. Ich hätte Sie natürlich aufgesucht. Ich muß doch sehen, was meine kleine Freundin macht, die freilich inzwischen gewachsen ist und an ihren alten Freund wohl nimmer gedacht hat.

O doch! sagte sie leise und sehr ernsthaft, die Augen dabei niederschlagend. Ich vergesse nichts, und Sie waren immer so gut und freundlich zu mir.

Wir verstummten eine Weile. Ich mußte an mich halten, nicht den Arm um sie zu schlingen und das liebe Gesicht wieder zu küssen, wie in unsrer Scheidestunde. Sie hätte mir's vielleicht nicht gewehrt, so wenig wie damals. Aber eine seltsame Scheu hielt mich zurück.

Sie sind in Trauer, Vroni? fragte ich wieder. Ich will doch nicht hoffen – Ihr Mann lebt doch noch?

Sie nickte wieder. Mein' Mutter ist in diesem Frühjahr gestorben. Sie hat viel ausgestanden, aber sie hat doch nicht arg geklagt. Mein Mann hat sie so gut gepflegt, es ist ihr nichts abgegangen. Noch am letzten Tag hat sie mich an ihr Bett gerufen – sie hat in unsrem Häusel drüben an der Bahn gewohnt, oben im Dachkämmerl, anders that's mein Mann nicht – Vroni, hat sie gesagt, dein Mann ist der brävste Mensch auf der Welt. Wenn du's ihm nicht lohnst, was er an deiner armen Mutter gethan hat – und dann hat sie so ein Gesicht gemacht, wie vor Zeiten, wenn sie mir gedroht hat, daß sie mich todtschlagen würde. Und sie hat Recht gehabt. Es giebt keinen Bräveren auf hundert Meilen, und was er auch an meinem Bruder thut – dem hat er Geld gegeben, daß er ein Geschäft hat anfangen können in der Stadt, als er vom Militär wegkommen ist, denn er hat keine Lust gehabt aufs Land hinaus und ins Bergwerk noch weniger. Ja, er ist ein Rechtschaffener, mein Mann, das ist er, und das sagen Alle, und die Herren von der Bahnverwaltung erlauben ihm auch, daß er sich manchmal einen freien Nachmittag macht, und dann darf ich seinen Dienst versehen, und sie wissen, daß sich dann nichts fehlt, und ist nie eine Klage gewesen.

Es war wunderlich, wie eifrig und rasch sie das alles heraussprudelte, während sie doch immer die Augen schwermüthig gesenkt hielt. Und nun seufzte sie auch recht aus der tiefen Brust und machte sich an ihrem Hutbande zu schaffen.

Nun, das ist schön, Vroni, sagt' ich, daß Sie so glücklich sind und Ihren Mann zu schätzen wissen. Ich hab' es Ihnen vorausgesagt, Sie entsinnen sich, damals auf der Bank, als Sie so betrübt waren. Haben Sie Kinder?

Sie schüttelte den Kopf. An ihrem Munde das Fältchen vertiefte sich. Ich muß heim, sagte sie leise. Pfüet Sie Gott!
Darf ich Sie nicht noch ein Streckchen begleiten, Vroni? Ich geh' denselben Weg.
Nein, nein! machte sie. Es ist besser so. Und – Sie sollen auch nicht zu uns kommen – wir sind geringe Leut', und ich wüßt' nicht, wie ich so einen Herrn aufnehmen sollt', und mein Mann – er macht sich am End' so Gedanken – er hat's nicht gern, wenn ich mit Mannsleuten sprech', und nun gar –
Sie warf einen raschen Blick auf mich und verstummte. Das machte mich nur dringender.
Wenn dein Mann eifersüchtig ist, Vroni, – ich verfiel auf einmal wieder in unser altes du – so thut er mir leid und du nicht minder. Denn an Anlaß dazu kann's nicht fehlen, da du eine so schöne Person geworden bist. Ich hätt' dich kaum wiedererkannt, so wahr ich lebe, und du könntest dich dreist in der Stadt sehen lassen, so wie du gehst und stehst. Ich hab' auch oft an dich gedacht, wie wir so gut Freund zu einander waren, aber ich sah dich immer nur mit deinen blauen Füßen und so ein schlankes Figürerl, und jetzt –
Sie unterbrach mich, in großer Verwirrung. O, was Sie nur schwätzen, Herr! Es ist nicht viel an mir, ich bin auch nicht recht gesund. In den Nächten kann ich oft nicht schlafen, und das Herz thut mir weh, und bei Tag, wenn ich nur ein bisserl geschafft hab' – ich hab' ja kein schweres Leben – gleich muß ich mich hinsetzen, weil die Glieder mir lahm werden. Der Doctor hat gemeint, es hab' nichts zu bedeuten, wenn ich ein Kind kriegen thät', würd' sich's schon geben. Aber ich weiß es besser. Ich leb' nicht lang.
Was du dir für dumme Gedanken machst, Vroni! rief ich lebhaft und faßte ihre Hand. Du bist ja noch blutjung, du kannst noch viel Freud' haben auf der Welt. Und hörst du, dies kann nicht das letzte Mal gewesen sein, daß ich mit dir geschwätzt hab'. Wenn ich euch nicht besuchen soll, so ist mir's auch recht, dann mußt du mir sagen, wo ich dich treffen kann außer deinem Haus. Etwa hier wieder, wenn du im Ort drunten deinen Einkauf gemacht hast, oder wo dir's sonst recht ist. Ich bleib' noch morgen und übermorgen.
Sie schüttelte langsam, als ob es ihr schwer würde, mir jede Hoffnung abzuschneiden, den Kopf. Es darf nicht sein, sagte sie, von mir wegsehend. Wenn Sie's noch gut mit mir meinen, lassen Sie mich gehen.

Es geht mir nicht so schlecht, wie Sie meinen, 's ist aber besser, man red't nicht viel davon, wie einem zu Muth ist, und wenn ich mit Ihnen schwätz' und Sie sehn mich so dabei an – nein, pfüet' Sie Gott, und es war mir eine Ehr' und Freud', daß Sie mich noch nicht ganz –

Sie bemühte sich offenbar, sich hinter einer landläufigen Höflichkeit zu verschanzen, kam aber damit nicht zu Stande. Und in der Furcht, mehr zu sagen, als ihr lieb war, machte sie plötzlich ihre Hand aus der meinen los, und eilte von mir weg mit einer Geberde, die mich dringend bat, ihr nicht nachzufolgen.

* *
*

Ich blieb in einer wunderlich gemischten Stimmung noch eine gute Weile auf demselben Fleck stehen. Der alte Funke unter der Asche war plötzlich zu einer hellen Flamme angefacht, ich schalt mich einen Tropf und lächerlichen Feigling, daß ich das liebe Geschöpf hatte gehen lassen, ohne es vorher in die Arme zu schließen. Dann sagte ich mir wieder, es wäre ein Frevel, wenn ich ihre Ruhe noch mehr zu stören mir herausnähme, als sie ohnehin durch unerfüllte Wünsche und sehnsuchtsvolle Träume gestört werden mochte. Es sei meine Pflicht und Schuldigkeit, sie nie wieder aufzusuchen. Lieber gleich morgen früh in die Stadt zurück, als nun hier meine bis dato noch sündenleichte Seele mit einer Schuld belasten, deren Folgen nicht abzusehen wären.

Dieser tugendhafte Vorsatz, nach einigem Kampf mit den lockenden Bildern, die sich an mich drängten, behielt endlich den Sieg. Ich kündigte meinem alten Freunde sofort an, morgen Abend müsse ich wieder zu Hause sein. Die Zeit reiche ja auch hinlänglich, um wieder Umschau zu halten in dem vertrauten alten Revier. Er fügte sich darein, obwohl er mich gern länger behalten hätte, und neue und alte Jagdgeschichten brachten mich ohne sonderliche Aufregung über den Rest des Tages hinweg.

Als ich aber Nachts wieder in derselben Kammer lag, wo ich vor drei Jahren von der blaufüßigen Waldläuferin geträumt hatte, trat jetzt ein viel gefährlicheres Gespenst an mein Bette und machte mir das Blut sieden. Dazu hatte sich der Föhn mit aller Macht über die Berge geschwungen, das Fenster klirrte von seinen heftigen Stößen, bald brach ein Gewitter herein, das die ganze Nacht forttobte und am Morgen sich in einen schweren Landregen auflös'te. Ich lag noch wie im Fieber. Immer sah ich den weichen, schwermüthigen Mund und die müden Augen und fühlte den Druck der festen kleinen Hand und sagte mir, daß ich verrückt werden würde vor wüthender Sehnsucht, wenn ich nicht ein einziges Mal meine heißen Lippen wieder wie damals auf das kleine Ohr gedrückt hätte.

Daß es Thorheit gewesen wäre, bei diesem Unwetter am andern Tage aufzubrechen, brauchte mir mein alter Gönner nicht lange vorzudemonstriren. 's ist fast immer so wüstes Wetter, sagte er, wenn die Bergleute ihr Fest haben. Sie entsinnen sich vor drei Jahren, wo's an dem Tag geschüttet hat, was vom Himmel wollte. Und die armen Bursche haben nur den einen Festtag im ganzen Jahr. Uebrigens machen sie sich nicht zu viel daraus. Sie sitzen ja im Trocknen hinterm Maßkrug, und das ist die Hauptsach'.

Ich hatte damals dem Fest keine besondere Aufmerksamkeit geschenkt. Es war nichts Besonderes daran, als daß man ein paar Stunden lang die Bergleute von Hausham in ihrer kleidsamen Tracht nach Miesbach wandern sah, wo auf dem Markt erst irgend eine Festlichkeit mit Musik stattfand, worauf die ganze große Menge sich in die verschiedenen Wirthschaften verzog, die Meisten nach dem großen Waitzingerkeller hinauf. Schlag zehn Uhr mußte Alles vorbei sein, so daß auch der Tanz nicht so recht ungebunden fortgesetzt werden konnte, wie bei andern ländlichen Festivitäten.

Auch diesmal fühlte ich wenig Lust, mich in das Gewühl zu mischen. Da aber das Wetter alle andern Unternehmungen vereitelte, ging ich gegen Abend doch in den Markt hinüber und strich unlustig und gedankenlos an den Fenstern der Gastwirthschaften vorbei.

Ich konnte nicht daran denken, Vroni heute zu beggnen. Der Regen, der immer noch herabrauschte und die Wege grundlos machte, mußte es ihr verwehren, draußen herumzuschlendern, auch wenn ihr Herz sie heimlich dazu getrieben hätte, mich noch einmal zu sehen. Sie saß ohne Zweifel jetzt in dem dumpfen Häuschen an der Bahn neben dem Manne, den sie trotz alledem nicht lieben konnte, und dachte an alte Zeiten und an den gestrigen Tag und alle zukünftigen, die nichts bringen würden, was eine junge Menschenseele erquickt – nicht einmal die Freude und Sorge um ein Kind – nur den Mann neben sich, der sie so sicher in seiner Gewalt hatte, wie ein Schließer

eine Gefangene, angekettet nicht bloß mit heiligen Gelübden, sondern durch eigennützige Güte und die Pflichten der Dankbarkeit ....
Aber wie geschah mir denn? Da hinter dem Fenster der Alpenrose, auf demselben Fleck, wo ich damals das Hochzeitspaar gesehen hatte – wer saß denn da heute wieder hinter dem schweren Eichentisch, den Maßkrug vor sich, das verwitterte Gesicht in dem schwarzen, ungepflegten Bart erhitzt vom Trinken, Rauchen und Discuriren? Nicht die Dienstmütze der Bahnbeamten bedeckte die niedrige Stirne und die schon stark mit Grau durchschossenen struppigen Haare, sondern der hohe schwarze, kegelförmige Bergmannshut mit dem Federbusch, und der sonntägliche Bergmannskittel umhüllte ihm die breite Brust. Ist heute denn nicht das Bergwerksfest? Und darf ein mit Ehren zum Krüppel gewordener Grubenarbeiter, der schon dicht am Obersteiger gestanden, wenn er das Fest mitmacht, nicht die alte Uniform wieder anziehen, um sich mit seinen ehemaligen Gefährten ein paar Stunden lang in dieser bescheidenen Wirthschaft gütlich zu thun? In dem neuen Dienst wird ja nichts versäumt. Den versieht inzwischen seine junge Frau, die ihn vertreten darf, wenn er Urlaub erhalten hat. Was sollte sie auch hier in Qualm und Schwüle der engen Wirthsstube! Ja, wenn er sie noch auf den Keller hätte mitnehmen mögen, wo das junge Volk tanzt. Aber für ihn selbst ist ja Spiel und Tanz vorbei, und sie mit Andern tanzen lassen ...
Ein paar Minuten sah ich noch durch die Scheibe auf das gutmüthig vergnügte Gesicht, das je länger je mehr meinen Ingrimm erregte. Wie kann er hier guter Dinge sein, wenn sein junges Weib einsam zu Hause sitzt und nur Wind und Regen zur Unterhaltung um sich hat! Eine saubere Herzensgüte, die Alles gethan zu haben glaubt, wenn sie dem gefangenen Vogel sein Futter giebt, nachdem sie ihm die Flügel beschnitten! Und wie närrisch die Nußknackerfratze sich ausnimmt unter dem Thurm von schwarzem Filz, der schon ziemlich schief auf dem einen Ohre sitzt, während die verstümmelte linke Hand mit den drei Fingern den Steinkrug hebt und die rechte die kurze Pfeife hält! Eine Art sittlicher Entrüstung, zugleich mit einem Gefühl des Ekels, überkam mich. Das ihr Mann! Und der wagte, eifersüchtig zu sein, als ob er das beste Recht hätte, Seele und Leib eines solchen Weibes allein in seiner Gewalt zu haben!
Ich trat vom Fenster zurück, und ohne mich nur einen Augenblick zu besinnen, schritt ich über den Marktplatz den Weg hinunter, der

nach der Haidmühle führt. Ich sagte mir nicht klar, wohin ich wollte. Mein Dämon riß mich fort.

* *
*

Und auf dem ganzen Wege, während der Sturm mir mehr als einmal den Regenschirm aus der Faust zu wirbeln drohte, raunte mir der Versucher zu, wie gut es sich getroffen habe, daß ich dahintergekommen war, zu dieser Stunde sei sie allein im Haus und sicher davor, daß ihr Kerkermeister die Zelle nicht visitiren werde. Ich sah sie beständig, wie sie gestern bei mir gestanden hatte, und überlegte, was ich ihr heute sagen wollte, – genug von diesen wahnwitzigen Fieberphantasieen!

Auch in der Haidmühle war weder Licht noch Leben, alle Bewohner des Hauses drüben beim Fest. Man hörte fern vom Waitzinger Keller herunter, vom Winde herübergeschleift, die Klänge der Tanzmusik, hin und wieder einen Juhschrei. Das alles peitschte nur noch mein wallendes Blut, während ich durch den schwarzen Wald stürmte. Und jetzt trat ich aus den Bäumen heraus auf den schmalen Weg nach dem Bahnwärterhäuschen, dessen Umriß sich kaum gegen den dunkeln Abhang drüben abhob. Kein Licht flimmerte aus dem kleinen Fenster; der Laden war geschlossen. So konnte man auch nicht hineinsehen.

Ich stand und holte tief Athem und suchte mein Herzklopfen erst zu beruhigen. Der Schweiß rann mir von der Stirne nach dem hastigen Gang in der Föhnluft, die Zunge klebte mir am Gaumen. Erst umging ich noch mit verstohlenen Schritten das kleine Haus. Ein Gärtchen lag daneben von einem sauberen Stacket eingehegt, die Beete darin, reinlich abgetheilt, schienen allerlei Gemüse und auch ein paar Blumengruppen zu tragen, es roch leise nach Reseda, und an einem Busch in der Mitte schimmerte es weiß wie von letzten Rosen des Sommers. Das Bauernhaus drüben am Abhang jenseits der Bahngeleise war auch wie ausgestorben. Nur ein Hund winselte an der Kette, als er meinen Schritt hörte. Da schlich ich zur Thüre, horchte eine Weile, ob ich drinnen etwa singen hörte; als es still blieb wie im Grabe, suchte ich die Klinke aufzudrükken. Die Thür war aber von innen verriegelt; so mußte ich anklopfen.

Erst nach dem dritten Pochen hörte ich Schritte drinnen. Sie schien einen Augenblick hinauszuhorchen, ob sie nichts Verdächtiges vernähme. Dann fragte sie leise: Wer ist da? Bist du's, Seppel? Ist's schon so spät?

Sie schien geschlummert zu haben und durch das Pochen nur halb ermuntert worden zu sein.

Ich bin's! gab ich halblaut zur Antwort. Mach auf!

Ich hatte meine Stimme so dumpf als möglich zu machen gesucht, so gelang mir's, sie zu täuschen. Ich hörte den Riegel wegschieben, die Thüre öffnete sich, dann schrie sie auf: Maria Joseph! und wollte die Thüre rasch wieder zuziehen. Ich hatte aber schon den Fuß auf die Schwelle gesetzt und trat hastig in den engen dunkeln Flur.

Warum erschrickst du vor mir? sagte ich lachend. Ich bin ja kein Räuber, ich wollt' euch nur guten Abend sagen, dir und deinem Mann, und mich einen Augenblick ausruhen vom Herumstreunen bei dem wüsten Wetter. Fühlen Sie nur, wie naß meine Joppe ist, trotz des Schirmes. Aber da ich morgen wieder geh', wollte ich Ihren Mann doch zuvor kennen lernen.

Mein Mann ist drunten im Markt. Ich kann Sie nicht hereinlassen.

Im Markt, Vroni? Was hat er da zu suchen?

Sie erzählte mir nun in kurzen abgebrochenen Worten, was ich schon wußte.

So? sagt' ich. Also hängt er noch an seinem alten Gewerb, bei dem er doch verunglückt ist? Nun, der Geschmack ist verschieden. Aber du wirst mich darum nicht in Sturm und Regen wieder hinausjagen, eh ich mich fünf Minuten an deinem Ofen getrocknet habe. – Ich fühlte, daß aus der Stube nebenan ein schwerer Ofendunst zu uns herausströmte. – Sei gut, Vroni! Bin ich nicht ein alter Freund? Und wenn ich morgen gegangen bin, ich versprech' dir's, du sollst mich deiner Lebtag nicht wiedersehen.

Ich hatte ihre Hand gehascht und drückte sie leise. Sie schwieg noch eine ganze Weile, ich hörte wie ihr Athem mühsam ein und aus ging, dann sagte sie kaum hörbar: Wenn's wirklich nur fünf Minuten sein sollen – und das letzte Mal – Sie sind ja ganz durchnäßt. – Aber warum sind Sie gekommen? Ich hatte Sie doch gebeten ...

Indem drückte sie leise die Thüre zu, schob aber den Riegel nicht wieder vor und ging mir voran in die niedere, doch ziemlich geräumige Stube, die drei Fenster hatte. Alle drei waren geschlossen und die Läden davor eingehakt. Es sah ringsum dürftig, aber nicht unfreundlich aus; in der einen Ecke stand eine Polsterbank ohne Rücklehne, mit geblümtem Wollenstoff überzogen, ein Tisch in der andern Ecke mit einigen Holzstühlen, kleine weiße Vorhänge über den Fenstern.

Vor dem mittleren hing ein Vogelbauer mit einem Kanarienvogel, der jetzt unter einem grauen Tüchlein auf seiner Stange schlief. In der einen Ecke bewegte sich der messingene Pendel einer schwarzwälder Uhr zwischen zwei Gewichten in Tannenzapfenform, und gerade bei meinem Eintritt hob das Schlagwerk aus und schlug mit hellem Kukkuksruf siebenmal an. Auch an Bildern auf der hellblau getünchten Wand fehlte es nicht: Oelfarbendrucke, die die Mutter Gottes und den heiligen Joseph darstellten, ein Porträt des Königs über der Kommode von gebeiztem Holz, auf der allerlei armselige Siebensachen standen, das Hauptstück ein Crucifix mit Maria und Johannes zu den Seiten aus Porzellan; und über dem Sopha ein halb Dutzend Photographieen.

Es hätte sich ganz behaglich hier rasten lassen, ohne die zwiefache Schwüle, die in meinen Sinnen, und die der schwarze, eben erst erloschene Kochofen ausströmte. Auch ihr schien die Luft plötzlich auf die Brust zu fallen. Ohne meine Bitte abzuwarten, öffnete sie das Fenster in der Mitte und das eine nach Norden. Sofort floß eine erquickliche feuchte Kühle herein, und wir athmeten Beide auf.

Sie hatte schweigend einen Stuhl neben den Ofen gestellt, falls ich mich gründlicher zu trocknen wünschte, und setzte sich dann selbst auf die Ruhebank zu ihrem Spinnrad, bei dem sie vorhin eingenickt zu sein schien. Ich machte aber erst einen kleinen Rundgang und beschaute, was im Zimmer hing und stand, immer ohne ein Wort zu sagen. Dann setzte ich mich, nachdem ich nur meinen Hut an die Ofenecke zum Trocknen gehängt, neben sie und sah ihr eine Weile beim Spinnen zu.

Es war draußen stiller geworden, und drinnen hörte man nichts als das harte Tiktak der Uhr und das leise Knistern der zusammenfallenden glimmenden Brände im Ofen und das Schnurren des Spinnrades.

Sie sah scheinbar ganz ruhig nur auf den Faden zwischen ihren Fingern, und es war, als ob sie meine Gegenwart völlig vergessen hätte. Die Lampe drüben auf dem Tisch gab nur einen nothdürftigen Schein; es war aber hell genug, um jeden Zug in ihrem Gesicht zu erkennen. Sie gefiel mir heut in dem losen Hausanzug noch tausendmal besser, als gestern in Kopftuch und schwarzem Kleid. Und wie sauber sie erschien, obwohl sie wahrlich heute Abend keinen Besuch mehr erwarten konnte.

Ist das eure ganze Wohnung, Vroni? fragte ich endlich, um nur das beklommene Schweigen zu brechen.

Sie erwiderte, immer fortspinnend, sie hätten noch eine kleine Küche draußen im Flur für den Sommer, und nebenan die Schlafkammer, und oben unterm Dach noch eine große Kammer, wo ihre Mutter gestorben sei. Es sei gut wohnen hier, auch im strengsten Winter, und im Sommer sei's ganz lustig auf der Bank im Gärtchen zu sitzen, und ihr Mann wolle ihr auch eine Laube dort zimmern, daß sie draußen essen könnten. Er denke immer nur, wie er ihr was zu Gefallen thun könne, er sei so brav – es gäbe keinen Bräveren – und dann die mir schon wohlbekannte Litanei über die Tugenden und Trefflichkeiten dieses ihres Zwingherrn.

Höre, sagte ich endlich, da mich dies Rühmen und Preisen verdroß, er sorgt aber doch auch nicht schlecht für sein eigenes Vergnügen. Da sitzt er unten beim Bergwerksfest und läßt dich arme Strohwittwe in der traurigen Nacht allein. Wenn du *mein* liebes Weiberl wärst ...

Aber sie fiel mir eifrig ins Wort. Es sei ihm wohl zu gönnen, einmal im Jahr eine Freud' zu haben, denn sonst spare er sich jeden Kreuzer vom Mund ab, und sie hab' auch gar keine Zeitlang, und freilich – Manches könnt' anders sein – aber doch –

Und dabei seufzte sie. Ich merkte, daß sie an ihre Kinderlosigkeit dachte.

Ich faßte das Fädchen an, das sie spann. Wenn er heute heimkommt, sagte ich leise, und taumelt dir ins Zimmer und lallt allerlei confuses Zeug und will dich umarmen – kannst du ihn auch dann noch gern haben?

Sie fuhr unwillkürlich zusammen. Woher wissen Sie –? fragte sie zitternd. Ja freilich, dann wird mir's schwer. Aber er kann nichts dafür. Er verträgt eben nicht viel, weil er's Trinken nicht gewohnt ist – und dann, Andre haben's noch viel schwerer – man hat eben seine Noth mit den Mannsleuten – aber Sie dürfen mir nichts auf meinen sagen, Sie kennen ihn ja nicht – er ist so brav ...

Ich ließ sie ihre Litanei nicht wieder anstimmen.

Mag sein! knirschte ich. Aber wenn er noch zehntausendmal braver wär', ich würd' ihn hassen!

Der Faden glitt ihr aus der Hand, das Rad stand still, ich sah ihre Augen mit einem Ausdruck des rathlosen Schreckens auf mich gerichtet, da ich bei meinem heftigen Ausruf aufgesprungen war und wild und düster in dem engen Käfich hin und her stürmte. So blieb es eine Weile stumm zwischen uns. Dann stand sie sacht auf, schob das Spinnrad beiseite und ging nach dem Stuhl am Ofen. Der Hut ist getrocknet, sagte sie langsam. Mein Mann kann alle Augenblick kommen. Ich möcht' Sie schön bitten ...

Nein, brach ich heraus, ich bleibe, ich kann noch nicht gehen, ich hab' das Herz noch zu voll. Dein Mann sitzt drunten fest hinterm Maßkrug, der kann nicht eher aufstehen, bis die Andern gehen, denn allein würd' er den Weg nicht finden, der Hut saß ihm schon recht schief. Und zu Haus hat er ja seine Frau gut verwahrt, daß Niemand sie ihm wegtragen kann. Nein, ich gehe nicht, Vroni! Der Himmel weiß, ob ich je im Leben dich wiederseh'. Einmal, ein einzig Mal muß ich's vom Herzen heruntergeredet haben, was du mir bist, und wie glücklich wir hätten sein können, wenn er dich mir nicht gestohlen hätte, der arme Wicht, der dich nicht werth ist und mit all seinem Gethue dich nicht zu schätzen weiß. Und Niemand soll mir's wehren, das alles dir jetzt zu sagen, auch du nicht, Vroni; denn du selbst bist nicht glücklich, es steht dir am Gesicht geschrieben, daß du dein junges Leben jammervoll vertrauerst und wüßtest doch wohl, wie du's genießen könntest, wenn du Den hättst, an dem dein Herz hängt. Und es ist keine Sünd', Vroni, daß ein armes Menschenkind glücklich sein will, und wär's nur Einmal in seinem ganzen Leben, denn wenn's vorbei damit ist, im Himmel wird uns nichts ersetzt, was wir hier auf der Erde versäumt haben. Die himmlischen Freuden in Ehren, aber irdische sind's einmal nicht, und wer uns um die betrügt, den dürfen wir hassen, und wenn er zehnmal ein so braver Mensch wär', daß er von Mund auf in den Himmel kommen könnt'!

Sie hörte diese wilden Reden an, ohne ein Wort zu sagen. Sie hatte sich mit wankenden Knieen wieder zu dem Sopha geschlichen und war darauf niedergesunken. Da saß sie, den Kopf an die Wand zurückgelehnt, die Augen geschlossen, die Hände regungslos im Schooß. Ich setzte mich zu ihr und faßte eine ihrer Hände, aber die war eiskalt und erwiderte nicht meinen schmeichelnden, werbenden Druck. Ihre Lippen waren halb geöffnet, wie von einem brennenden Durst, und ihre Brust arbeitete schwer. So dicht neben ihr, wie damals auf der Bank im Walde, aber meine Schläfe an ihre Schulter gedrückt, während damals sie ihren Kopf wie Schutz suchend an meine Brust geschmiegt hatte, schüttete ich Alles vor sie aus, was an ungestümer Sehnsucht, an frevelhafter Leidenschaft in mir gährte. Ich war kein ausgelernter Verführer. Nie hatte ich so zu dem Weibe eines Andern gesprochen. Aber der Dämon schürte mein Blut und gab mir Worte auf die Zunge, die aus Sünde Tugend, aus Pflichtvergessenheit ein Verdienst machten.

Ich sah, wie sie auf das arme, wehrlose Herz wirkten, wie der Kampf darin immer schwächer wurde. Zuweilen überrieselte sie ein Schauer, daß ihr die Hände wie in einem Schüttelfrost flogen und ihre Lippen ein leises Stöhnen nicht zurückhalten konnten. Doch kein Mitleid wandelte mich an. Ich fuhr nur immer glühender in meiner Beschwörung fort, immer fester umspannte ich ihre Hand, schon fühlte ich, wie ihre letzte Kraft zusammenbrach und ihr Kopf sich zu meinem herabneigte.

Da setzte die Wanduhr ein, ein scharfer Kuckuksruf erklang, und wie von einem fremden Arm in die Höhe gerissen, fuhr das zitternde Weib von meiner Seite empor und stand einen Augenblick, wild umherblickend, mitten im Zimmer.

Ich muß hinaus, sagte sie mit heiserer Stimme. In zehn Minuten kommt der Zug. Ich muß das Licht in die Höhe ziehen und draußen warten, bis er vorüber ist. O mein Gott, wenn ich's versäumt hätt' ...

Geh! sagte ich leise. Aber du kommst wieder, nicht wahr?

Sie nickte und stürzte nach der kleinen Thür, die in die Schlafkammer führte. Im Nu trat sie wieder herein. Sie hatte den Dienstrock des Bahnwärters umgeworfen und die Mütze ihres Mannes aufs Haar gedrückt. So wollte sie an mir vorbei. Aber sie sah in dieser Vermummung so unglaublich reizend aus, daß ich sie am Arm festhielt und das glühende Gesicht unter dem schwarzen Mützenschirm nah an mich heranzog, um es genau zu betrachten. Ich muß fort! hauchte sie zitternd, aber mit einem Blick, der mir verriet, wie schwer es ihr wurde. Vroni, hauchte ich, du bist das holdeste Geschöpf auf der ganzen Welt! – und wie sich ihre Lippen zu einem schwermüthigen Lächeln öffneten, preßte ich sie in meine Arme und drückte meine Lippen auf dies Lächeln, und fühlte zum erstenmal eine heiße, willenlos hingegebene Erwiderung, ein seliges Auflodern ihres lange bekämpften Gefühls, bis sie sich mühsam mir entwand und taumelnd in den Flur hinausglitt. Auf Abschlag! rief ich ihr in meiner Trunkenheit nach. Denn du kommst wieder, Vroni, du schwörst es mir, ich warte hier auf dich und unser Glück!

Ich vernahm nichts als einen tiefen Seufzer. Dann ging die äußere Thür, und es war Alles still.

* *
 *

Nur der Wind hatte sich wieder aufgemacht und erschütterte das kleine Haus und klapperte an den Läden. Ich war ins Zimmer zurückgetreten und nach der Kammer gegangen, deren Thür noch halb offen stand. Sie war sehr eng. Nur das breite Ehebett, ein Waschtischchen und ein Holzschemel hatten Platz darin, und die Wände waren kahl. Ich nahm die Lampe vom Tisch und leuchtete hinein. Alles war so sauber, die Linnen so weiß, der blaugewürfelte Ueberzug des Deckbettes wie gestern aus der Wäsche gekommen. Auf dem Fensterbrett stand neben einem rothblühenden Kaktus ein Epheugitter. Von dem brach ich ein Blatt ab und steckte es in die Tasche – zum Andenken! Dann kehrte ich in die Vorderstube zurück, stellte die Lampe fort und trat an das Fenster, das sich nach dem Bahndamm öffnete.

Draußen Sturm und Regennacht, und in mir –! Ich zählte die Schläge des Zeigers; wie lang sind zehn Minuten! Ich spähte hinaus, ob ich sie nicht erblicken könnte, und rief ein paarmal ihren Namen, aber der Wind verschlang meine Stimme. Von der hohen Stange blinzelte das blaue Signallicht herab, das sie inzwischen aufgezogen hatte, sie mußte unten daneben stehen mit dem Fähnchen, um dem vorbeisausenden Zuge zu salutiren. Noch fünf Minuten – jetzt nur noch drei, dann war die Qual des Wartens überstanden, dann kam sie wieder; wie wollte ich sie aus der naßgeregneten Verkleidung herausschälen, sie in meinen Armen erwärmen, ihr die Spuren des sprühenden Unwetters aus dem Haar wischen – und wenn sie dann wieder zum Lächeln den Mund öffnet –

Da hörte ich das dumpfe Rollen und Schnauben des heranbrausenden Zuges, und jetzt sah ich auch die dunkle Gestalt mit dem Fähnchen neben dem Pfahl – nur einen Augenblick – denn im nächsten war sie verschwunden. Die dunkle Masse der Locomotive wuchs unheimlich heran und glotzte mit den zwei runden rothen Augen in die Nacht hinein, jetzt keuchte sie an dem Häuschen vorbei, einen langen Schweif nachschleppend, ohne sonderliche Eile, ich sah die Gestalten hinter den erleuchteten Wagenfenstern an mir vorüberhuschen, in denen der dritten Klasse konnte ich Bergleute erkennen, die vom Fest nach Hause fuhren, singend und schreiend, dann verrauschte der Lärm, der Zug braus'te in die dunkle Sturmnacht hinein, und ringsum hörte man nur das Geplätscher der fallenden Tropfen aus den Lachen um das Haus herum und das Knirren und Aechzen der vom Winde geschüttelten Wipfel.

Ich hatte einen seltsamen Schlag aufs Herz gespürt, als die Schattenbilder drüben an mir vorüberjagten. Als sähen mich all die nächtlichen Reisenden in den Coupés am kleinen Fenster stehen, wie einen heimlich eingedrungenen Räuber, und Alle wiesen mit Fingern auf mich und riefen mir zu: Was hast du da zu suchen? Wie kannst du dich erfrechen, den Frieden dieses Hauses zu brechen, die ewige Verdammniß dieser armen Seele auf dein Gewissen zu laden?

Unwillkürlich trat ich zurück. Aber die Regung meines besseren Menschen währte nur ein paar Minuten. Dann brach die leidenschaftliche Ungeduld wieder hervor. Was hatte sie noch draußen zu schaffen? Das Signallicht mochte ja ruhig fortbrennen, jetzt, da es nichts mehr zu bedeuten hatte. Wenn es ihr doch wieder leid geworden wäre, was sie mir versprochen? Wenn sie draußen den Kampf zwischen ihrer Pflicht und der Sehnsucht nach Glück von neuem kämpfte? Das durfte nicht sein, ich mußte ihr zu Hülfe kommen.

Ich drückte den Hut auf den Kopf und stürmte hinaus. Vroni! rief ich, da ich Niemand sah, Vroni! – erst halblaut, dann immer lauter und dringender. Keine Antwort. In wachsender Angst irrte ich in der Nähe des Pfahls auf der Höhe der Böschung herum, meine Augen suchten das trübe Zwielicht zu durchdringen, das durch den Lampenschein aus dem Häuschen verbreitet wurde – nichts, was einem lebenden Wesen glich, war zu entdecken. Aber da unten auf dem Bahnkörper, wo die Schienen eine Strecke weit weißlich glänzten – barmherziger Gott, nein! Nur das nicht! Mein Fieber täuscht mir diesen Höllenspuk vor. Er wird schwinden, wenn ich mich ihm nähere, ihn mit Händen greifen will. – Nur hinunter, nur die paar Schritte noch – das Licht aus dem Fenster erlischt, der Sturm hat den Laden zugeschmettert – ich taste mich mit wankenden Knieen nach der Stelle hin, bücke mich – meine Hände strecken sich zitternd aus, und ich greife – greife – ein langes weiches Weiberhaar, ganz durchtränkt – o, das ist der Regen – sie wird im Dunkeln von der Böschung herabgeglitten und dort niedergesunken sein, halbtodt vor Schrecken, – aber jetzt, ich bin ja bei ihr, ich will ihr aufhelfen und beuge mich, ihren Namen stammelnd, zu ihr hinab – da fasse ich –

*   *
*

Die Stimme versagte ihm. Er ließ den Kopf auf die Arme sinken, und ein krampfhaftes Schluchzen durchzuckte seine mächtige Gestalt. Dann raffte er sich mit einer gewaltsamen Anstrengung auf und wankte nach dem Fenster.

Dort stand er eine geraume Zeit, beide Fäuste auf das Fenstersims gestützt. Keiner von uns sprach ein Wort. Ich suchte vergebens in meiner tiefen Erschütterung nach einem guten, innigen Wort, die furchtbare Spannung zu lösen. Ich fand keines.

Als er sich endlich wieder zu mir zurückwandte, stand ich auf und drückte ihm die Hand.

Wie haben Sie's überlebt, das Entsetzliche, Grauenvolle?

Ja, lieber Freund, brach es dumpf aus ihm hervor, ich gäbe viel darum, wenn ich dem Schlag damals erlegen wäre. Es sollte nicht sein; ich sollte ihn noch ein langes Leben hindurch in meinem Inneren nachdröhnen fühlen. Damals freilich, als ich erst Gewißheit darüber hatte, wie grauenhaft es war, wie jammervoll dies blühende Leben erloschen war – erlassen Sie mir das Nähere – ich will nur sagen, daß ich ohnmächtig neben dem grausam verstümmelten Leibe auf die Schienen sank.

Wie lange ich in dieser Bewußtlosigkeit verharrte, weiß ich nicht. Ich kam aber wieder zu mir, als ich Stimmen hörte, die sich dem Wärterhäuschen näherten. Es war ohne Zweifel der Mann, den ein paar Kameraden nach Hause begleiteten. Da durchfuhr mich der unerträgliche Gedanke, daß man mich neben ihr finden und das Aergste vermuthen würde. Was hätte mir's geholfen, wenn ich mit Engelszungen bezeugt hätte, sie sei unschuldig und rein aus dem Leben gegangen, ich aber sei ihr Mörder. Ich hätte sie ums Haar in den schwindelnden Abgrund der Sünde hinabgelockt, aber da ihr Fuß schon habe ausgleiten wollen, habe ihr Gewissen sie zurückgerissen, und sie habe lieber ihr Leben hingeben wollen, als ihrer Pflicht untreu werden. Wie mag das arme Herz draußen in der Nacht sich zermartert haben in dem grausamen Streit zwischen ihrer Sehnsucht nach Glück und der Furcht vor dem Verbrechen an ihrem Wohlthäter, dem brävsten Menschen in der Welt!

So raffte ich mich auf, als wären meine eigenen Glieder zerstückt und aus den Gelenken gerissen, und entfloh, den Bahndamm entlang. Es war ein Wunder, daß ich mich immer wieder aufzurichten vermochte, so oft ich unterwegs zusammenbrach. Weiter aber als bis nach Hausham gelangte ich nicht. Da blieb ich über Nacht im ersten besten Wirthshause in einem Zustand – die Hölle hat keine härteren Qualen.

Und ich blieb dort länger, als ich gedacht hatte.

Ein tobendes Nervenfieber brach aus, ich konnte am andern Morgen kaum meine Gedanken und Worte so weit sammeln, um meinen Namen zu nennen und zu bitten, daß man meinen Vater in der Stadt benachrichtigen möchte.

Als ich nach sechs Wochen wieder aufstand, war der Hügel über den blutigen Resten des armen Opfers längst geschlossen, und von der räthselhaften Schauergeschichte, wie die Frau des Bahnwärters verunglückt war, sprach Niemand mehr.

Vroni
Vignette von Fritz Reiß

V

BLEIBEN UND GEHEN

Paul Heyse ist in den sechs Jahrzehnten, die er in München lebte, immer der Maxvorstadt treu geblieben. In der ersten Zeit nach seiner Übersiedlung aus Berlin wohnte er mit seiner Familie in der Augustenstraße, später in der Arcisstraße, von 1874 bis zu seinem Tod aber residierte er in der Luisenstraße, in einer 1830 errichteten und 1872 in Heyses Auftrag von Gottfried Neureuther im Stil der Neorenaissance umgestalteten Villa, die trotz einiger Kriegsschäden bis heute erhalten geblieben ist. Die Maxvorstadt war damals ein Kunst- und Kulturviertel, und als sich 1886 der Maler Franz Lenbach schräg gegenüber von Heyses Wohnhaus ansiedelte, konnte Heyse mit seiner Nachbarschaft mehr als zufrieden sein. Gleichwohl gab es auch in diesem exquisiten Ambiente gelegentlich Anlass zur Klage, wie Heyse in einem 1899 veröffentlichten fiktiven Gespräch eines Münchners mit einem Fremden ausführt.

Ruinenkultus in München

Ein Gespräch

(*Ein Münchner* führt einen befreundeten *Fremden* durch die Stadt und zeigt ihm ihre Sehenswürdigkeiten. Sie sind durch die Briennerstraße gekommen und betreten den Königsplatz.)

Der Münchner: Und dies ist der Königsplatz, rechts die Glyptothek, gegenüber das Ausstellungsgebäude, im Hintergrunde das mächtige Thor mit den beiden hochragenden Pylonen die Propyläen, der letzte

Bau, der von dem großen Klenze entworfen und erst nach seinem Tode vollendet wurde.

Der Fremde: Wundervoll! Ich bin weit herumgekommen und habe größere und glänzendere Plätze gesehen. Einen ähnlich feierlichen Eindruck habe ich von keinem empfangen.

Der Münchner: »Feierlich«, das ist das richtige Wort. Doch nun sollten Sie unsern Königsplatz erst sehen, wenn bei einer großen Festfeier Tausende von Menschen in seinem Bezirk sich versammeln, wie bei den zwei Geburtstagsfeiern und dem Trauerfest zu Ehren Bismarcks: die drei gewaltigen Bauwerke durch griechische Arkaden verbunden, auf hohen Postamenten Kandelaber, die ihre Flammen in die stille Nachtluft lodern ließen, zwischen den Säulen der Propyläen und oben auf ihren Zinnen wehende Fackeln, der weite Wiesenplan Kopf an Kopf gefüllt von einer dunklen, andächtig schweigenden Menge, die den prachtvoll geschmückten Herolden auf reichgeschirrten weißen Pferden eine Gasse öffnete, während ein Sängerchor auf der Freitreppe des Ausstellungsgebäudes eine Hymne anstimmte und hoch am Himmel die Gestirne herabglänzten – keine Bühne der Welt hat eine Scene aufzuweisen, die sich an großartigem Zauber mit diesem Bilde messen könnte!

Der Fremde: Das glaube ich gern. Am hellen Tage freilich und ohne festlichen Apparat sieht der Platz etwas nüchterner aus.

Der Münchner: Gewiß, ein paar schöne Springbrunnen und Blumenanlagen, wie um den Obelisken herum, könnten nicht schaden. Das aber ist leichter gedacht als gethan. Von diesen drei vornehmen Gebäuden gehört jedes einem anderen Herrn. Die Propyläen hat König Ludwig der Stadt München vermacht, das Ausstellungsgebäude ist staatliches Eigenthum, die Glyptothek gehört zum Fideikommiß des königlichen Hauses. Von welchem der drei Besitzer die Kosten einer Verschönerung des Platzes statt der öden Wiesenflächen zu tragen wären, ist nicht leicht zu entscheiden, und so bleibt alles beim alten, vielleicht zum Vortheil des feierlichen Gesammteindrucks. Eine gewisse Leere und Schmucklosigkeit steigert das Gefühl des Ueberragenden und Erhabenen.

(Die Beiden haben inzwischen den Platz durchschritten und sind durch den mittleren Raum der Propyläen wieder auf die Straße hinausgelangt.)

Der Fremde: Schade, daß die Witterung den reinen Glanz dieser Marmorsäulen vielfach getrübt hat. Man sieht überall die schwarzen Spuren, die der Regen an Gesimsen und Kapitälen zurückließ.
Der Münchner: Ja, leider leben wir nun einmal nicht unter dem Himmel Griechenlands, wo die Sonne Homers seit Jahrtausenden die Tempel der Akropolis nur mit einem goldfarbenen Edelrost überdeckt hat. Dazu der Rauch der hundert Festfackeln, der an diesen Säulen hinaufgequalmt ist. Aber Sie sehen, man ist eben daran, den Bau nach Möglichkeit zu reinigen.
Der Fremde (sich nach links wendend): Hm! Seltsam!
Der Münchner: Was fällt Ihnen auf?
Der Fremde: Wie man nur neben diesem großartigen Prachtbau die schäbige alte Stadtmauer stehen lassen kann, mit allen Spuren ihres ehrwürdigen Uralters.
Der Münchner: Eine Stadtmauer? und noch dazu eine uralte? *(Lacht.)* Sie irren sehr, lieber Freund. Diese Mauer, die Ihnen eine ehrwürdige Ruine scheint, ist nicht älter als die Propyläen selbst. Und für eine Stadtmauer konnte sie höchstens vor dreißig Jahren gelten, als München sich noch in engen Grenzen hielt. Seitdem ist, wie Sie sehen, die Stadt weit über Mauer und Thor hinausgewachsen.
Der Fremde: Warum aber hat man dann, wenn kein antiquarisches Interesse daran hing, dieses junge »Alterthum« noch bestehen lassen? Will man warten, bis es nächstens von selbst zusammenfällt? Es scheint freilich nahe daran zu sein. Sehen Sie nur, wie der Bewurf abgebröckelt, die Steine angefault sind, und überall die breiten, weißen Streifen, wo der Salpeter zutage tritt. München ist doch eine Kunststadt. Kann man neben einem seiner herrlichsten Gebäude ein so verfallendes Gemäuer dulden, mit dem kein Privatmann seinen Garten umgeben möchte?
Der Münchner: Hm!
Der Fremde: Sie machen ein so geheimnißvolles Gesicht. Dieser seltsame Widerspruch scheint einen tieferen Grund zu haben.
Der Münchner: Sogar zwei Gründe und gar nicht tief verborgene: einen ästhetischen und einen – polizeilichen.
Der Fremde: Auf den ästhetischen wäre ich besonders neugierig. Die Zeit ist doch vorbei, wo man für Ruinen schwärmte und sie als eine romantische Dekoration von Parkanlagen neu aufführte – wie es sogar Goethe im Weimarer Park noch zu thun beliebte.
Der Münchner: Nein, Verehrtester, von dieser Geschmacksverir-

rung ist man in München längst zurückgekommen. Als die Mauer erbaut wurde, hatte der kunstsinnige König dabei den sehr richtigen Gedanken, daß ein Thor, was die Propyläen doch sind, nicht frei stehen, sondern den Durchgang durch die im übrigen fest umfriedete Stadt vermitteln und wenigstens an der Stelle, wo es gerade stand, den Thorcharakter wahren sollte. Seitdem freilich –

Der Fremde: Derselbe Fürst hat doch aber sein schönes Siegesthor frei ans Ende seiner neuen Ludwigsstraße gestellt.

Der Münchner: Weil er einem siegreichen Heere nicht nur den engen Thorbogen öffnen, sondern Raum lassen wollte, zu beiden Seiten um das Thor herum in geschlossenen Kolonnen in die Stadt einzuziehen. So ist's denn auch nach dem großen Kriege geschehen. Bei den Propyläen fiel dieser Grund weg.

Der Fremde: Ich verstehe. Wenn nun aber die Stadt sich an ihre »feste Umfriedung« nicht kehrte, sondern fröhlich zum Thor hinaus sich fortpflanzte, um die Mauer unbekümmert, warum mußte diese gleichwohl konservirt werden, obwohl sie in ihrem Verfall, den man nicht einmal aufzuhalten suchte, durchaus nicht mehr einen ästhetischen Eindruck machen konnte?

Der Münchner: Wissen Sie das so gewiß, lieber Freund? Lassen Sie sich sagen: unser allverehrter Landesherr, Prinz Luitpold, ist von der Ueberzeugung durchdrungen, daß sein königlicher Vater bei all seinen künstlerischen Unternehmungen, durch die er München zu seinem heutigen Rang als erste Kunststadt des Deutschen Reiches erhob, von den weisesten und erleuchtetsten Anschauungen ausgegangen und von den berufensten Meistern ihres Fachs berathen gewesen sei. Er hält es daher für die Pflicht zugleich der Pietät und der Klugheit, an dem, was König Ludwig gegründet hat, ohne dringenden Grund nichts zu ändern.

Als nun vor einigen Jahren sich in dem gleichen Sinn, wie Sie an dieser Mauer Anstoß nehmen, eine lebhafte Agitation in der Presse und unter den benachbarten Hausbesitzern erhob und die Niederlegung dieser Ruine von Sr. kgl. Hoheit erbeten wurde, ließ der Prinz-Regent sich verschiedene Gutachten vorlegen, darunter auch eines vom Architektenverein. Das Ergebniß war, daß der Fortbestand der Mauer befürwortet wurde, da es künstlerisch sich nicht empfehlen würde, das Wäldchen der Glyptothek auch an dieser wie an der gegenüberliegenden Straßenseite durch ein niederes Gitter abzuschließen, dessen Anlehnung an die Marmorwände der Propyläen durchaus stilwidrig erscheinen würde.

So wurden denn die Petenten abschlägig beschieden, die Mauer blieb. Warum sie in ihrem ruinösen Zustand bleiben mußte, um das Staunen und Achselzucken aller Fremden hervorzurufen, ist freilich nicht einzusehen.

Der Fremde: Sollten die Kosten unerschwinglich sein?

Der Münchner: Schwerlich. Und mit etwas höheren Kosten hätte man einen erfreulichen Mittelweg einschlagen können. Gewiß hatten die Architekten Recht, die sich gegen die Anlehnung eines dünnen mageren Gitterwerks an den imposanten Marmorkoloß aussprachen. Warum aber konnte an Stelle der Ruine nicht eine neue, architektonisch gegliederte feste Mauer errichtet und eine Strecke weit, etwa bis zur Glyptothek, fortgeführt werden, an die sich dann ein etwas höheres, in schicklichen Abständen von Pfeilern unterbrochenes Gitter angeschlossen hätte? Daß es dem feinsinnigen Stifter der Propyläen gerade um diese Mauer und keine andere zu thun gewesen sei, abgesehen von ihrem kläglichen gegenwärtigen Zustand, ist schwer zu glauben, denn ein Kunstwerk war diese Mauer doch sicherlich nicht. Der Pietät gegen den königlichen Bauherrn wäre also durch den vermittelnden Vorschlag nichts vergeben worden, das Gutachten des Architektenvereins hätte Recht behalten, und aus der Stadt, an deren Verschönerung und wachsendem Ruhm bei der gesammten kunstliebenden Welt jedem guten Münchner gelegen ist, wären diese verfaulten Steine des Anstoßes entfernt worden, die seit Jahren zu allerlei Scherz und Spott den Anlaß gegeben hatten.

Der Fremde: Und ist auch jetzt keine Aussicht, daß der Vermittlungsvorschlag, der meinem Laienverstand durchaus einleuchtet, an maßgebender Stelle Beachtung finden möchte?

Der Münchner: Wer weiß es! Zwar hat der Vorstand des Architektenvereins, der geniale Erbauer des Justizpalastes, sich auf meine Anfrage damit einverstanden erklärt. Aber bei ihm allein liegt nicht die Entscheidung, zumal die Wiederaufnahme dieser wie jeder anderen res judicata ihre Schwierigkeiten hat. Allzu viele Behörden müssen erst befragt, vom Ministerium des Innern an das Kultusministerium, von diesem an die oberste Hofstelle berichtet werden, und ein sehr gewichtiges Wort hat auch die Polizeidirektion mit darein zu reden.

Der Fremde: Die Polizei? Sie sagten schon vorhin – könnte es wirklich einen baupolizeilichen Grund geben, die Mauer zu konserviren, bis sie eines schönen Tages einem arglos daran vorbeiwandelnden Sterblichen überm Kopf zusammenfällt?

Der Münchner: Nein, aber ein *sitten*polizeiliches Bedenken steht der Wegräumung dieses allgemeinen Aergernisses im Wege. Sie müssen nämlich wissen: das Wäldchen hinter der Glyptothek ist der beliebte heimliche Schlupfwinkel für alles verkommene Gesindel, das einen sicheren Versteck sucht, wo es, vor dem wachsamen Auge der Polizei geborgen, sein Wesen treiben kann. Schon bei Tage wandeln hier Liebende, die sonst keine Zuflucht vor feindlichen Mächten, strengen Müttern oder gehässigen Vormündern haben, Arm in Arm stundenlang herum und bleiben von Zeit zu Zeit stehen, um unter dem Schutz eines Sonnen- oder Regenschirmes sich von Mund zu Mund allerlei mitzutheilen, was vor fremden Augen geheim bleiben muß. Wenn es aber Nacht geworden ist, wird das Wäldchen, das hinter der Glyptothek von keiner Laterne erhellt wird, vollends zu einem Asyl für lichtscheue Liebe, die nicht hat, wo sie ihr Haupt hinlege. Unter diesen Bäumen und Büschen herrscht eben undurchdringliches Dunkel, durch die blendende Helle der elektrischen Lampen an der Straße draußen nur noch vertieft. Aber diese dunklen Winkel ziehen die Nachtvögel an. Es schwirrt dann zwischen den Zweigen von gedämpften Tritten und zärtlichem Flüstern und noch zärtlicherem Verstummen, und da das Revier ziemlich ausgedehnt ist, hat es für Viele zugleich Platz, die Gründe haben, ihren Gefühlen lieber unter freiem Himmel Ausdruck zu geben. Hier aber sind sie sicher, nicht gestört zu werden, denn von der Straße aus späht kein zudringliches Auge herein, dafür sorgt eben – die Mauer. Gegenüber, an der anderen Straße, wo nur das Gitter den Park abschließt, ist zu wenig Sicherheit, um auch dort einen verschwiegenen Liebesgarten zu etabliren.

Der Fremde: Schöne Geschichten! Ich verstehe nur nicht, daß Sie sagen konnten, ein sittenpolizeiliches Bedenken stehe der Niederlegung der Mauer im Wege. Gerade die Polizei müßte doch ein Interesse daran haben, diesem Unwesen ein Ende zu machen.

Der Münchner: Meinen Sie? Gerade der Polizei liegt daran, einen Ort zu wissen, wo sie sicher sein kann, so oft sie danach Verlangen trägt, zuchtloses Volk anzutreffen und in Gewahrsam zu bringen. Zwar patrouillirt nur ein einziger Schutzmann, auch der nur einmal in der Nacht, vom Wittelsbacher Palais durch die Propyläen nach dem Stiglmayerplatz. Der aber kann ohne viel Mühe im Glyptothekwäldchen einen Fang machen. Freilich, während er eine oder zwei gefällige Schönen, die er in flagranti ergriffen hat, nach der Wache eskortirt, fühlen sich ihre Kolleginnen um so sicherer, für diese Nacht mir ihren Freunden nicht mehr gestört zu werden.

Der Fremde: Das klingt ja wie ein Märchen. Aber Sie scherzen wohl nur? In einer wohlpolizirten großen Stadt solche Zustände –

Der Münchner: Sie haben Recht, lieber Freund, es klingt unglaublich, so wahr es ist. Was ich aber von der Polizei sagte, war allerdings nur ein Scherz. Ich weiß aus bester Quelle, daß von ihrer Seite nichts dringender gewünscht wird, als die Hinwegräumung der Mauer, womit diesen skandalösen Zuständen auf einen Schlag ein Ende gemacht würde. Unser München wächst so rasch, durch die Einverleibung der Vorstädte ist sein Umfang so ausgedehnt worden, daß er jetzt schon den der Reichshauptstadt überholt hat. Für eine so große Stadt reicht nun aber die Zahl unserer Schutzleute bei weitem nicht aus, und doch würde es erforderlich sein, einen sitten- und sicherheitsgefährlichen Ort, wie dies Wäldchen, unter beständiger Aufsicht zu halten. Denn auch sicherheitsgefährlich ist die Stätte. Es ist schon vorgekommen, daß Diebe über den Zaun des benachbarten Gartens stiegen und an einer der Säulen, die den Balkon des dort befindlichen niedrigen Hauses tragen, ins obere Stockwerk eindrangen. Die Bewohne wurden noch zeitig genug allarmirt, die Einbrecher aber entkamen auf demselben Wege, und im Dunkel des Hains war ihre Spur verloren, obwohl ich sofort telephonisch ein paar Schutzleute herbeirufen konnte.

Der Fremde: Sie selbst?

Der Münchner: Nun freilich, ich selbst. Mein Haus ist es ja, das Sie dort zwischen den Bäumen vorblicken sehen.

Der Fremde: Da begreife ich allerdings, daß Sie vor Allen ein Interesse daran haben, die Mauer fallen zu sehen.

Der Münchner: Halten Sie mich weder für so furchtsam noch für so selbstsüchtig, daß ich nur pro domo mea Wandel geschafft zu sehen wünschte. Was die Sicherheit meines Hauses betrifft, so habe ich jetzt nach Möglichkeit dafür gesorgt, daß die Herren Spitzbuben gut verschlossene Thüren und Fenster finden würden, wenn sie ihren Nachtbesuch wiederholen wollten. Aber als einem alten Münchner, dem die Ehre seiner Stadt am Herzen liegt, kann es mir nicht gleichgültig sein, ob mitten in der schönsten, künstlerisch weihevollsten Gegend eine Kloake bestehen bleibt, die allen Anwohnern zum Aergerniß, den Fremden zum Spott, der Stadtverwaltung zum Vorwurf gereicht. Werden Sie glauben, daß ich von meinem Fenster aus am hellen Nachmittage Scenen erblickt habe, die sich sonst nur unter dem Schleier der Nacht zuzutragen pflegen? So sicher ist das zuchtlose Gesindel gemacht worden durch den Schutz der dichten Gartenbüsche und die unzulängliche polizeiliche Ueberwachung. Und niemals gehe ich von meinem Hause weg nach den Propyläen, ohne mein Auge beleidigt zu fühlen durch den grünlichen Schimmel, der den groben Bewurf der Mauer überzieht, und mich zu fragen, ob die Väter der Stadt, die sich jetzt eben die Säuberung der Propyläen angelegen sein lassen, ihren Blick nicht auch auf die angrenzenden Ruinen werfen und höheren Orts dahin wirken möchten, daß das unhaltbar gewordene Alte endlich weggeräumt und das schöne Wäldchen, das jetzt zu einer Freistatt der Liederlichkeit entweiht ist, wieder werde, wozu sein königlicher Stifter es bestimmt hat: ein Tempelhain, unter dessen »rege Wipfel« hinauszutreten, die Marmorbilder, die drinnen wohnen, sich nicht scheuen dürften.

Möglicherweise waren es auch diese Zustände, die Heyse kurzfristig an den Verkauf der Villa und den Umzug in eine Etagenwohnung denken ließen. Sehr bald aber kam er zu der Einsicht, dass er etwas Besseres als die Villa in der Luisenstraße nicht finden würde. In zwei Briefen, die er am 5. Juni und 6. Juli 1901 an seinen Freund (und Nachbarn seines langjährigen Winterquartiers in Gardone am Gardasee), den Privatier und Kunstmäzen Alexander Günther richtet, erzählt er von seinen Wohnungssorgen.

Inzwischen haben wir hier eine Komödie aufgeführt. Wir fanden unser Haus etwas schäbig und heruntergekommen, den Garten vernachlässigt, uns gegenüber ein Haus aufgeführt, das uns Luft und Licht nimmt. Also auf die Wohnungssuche, Rücksprache mit Agenten und Häusermaklern, Besichtigung von Häusern, in denen Etagen mit – nur – acht Zimmern zu miethen waren, Pläne geprüft, Möbel gemessen, mit Hausherren verhandelt – und nach aufregenden Berathungen und der Erkenntniß, daß wir von unsern Bildern, Skulpturen, Kunstblättermappen, Büchern und Briefschränken nicht die Hälfte in Einer Etage unterbringen könnten, nach einer schlaflosen Nacht der erlösende Entschluß, unser Haus <u>nicht</u> herzugeben, sondern mit allen Mängeln uns so gut es gehen wolle abzufinden. Als wir uns hierüber klar geworden, gingen wir durch alle Zimmer, als wenn uns jeder Winkel ein besonderer Freund und jeder Stuhl und Schrank neu geschenkt worden wäre.

Unser aufgegebener Hausverkauf ist ein Beweis dafür, daß die Lehren [...] über die Erwerbung großer Vermögen an uns verloren sind. Wenn Sie aber einmal in der Luisenstraße uns besuchen und unsere 14 Zimmer durchwandeln, in denen jedes handgroße Fleckchen Wand mit etwas Bildlichem oder Plastischem decorirt ist, werden Sie begreifen, daß wir, sobald es zum Klappen kam, daran verzweifelten, dieses Museum, das freilich vielfach nur einen Erinnerungswerth har, in irgend einer noch so geräumigen Etage unterzubringen. Dazu meine Überlast an Büchern, die ich freilich zum dritten Theil nächstens losschlagen will, die aber immer noch zehn Repositorien füllen würden. Überdies wär's für meine liebe Gnädige eine allzu starke Zumuthung gewesen, <u>zwei</u> Aus- und Einzüge in Einem Herbst zu besorgen. Also gehe das (finanzielle) Verderben noch eine Weile seinen Gang.

Paul Heyses Villa an der Luisenstraße
Radierung von Franziska Redelsheimer

Am 25. Dezember 1904 erfährt Paul Heyse von dem Plan der Stadt München, einen Teil der Brienner Straße zu seinen Ehren in »Paul-Heyse-Straße« umzubenennen. Wie aus seinem Tagebuch hervorgeht, verfolgt er aufmerksam die öffentliche Resonanz auf diese Absichten: Manche Anwohner fühlen sich geschmeichelt, andere protestieren heftig gegen den neuen Straßennamen, was wiederum in den Bürgern anderer Stadtteile den Wunsch wachruft, ihre eigene Straße möge künftig den Namen des berühmten Dichters tragen. Schließlich wurde die Heustraße in der Ludwigsvorstadt in Paul-Heyse-Straße umgetauft. Das hatte die betrübliche Folge, dass sich die meisten Münchner heute nur noch wegen eines der unbestreitbar hässlichsten Orte in ganz Bayern an den einstmals Gefeierten erinnern, nämlich der am Anfang ›seiner‹ Straße gelegenen Paul-Heyse-Unterführung. Heyse selbst hat den Streit um die Namensfrage mit einer Mischung aus Distanziertheit und Belustigung beobachtet, wie sein Schreiben an den Oberbürgermeister Wilhelm von Borscht vom 2. Januar 1905 ebenso bezeugt wie der Zeitungsausschnitt, den er am 8. Januar 1905 in sein Tagebuch geklebt hat.

Hochgeehrter Herr Bürgermeister!

Aus der Zeitung erfahre ich, daß von Anwohnern des vor den Propyläen gelegenen Theils der Briennerstraße, der laut Magistratsbeschluß hinfort meinen Namen tragen sollte, hiergegen Einspruch erhoben worden ist, da es ihr patriotisches Gefühl verletze, einen Straßennamen, an den sich eine historische Erinnerung knüpft, gegen meinen Namen vertauscht zu sehen, auch wenn dem größeren Theil dieser Straße der frühere Name erhalten bleibt.

So sehr mich nun Ihre und Ihrer hochverehrten Herrn Collegen freundliche Absicht erfreut hat, diese seltene Auszeichnung gerade in einer Straße zum Ausdruck zu bringen, die meinem Hause nahe liegt, so wünschte ich doch nicht von meinen nächsten Nachbarn darin unfreundlich angesehen zu werden und bitte Sie, sich versichert zu halten, daß meine Dankbarkeit, von dem hochverehrlichen Magistrat der Stadt, in der ich seit einem halben Jahrhundert meine zweite Heimath gefunden, einer solchen Ehre gewürdigt worden zu sein, durch eine Änderung Ihres Beschlusses in keiner Weise geschmälert werden kann.

Ihr aufrichtig ergebener
Dr. P. H.

Paul Heyse oder Brienner

[Anonym. Ausschnitt aus der »Münchner Zeitung«]

»Das ist unerhört!« – »Was?« – »Die Briennerstraße in Paul Heysestraße umzutaufen.« Der Gegner der Umbenennung schlägt heftig auf die Platte des Marmortisches. Der Partner des Gespräches zuckt die Achseln: »Warum regen Sie sich da auf? Heyse ist doch immerhin ein so respektabler Mann, daß er die Auszeichnung verdient, so gut wie mancher Andere, nach dem hier Straßen benannt sind und über dessen Leben und Wirken selbst ein Gelehrter erst das Konversations-Lexikon zu Rate ziehen muß!« Der Andere hat Mühe, sein Gegenüber nicht zu unterbrechen. Jetzt platzt er aber los: »Das ist ja Unsinn, was Sie da sagen, – Heyse soll seine Paul Heysestraße bekommen – aber nicht durch Umtaufe einer alten Straße.« – »Wollen Sie ihm da wohl eine Straße zugedacht wissen an der äußersten Peripherie, die womöglich noch nicht einmal parzelliert ist und wo nur ein Haus drin steht, in dem Niemand wohnt? Ha?« – Der Andere läßt sich wieder vernehmen. »Nein, – aber warum gerade die Briennerstraße herausholen? Denken Sie doch die Verwirrung! Alle Briefbogen futsch, alle Geschäfts-Visitenkarten wertlos – vielleicht wird die Brienner-Bäckerei gar auch noch in Paul Heyse-Bäckerei umgetauft!« – »So weit gehts ja gar nicht! Uebrigens die kleine Unannehmlichkeit mußten die Bewohner der Gartenstraße auch damals in Kauf nehmen, als sie plötzlich in der Kaulbachstraße wohnten.« – »Das war ganz was anderes. Garten ist gar nichts, – aber Brienner, – da tauchen Erinnerungen auf, da –.« Höhnisch fragend jetzt der Gegenpartner: »Na, was ist mit Brienner? Wonach heißt die Straße?« – »Die Straße heißt nach – – na – aber das weiß doch jedes Kind, – das, – zum Teufel noch einmal, ich bin doch kein Bädecker, der jedes Nest kennt!« Noch höhnischer jetzt der Widersacher: »Na, sehen Sie, die historische Erinnerung scheint bei Ihnen nicht sonderlich mächtig zu sein.« – – »Braucht sie auch nicht! Aber ich will nicht in irgend einer hergelaufenen Straße wohnen! Briennerstraße – das kennt man, das ist München-W., – Paul Heysestraße, – da kann man sich gar nichts dabei denken, da könnte ich gerade so gut in der Natalie von Eschstruthstraße wohnen.« – »Die gibts noch nicht!« – »Kommt aber!« – Während sich die beiden Herren in der Maximilianstraße also streiten, schreibt ein Bewohner von München-Süd-Ost an den Magistrat folgenden Brief: »Geehrter Magstradt! Ich Ludwig Huberberger bantragge, daß die Straße Glaude Lohrenn nicht mehr so heißet, weil ich drin wohne und mir die Bilder wo der Glaude gemahlt hat nicht gefahlen wie ich in der Binagodegg gsehn habe wie ich drin war im Weihnachtsurlaub von Vetter von der zweiten Escadron in Landshut. Ich ferlahnge Rücksicht von Magstradt auf Bewohner die Steuer zahlen müssen. Mit Achdung. Ihr Ludwig Huberberger.

In einem Gedicht aus seinem »Wintertagebuch (Gardone 1901–1902)« hat Heyse der Villa und ihrer Nachbarschaft ein kleines literarisches Denkmal gesetzt. Die Maxvorstadt erscheint darin nicht als großstädtisches Quartier, sondern eher als dörfliches Idyll, in dem man morgens von »Amselgesang lieblich ermuntert« und beim Gang »durch wohlbekannte Gassen und Plätze« von alten Bekannten mit Handschlag und einem freundlichen »Grüß Gott!« bedacht wird.

Heimkehr

Das ist die Heimath wieder.
Durch hohe Gartenwipfel
Winkt mir Willkommen das alte Haus.
Wie schüchtern erst
Ist aufgesprossen an allen Zweigen
Maigrünes Laub im herben Hauch
Des deutschen Lenzmonds!

Nirgends glüht mir entgegen,
Wie dort zu tausenden,
Nur Eine Rose,
Maasliebchen allein im Wiesengrund
Und zart entfaltet am Strauch
Der Päonie Knospen.
Doch trauen sie nicht der trüglichen Sonne,
Die lockend niederäugelt,
Denn gestern erst, so hört' ich,
Hat's wieder einmal
Geschneit in den Münchner Frühling.

Beklommnen Herzens
Überschreit' ich die Schwelle.
Werd' ich, verwöhnt
Durch südliche Sonnenglut,
An dieser kühlen Heimath
Blasses Licht mich zurückgewöhnen?
Doch da breitet am Fuß der Treppe
Der Adorante die schlanken Arme
Aus, wie betend zur Gottheit,
Daß mein Eintritt gesegnet sei,
Und wie empor ich steige,
Begrüßt mich eine vertraute Schaar,
Die meiner geharrt im langen Winter:
Erinnerungen, trüb' und frohe,
Hier angesiedelt in jedem Raum,
Wo ich gelebt, geliebt, gelitten,
Jung gewesen und alt geworden
Und mein redlich Herz
In festen Händen gehalten.
Und in mir ruft's: Sei froh der Heimkehr!
Hier bist du zu Haus und drunten
An deinem See nur zu Gast.
Denn deines Wesens tiefste Wurzeln
Sind zäh gesenkt in die deutsche Erde,
Wenn auch der Wipfel sich gern
In italischen Lüften wiegt.

Morgen aber,
Wenn du im alten Bett zu Nacht
Geruht und Amselgesang
Früh dich lieblich ermuntert,
Gehst du durch wohlbekannte
Gassen und Plätze,
Nicht wie da unten freilich
Von Lorbeerhecken durchduftet,
Doch zum Ersatz dafür
Begegnet dir hin und wieder
Ein freundlich grüßend Gesicht,
Und Mancher stellt dich und drückt dir die Hand:
Grüß Gott! Bist glücklich zurückgekehrt?
Wir haben dich so lange vermißt.
Nun, hoff' ich, bleibst du ein Weilchen hier!

Ja, alte Freunde!
Wenn die uns fehlen, fehlt uns das Beste doch
Im Land auch, wo die Citronen blühn.

25. Mai 1902.

Anfang April 1914 muss Paul Heyse die Villa und die Maxvorstadt für immer verlassen: Am 2. April 1914 stirbt er in seinem Haus an der Luisenstraße; seine letzte Ruhestätte findet er auf dem Münchner Waldfriedhof. Die Witwe Anna Heyse hat die Villa bis zu ihrem Tod im Jahr 1930 bewohnt. Einige Jahre später erwarb der Lackfabrikant Ludwig Rosner das Gebäude, heute gehört es dem Besitzer einer Waschmaschinenfabrik.

Anhang

Zu dieser Ausgabe

Dieses Lesebuch wurde gemeinsam mit Studierenden der Ludwig-Maximilians-Universität München im Rahmen des Proseminars »Paul Heyse im Kontext des Realismus« im Wintersemester 2013/2014 erarbeitet. Die Texte sind zeichengetreu nach den genannten Textgrundlagen wiedergegeben, Druckfehler wurden stillschweigend korrigiert. – Das Namenverzeichnis soll eine erste Verständnishilfe bieten, ein erschöpfender Kommentar war nicht beabsichtigt.

Die Herausgeber danken der Monacensia. Literaturarchiv und Bibliothek München und der Bayerischen Staatsbibliothek, Abteilung Handschriften und Alte Drucke, für die freundlich gewährte Erlaubnis, aus ihren Beständen zitieren zu dürfen. Für Unterstützung bei der Einrichtung der Texte danken wir Frau Anna Keil und Frau Sonja Plagmann.

Textgrundlagen

Paul Heyse: Zum Frühlingsfest der »Zwanglosen« im Jahre 1867. In: Jugend Nr. 12, 1900, S. 208f.

Paul Heyse: Jugenderinnerungen und Bekenntnisse. Berlin: Hertz 1900

Paul Heyse: Die Hochzeitsreise an den Walchensee. In: Paul Heyse: Gesammelte Novellen in Versen. Berlin: Hertz 1864

Paul Heyse: Der letzte Centaur. In: Ein neues Novellenbuch von Paul Heyse. Berlin: Hertz 1871

Paul Heyse: Vroni. In: Aus den Vorbergen. Novellen von Paul Heyse. Berlin: Hertz 1893

Paul Heyse: Münchner Ruinenkultus. In: Allgemeine Zeitung, Nr. 256, 15. September 1899; wiederabgedruckt in Paul Heyse: Gesammelte Werke (Gesamtausgabe). Hrsg. von Markus Bernauer und Norbert Miller. Reihe IV, Band 7.2. Hildesheim u.a.: Olms 2011, S. 808–815

Paul Heyse an Oberbürgermeister Wilhelm von Borscht: Undatiertes Konzept (Heyse-Archiv der Bayerischen Staatsbibliothek, Abteilung Handschriften und Alte Drucke, Signatur: I 33; vgl. Tagebucheintrag am 2. Januar 1905: »An den Bürgermeister geschrieben.«; Heyse-Archiv I 39/26)

Paul Heyse an Alexander Günther: Monacensia. Literaturarchiv und Bibliothek München, Signatur: Heyse, Paul A I/43,44

Paul Heyse: Heimkehr. In: Paul Heyse: Ein Wintertagebuch (Gardone 1901–1902). Stuttgart/Berlin: Cotta 1903, S. 106–108

Abbildungsverzeichnis

Frontispiz: Paul Heyse. Radierung von Wilhelm Rohr nach Franz von Lenbach. In: Gedichte von Paul Heyse. Vierte, neu durchgesehene und stark vermehrte Auflage. Berlin: Hertz 1889

S. 40 Die Krokodile. Holzschnitt nach einer Zeichnung von Theodor Pixis. In: Die Gartenlaube 1866, Heft 34, S. 533

S. 90 Mondnacht am Walchensee. Holzschnitt nach Gustav Closs. In: Hermann Schmid und Karl Stieler: Aus Deutschen Bergen. Ein Gedenkbuch vom bayerischen Gebirge und Salzkammergut. Stuttgart: Kröner 1873

S. 107 Bonaventura Genelli. Stahlstich nach einer Zeichnung von Adolf Neumann, um 1863

S. 138 Paul Heyse: Eigenhändige Unterschrift und Datierung, Miesbach, 27. August 1887. Privatbesitz

S. 147 Miesbach. Holzstich nach Gustav Otto Dietrich, 1895

S. 187 Vroni. Vignette von Fritz Reiß. In: Die Macht der Stunde. Vroni. Zwei Novellen von Paul Heyse. Stuttgart: Krabbe [1899], S. 154

S. 197 Paul Heyses Villa an der Luisenstraße. Radierung von Franziska Redelsheimer. In: Der Briefwechsel zwischen Paul Heyse und Theodor Storm. Herausgegeben und erläutert von Georg J. Plotke. München: Lehmann 1917, Bd. 2, nach S. 80

Namenverzeichnis

Altenhöfer, August Josef (1804–1876), von 1865 bis 1869 Redakteur der Augsburger *Allgemeinen Zeitung*, zuvor Schriftleiter der *Augsburger Postzeitung*.

Becker, August (1828–1891), Schriftsteller, Redakteur Münchner *Isar-Zeitung* (1859–1864)

Beilhack, Georg (1802–1864), seit 1856 Gymnasialrektor in München.

Béranger, Pierre Jean de (1780–1857), französischer Lyriker.

Beust, Friedrich Ferdinand Graf von (1809–1886), sächsischer Staatsmann (seit 1858 Vorsitzender des Gesamtministeriums des Königreichs Sachsen).

Bischof von Regensburg, Ignatius von Senestrey (1818–1906).

Bischoff, Theodor Ludwig Wilhelm (1807–1882), Anatom und Physiologe, seit 1854 Professor in München.

Bluntschli, Johann Caspar (1808–1881), Schweizer Jurist und Politikwissenschaftler.

Bodenstedt, Friedrich Martin (1819–1892), Schriftsteller, seit 1854 Professor für Slawistik und Altenglisch in München. Seine orientalisierenden *Lieder des Mirza-Schaffy* (1851) waren mit über 300 Auflagen einer der populärsten Lyrik-Bände des 19. Jahrhunderts.

Bonn, Franz (1830–1894), Schriftsteller und Jurist.

Borscht, Wilhelm Ritter von (1857–1943), Münchens Oberbürgermeister von 1893 bis 1919.

Brizeux, Auguste (1803–1858), französischer Dichter.

Brugger, Friedrich (1815–1870), Bildhauer.

Carriere, Moriz (1817–1895), philosophischer Schriftsteller, seit 1853 Professor an der Universität München.

Carstens, Asmus Jakob (1754–1798), Maler aus Schleswig, seit 1792 in Rom.

Cornelius, Peter von (1783–1867), Historienmaler, von 1820 bis 1841 in München. Das Altarfresko in der Ludwigskirche war schon 1840 fertiggestellt.

Dahn, Felix (1834–1912), Historiker, Schriftsteller.

Daumer, Georg Friedrich (1800–1875) Dichter, Religionsphilosoph.

Daxenberger, Sebastian Franz von (1809–1878), publizierte 1840/41 unter dem Pseudonym C[arl] F[ernau] seine Münchner Stadtkultur-Geschichte *Münchener Hundert und Eins*.

Dingelstedt, Franz (1814–1881), Schriftsteller und Theaterleiter, von 1851 bis 1857 am Hoftheater in München. Seine vormärzlichen *Lieder eines kosmopolitischen Nachtwächters* sind 1842 anonym erschienen.

Dönniges, Franziska, geb. Wolff (1823–1882), Ehefrau von Wilhelm von Dönniges.

Dönniges, Wilhelm von (1814–1872), Historiker und Diplomat.

Eggers, Friedrich (1819–1872), Kunsthistoriker und Schriftsteller, Mitglied des »Tunnel über der Spree«.

Erbauer des Justizpalastes, Friedrich von Thiersch (1852–1921), Maler, Architekt.

Eschstruth, Natalie von (1870–1939), Unterhaltungsschriftstellerin.

Förster, Ernst (1800–1885), Kunstschriftsteller und Maler, seit 1822 in München.

Friedrich Wilhelm IV. (1795–1861), König von Preußen (1840–1861), seit 1823 verheiratet mit Elisabeth, Prinzessin von Bayern.

Fürstbischof von Salzburg, Maximilian Joseph Ritter von Tarnóczy-Sprinzenberg (1806–1876), seit 1850 Erzbischof von Salzburg.

Geibel, Emanuel (1815–1884), Dichter, 1852 von König Maximilian II. nach München berufen.

Genelli, Bonaventura (1798–1868), Zeichner und Maler des Spätklassizismus, von 1836 bis 1858 in München (*Raub der Europa*, 1859; Illustrationen zu Dante und Homer).

Gietl, Franz Xaver Ritter von (1803–1888), seit 1834 Leibarzt des bayerischen Kronprinzen Max, des späteren Königs Maximilian II.

Giusti, Giuseppe (1809–1850), italienischer Dichter.

Görres, Guido (1805–1852), Schriftsteller, Sohn des Historikers Joseph Görres (1777–1848).

Grosse, Julius (1828–1902), Schriftsteller, Journalist (*Neue Münchener Zeitung*).

Hähnel, Ernst (1811–1891), Bildhauer.

Hamm, Leonhard (Lebensdaten nicht ermittelt), Schriftsteller. In Heyses Nachlass (Bayerische Staatsbibliothek München, Abteilung Handschriften und seltene Drucke) finden sich 20 Briefe von Hamm an Heyse aus den Jahren 1869–1872.

Haushofer, Max (1840–1907), seit 1868 Professor für Nationalökonomie und Statistik an der Technischen Hochschule, Schriftsteller.

Heigel, Karl (1835–1905), Schriftsteller.

Hemsen, Wilhelm (1829–1885), Bibliothekar.

Hertz, Wilhelm (1835–1902), Dichter und Literaturwissenschaftler, seit 1869 Professor am Polytechnikum in München.

Heß, Heinrich Maria von (1798–1863), Historienmaler, seit 1826 Professor an der Münchner Kunstakademie.

Hofmann, Konrad (1819–1890), Germanist und Romanist, seit 1853 Professor in München.

Hopfen, Hans (1835–1904), Schriftsteller, 1853 bis 1858 Studium der Rechtswissenschaft und Geschichte in München, schon als Student Mitglied der »Krokodile«.

Horn, Oskar (1841–1908), Schriftsteller und Redakteur.

Hornstein, Robert Freiherr von (1833–1890), Komponist.

Ille, Eduard (1823–1900), Maler, Illustrator und Schriftsteller.

Irrlicht, siehe Kaulbach.

Jolly, Philipp (1809–1884), Physiker, seit 1854 Professor in München.

Kaulbach, Wilhelm von (1804–1874), Historienmaler, seit 1837 königlich bayerischer Hofmaler, seit 1849 Direktor der Kunstakademie in München.

Ketteler, Wilhelm Emmanuel Freiherr von (1811–1877), seit 1850 Bischof von Mainz.

Klenze, Leo von (1784–1864), Architekt, bedeutendster Vertreter des süddeutschen Klassizismus.

Knoll, Konrad (1829–1899), Bildhauer.

Kobell, Franz von (1803–1882), Mineraloge, Schriftsteller, schrieb u.a. Gedichte in pfälzischer und oberbayerischer Mundart.

Koch, Joseph Anton (1768–1839), aus dem Tiroler Lechtal stammender

Maler, lebte seit 1794 (mit Unterbrechungen) bis zu seinem Tod in Rom.

Kopisch, August (1799–1853), Maler und Schriftsteller (*Die Heinzelmännchen zu Köln*, 1836), mit Ernst Fries Entdecker der Blauen Grotte auf Capri (1826).

Kugler, Bernhard (1837–1898), Heyses Schwager, Historiker.

Kunstvogt, Friedrich Pecht (1814–1903), Maler und Kunsthistoriker.

Lamartine, Alphonse de (1790–1869), französischer Dichter und Politiker.

Lepel, Bernhard von (1817–1885), Offizier und Schriftsteller, Mitglied des »Tunnel über der Spree« und des »Rütli«.

Leuthold, Heinrich (1827–1879), schweizer Schriftsteller, starb in einer Nervenheilanstalt.

Lichtenstein, Sigmund (1822–1881), Schriftsteller, Schriftführer der »Krokodile«.

Liebig, Justus Freiherr von (1803–1873), Chemiker, seit 1852 Professor in München.

Lingg, Hermann (1820–1905), Lyriker.

Lobkowitz, Moritz Fürst von, Herzog zu Raudnitz (1831–1903), seit 1857 verheiratet mit Maria Anna Prinzessin zu Oettingen-Wallerstein (1839–1912).

Lübke, Wilhelm (1826–1893), Kunsthistoriker.

Ludwig I. (1786–1868), König von Bayern (1825–1848).

Ludwig, Otto (1813–1865), Schriftsteller, Roman *Zwischen Himmel und Erde* (1856), Theoretiker des Poetischen Realismus.

Luitpold von Bayern (1821–1912), bayerischer Prinzregent seit 1886.

Martius, Carl Friedrich Philipp von (1794–1868), Botaniker, Ethnograph.

Maximilian II. (1811–1864), Sohn von Ludwig I. König von Bayern seit 1848.

May, Andreas (1817–1899), Jurist und Schriftsteller, seit 1848 in München.

Mecklenburg, Friedrich Franz II., Großherzog von Mecklenburg-Schwerin (1823–1883), Sohn von Alexandrine (Marie Helene),

Prinzessin von Preußen (1803–1892), der Tochter König Friedrich Wilhelms III. von Preußen. Großherzog Friedrich Franz II. war verheiratet mit Auguste Reuß zu Schleiz-Köstritz (1822–1862).

Menzel, Adolf (1815–1905), Maler und Lithograph.

Merz, Kaspar Heinrich (1806–1875), Kupferstecher.

Meyr, Melchior (1810–1871), Schriftsteller, *Erzählungen aus dem Ries* (1856), *Gespräche mit einem Grobian* (1866).

Modena, Herzogin von: Adelgunde Auguste Charlotte von Bayern (1823–1914), Tochter Ludwigs I. von Bayern, seit 1842 verheiratet mit Franz V., Herzog von Modena (1819–1875).

Mörike, Eduard (1804–1875), Lyriker und Erzähler, mit Heyse persönlich bekannt (Besuch Heyses bei Mörike am 28. Juli 1858, Briefwechsel von 1854 bis 1870).

Müller, Friedrich, genannt Maler Müller (1749–1825), aus Zweibrücken stammender Maler und Dichter des Sturm und Drang, seit 1778 in Rom.

Neumann, Karl Woldemar (1830–1888), trat 1848 in die bayerische Armee ein; zusammen mit Heinrich Reder veröffentlichte er 1854 *Soldatenlieder von zwei deutschen Offizieren*.

Orges, Hermann von (1821–1874), Journalist.

Pettenkofer, Max von (1818–1901), Chemiker und Hygieniker, seit 1847 Professor in München.

Pixis, Theodor (1831–1907), Maler.

Platen, August Graf von (1796–1835), Lyriker, Dramatiker.

Pocci, Franz Graf von (1807–1876), Dichter, Zeichner und Komponist, der »Kasperlgraf« wegen seiner zahlreichen Stücke für das Puppentheater.

Rahl, Karl (1812–1865), Historienmaler.

Ranke, Leopold von (1795–1886), Historiker.

Rauch, Christan Daniel (1777–1857), Bildhauer.

Reder, Heinrich (1824–1909), Offizier, Dichter und Maler.

Redwitz, Oskar Freiherr von (1823–1891), Schriftsteller, Verserzählung *Amaranth* (1849).

Reinhardt, Wilhelm (1815–1881), aus Bayreuth stammender Maler, seit 1834 in München.

Reisach: Karl August Graf von (1800–1869), Erzbischof von München und Freising von 1846 bis 1856, dann Kurienkardinal.

Riehl, Wilhelm Heinrich (1823–1897), Schriftsteller und konservativer Kulturhistoriker (*Die Naturgeschichte des Volkes als Grundlage einer deutschen Social-Politik*, 1851–1869), seit 1853 Professor in München.

Rohmer, Friedrich (1814–1856), Philosoph und Politiker.

Roß, Charles (1816–1858) Maler.

Rückert, Friedrich (1788–1866), Dichter, Übersetzer, Orientalist.

Schack, Adolf Friedrich Graf von (1815–1894), Schriftsteller und Übersetzer.

Scheffel, Joseph Viktor von (1826–1886), Schriftsteller (*Der Trompeter von Säckingen*, Verserzählung, 1853; *Ekkehard*, Roman, 1855).

Schimon, August (Lebensdaten nicht ermittelt), Münchner Weinwirt, Gründer des Hotels »Vier Jahreszeiten«.

Schraudolph, Johann (1808–1879), Maler und Zeichner. Schütz, Hermann (1807–1869), Kupferstecher.

Schütz, Hermann (1807–1869), Kupferstecher.

Schwanthaler, Ludwig von (1802–1848), Bildhauer, Professor an der Kunstakademie in München (Schöpfer der Bavaria, 1844).

Sophie Friederike von Bayern (1805–1872), seit 1824 verheiratet mit Erzherzog Franz Karl Joseph von Österreich (1802–1878), Mutter von Kaiser Franz Joseph I. von Österreich.

Steub, Ludwig (1812–1888), Rechtsanwalt und Schriftsteller (*Drei Sommer in Tirol*, 1846; *Aus dem bayerischen Hochlande*, 1850; *Wanderungen im bayerischen Gebirge*, 1862).

Sybel, Heinrich von (1817–1895), Historiker, seit 1856 Professor in München.

Teichlein, Anton (1820–1879), Maler und Schriftsteller.

Theokrit (um 270 v. Chr.), griechischer Idylliker.

Therese von Sachsen Hildburghausen (1792–1854), seit 1810 Gattin von König Ludwig I.

Thiersch, Friedrich (1784–1860), Philologe, seit 1860 Professor in München.

Tieck, Ludwig (1773–1853), Dichter der Romantik.

Trautmann, Franz (1813–1887), Schriftsteller.

Vischer, Friedrich Theodor (1807–1887), Schriftsteller, Ästhetiker.

Voß, Johann Heinrich (1751–1826), Übersetzer, Lyriker, Idylliker; seine Idylle *Luise* erschien zuerst 1784 und war bis ins 19. Jahrhundert populär.

Wilbrandt, Adolf (1837–1911), Schriftsteller, Freund Heyses.

Winckelmann, Johann Joachim (1717–1768), Archälolge und Kunsttheoretiker.

Windscheid, Bernhard (1817–1892), Jurist, seit 1857 Professor für Römisches Recht in München.

Zwanglose Gesellschaft München, 1837 gegründeter und bis heute bestehender Herrenclub.